문학공원 산문선 81

다운증후군 피아니스트 딸을 길러낸
엄마의 눈물겨운 체험수기

엄마의 눈물꽃

박순이 지음

문학공원

차례

작가의 말 - 『엄마의 눈물꽃』을 펴내면서　17
추천의 글 - 김성원 - 『엄마의 눈물꽃』을 펴냄에 즈음하여　20

1부
세상에 귀한 선물로 오다

세상에 귀한 선물로 오다
　누구에게 이 말을 할까?　24
　내가 '혹독한 엄마'라고요?　27

교육의 첫 발을 내딛다
　즐거운 유아원　31
　정겨운 이웃을 떠나다　35
　초등학교 가까이 이사했어요　37

기본생활을 다지다
　기본 생활 습관 형성　41
　일상생활 훈련　44
　부모로서 돕는 손　51

2부
나도 할 수 있어요

딸을 위한 학습의 장 열다
　유치원 설립, 운영　56

나도 할 수 있어요
　초등학교 입학　59
　탈춤　61
　잊지 못한 선생님　65

문방구에서 가게 놀이	69
돈 없이 사 온 콩나물	71
하늘 학습장 이야기	73
아빠, 불 불	76
엄마, 문 열어요	78

피아니스트의 꿈
피아노를 사다	81
피아노학원에 다니다	84
재능의 발견	87

특수학급에서 배우다
특수학급, 가져오기 위한 활동	89
철쭉반	93
철쭉반, 양호실인가?	95

바보라 해도 괜찮아
친구 없는 생일날	97
'바보를 바보라'하지 뭐라 합니까?	99
바보, 바보의 노래	104
딸의 책걸상은 왜 없나요? 선생님	107
초등학교 4학년 1학기 생활통지표	110

특수학교에서의 성장
특수학교로 전학 가다	112
어머니, 동생은 천재인가 봐요	115
선명학교	118
화동 서는 날	121
재학생 대표	124
졸업생 대표	128
명화학교	131
공중전화	133

전학으로 속앓이 135
딸을 위한 두 번째 학습의 장을 열다 138
수협마트 영수증 140
리더가 되다 144

누가 이 딸을 바보라 했나요
수상 내역 148
임명장 154
생활통지표 156
딸, '우림'이의 언어 발달 과정 166

3부
딸, 스무 살의 문턱에서

딸, 스무 살의 문턱에서
딸과 함께 간 제주 졸업여행 176
가족 찬양 183
멋을 지닌 청년들 186
유치원 피아노 교사 188
대학 청강생 191

다운증후군(Down syndrome), 너 누구니?
내 딸은 환경 요인이다 194
홀로 남겨진 딸 197

너는 피아니스트
광주시 장애우 학교 종합예술제 201
제2회 전국장애인종합예술제 203
제1회 전국심신장애자음악대회 205
피아니스트로 초대 받다 209
전남대 예술대학 피아노 전공학생과 협연 212
사회인 만들기 위한 출연 녹화 216

4부
세상으로 나가다

세상으로 나가다
취업 훈련	220
소규모 회사	223
중소기업	226
출퇴근 훈련	229
페스티벌	233

회사의 업무 단축으로 일어난 일
버스는 폭설에 멈추고	236
힘을 모은 네 명의 장애우	239

장애우의 일터
사장님, 돈을 빌려달라 한다	242
어린이집 보조교사	246

체험활동으로 배우는 삶
참정권 행사	248
우표 없이 배달된 편지	251
이웃 심부름	254
은행, 통장 개설	256
공공요금 내기	260
필요한 물건 사보기	262
전자기기 사용	264

소방 체험활동 교육, 그 이상의 효과
불이야, 불. 119	268

딸과 함께한 여행
 전국 투어   272
 일본 투어   280
 중국 투어   283
 중국문화 탐방, 홀로 서다   286
 자율 투어   292

딸이 길을 잃다
 아빠 마중 나가다가   296
 딸은 107동으로 갔다   300
 오빠, 개업하던 날   304
 복지관에서 집으로   308
 위치추적 시계   312

대학에 가다
 늦깎이 대학생   314
 대학 생활   319
 학업 성적표   321

양지로 나온 딸
 전원을 학습의 장으로   323
 담양군 향촌노인종합복지관   326
 어르신이 친구   330
 딸아, 너 몇 살이지?   335

장래를 설계하다
 의학이 발전한다면   337
 네 짝은 어디에 있니?   342
 사회복지사, 보육교사 자격증 받다   346
 커피 바리스타   348
 노후생활 준비   351
 장애인 활동 서비스를 받다   354

은혜의 열매
　오페라하우스　　　　　　　　　　　　　　356
　거기, 왜 있지요?　　　　　　　　　　　　360
　유치부 교사　　　　　　　　　　　　　　364
　마하나임중창단 싱어　　　　　　　　　　368

추억의 글을 담다
　담양 관방천 걷기대회　　　　　　　　　　374
　꽃잎을 따다가　　　　　　　　　　　　　378

〈추천의 글〉

편견을 깨고 마음을 열다
　박진섭 - 이해와 포용　　　　　　　　　　381
　김순진 - 위대한 어머니, 하나님 사랑을 증거한 딸　383

더 나은 나를 보셨나요
　심재원 - 하나님을 찬양하는 순수한 예배자　385
　김미경 - 맑은 영혼을 가지다　　　　　　　388
　하경민 - 하나님의 걸작품, 우림 자매를 생각하며　392
　전현섭 - 찬양은 믿음의 꽃　　　　　　　　394
　하영옥 - 나도, 엄지 척　　　　　　　　　397

프롤로그
　박순이 - 딸아! 네가 내 곁에 있어 엄마는 행복하단다　399

세상에서 가장 귀한 선물, 그 눈물겨운 성장기 이모저모

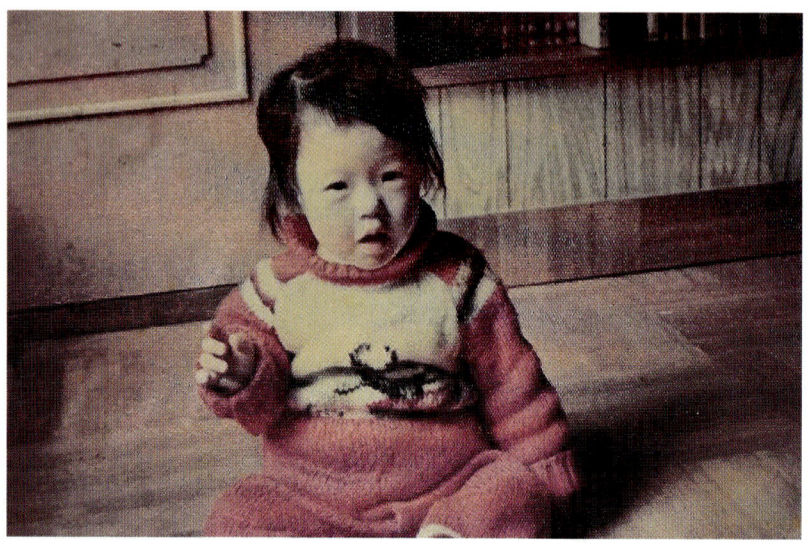
▲ 세상에서 가장 귀한 선물로 오다

▲ 즐거운 유아원

▲ 아빠와 함께 볕을 쬐다

세상에서 가장 귀한 선물, 그 눈물겨운 성장기 이모저모

▲ 대안학교 유치원에서

▲ 교회 여름성경학교, 2학년, 가운데 노란 옷 입은 아이

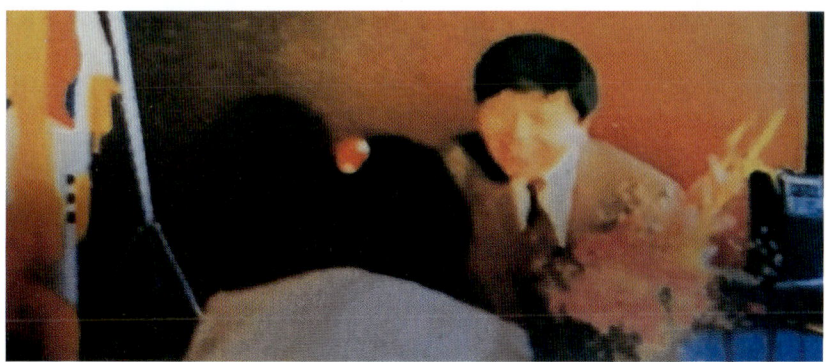

▲ 대만 교육사절단에 꽃다발 증정

세상에서 가장 귀한 선물, 그 눈물겨운 성장기 이모저모

▲ 1학년 학예회, 탈춤에 출연하다(뒷줄 끝에서 두 번째)

▲ 딸 최우림, 대안학교 유치원에서

세상에서 가장 귀한 선물, 그 눈물겨운 성장기 이모저모

▲ 복지관에서 어르신들 위로공연

▲ 제2회 전국장애자종합예술제에서 피아노를 연주하다

▲ 나는 노래하는 리더

세상에서 가장 귀한 선물, 그 눈물겨운 성장기 이모저모

▲ 무등산 중봉에 오르다

▲ 중국 두만강 뱃놀이

세상에서 가장 귀한 선물, 그 눈물겨운 성장기 이모저모

▲ 중국 문화 탐방

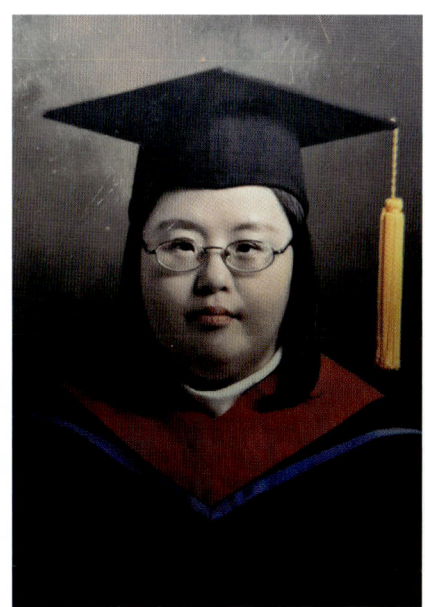
▲ 학사모를 쓰다

▲ 내 짝 어디 있죠

세상에서 가장 귀한 선물, 그 눈물겨운 성장기 이모저모

▲ 호흡을 다하는 주찬양

▲ 찬양은 믿음의 꽃

세상에서 가장 귀한 선물, 그 눈물겨운 성장기 이모저모

▲ 불굴의 의지로 장애를 딛고 피아니스트가 되다(5중주)

▲ 예수님 찬양은 나의 삶(2중주)

▲ 제1회 전국심신장애자음악대회

세상에서 가장 귀한 선물, 그 눈물겨운 성장기 이모저모

▲ 딸아이 최우림의 캐릭터

작가의 말

'엄마의 눈물꽃'을 펴내면서

 이 책은 다운증후군(Down syndrome)을 앓고 있는 딸을 '마흔아홉 해' 동안 꿈이 있는 아이로 양육하고 교육하면서, 딸의 재능을 찾아가는 삶의 모습과 훈련, 그리고 교육의 과정을 밝히며, 엄마의 눈물꽃 이야기를 담아낸 것이다.
 딸은 태어난 지 2년여가 되어도 걷는 모습이나 말이 부자연스러웠고, 대천문이 닫히지 않아, '발달이 조금 늦은 것이겠지?'하는 마음으로 기다렸다. 잔병치레가 많아 스르르 가버릴까 봐 나는 잠든 딸의 가슴에 귀를 대 보고, 가느다란 숨소리가 들리면 한숨 돌리며 서성거리곤 했다.
 딸이 다섯 살 때다. '폐렴으로 의심된다.'고 하여 치료하던 중, 염색체 검사를 했다. 며칠 후 회진을 나오신 의사 선생님은 "어머님, 이 아이는 다운증후군입니다. 정신연령 3세 미만, 지능지수는 57로 낮지만 '교육 가능아'입니다."라고 하셨다. 하늘이 무너지는 것 같았다. '내게 왜 이런 일이 있어야 하는가?'라며 울고, 또 울었다.
 그날 이후 '교육 가능아'라는 의사의 소견에 따라, 딸의 교육을 위해 보다 체계적인 계획을 세웠다. '딸을 위해 교육을 어떤 방법으로 어떻게 제공할 것이며, 성장 발달을 도울 것인가?'를 검토하기 시작한 것이다. 여러 방면으로 조사, 연구한 끝에 '존 듀이(John Dewey)의 경험주의 교육사상'과 '몬테소리(Montessori) 교육 방법'에 기반을 두기로 했다.

먼저 나는 딸을 위한 대안학교인 유치원을 설립, 운영하면서 딸의 교육을 보완했다. 딸은 초등학교 3학년까지는 친구들과 어울리며 잘 지냈다. 4학년이 되어, 교실 안 참새들이 달아준 '바보'라는 날개를 달고, 특수학교로 전학할 수밖에 없었다.

나도, 딸도 전학 속앓이로 힘이 많이 들었다. 딸은 선생님의 사랑과 배려로 차차 적응하기 시작했다. 5학년이 되면서 학교의 손님맞이 화동이 되고, 재학생을 대표하여 송사를, 졸업할 때는 졸업생을 대표하여 답사도 하였다.

6학년 때는 전국 장애인 피아노 부문 경연대회에 출연하여 장관상을 받았고, 제1회 전국 심신장애자 음악대회 초등부 기악 부문에서도 사단법인 한국어린이육영회 이정환 회장으로부터 최고상인 금상도 받았다. 주위에서는 '광주에 장애우 피아니스트가 탄생했다'며 축하해주었다.

초·중·고등학교 시절에는 반장과 부반장으로 친구들을 리더하였고, 교내의 수많은 상장과 표창장을 받았다. 또한, 지역사회의 기관장 표창장도 받았고, 중학교 때는 공예 작품 부분에서 교육감상으로 동상을, 고등학교 때는 예능 발표회에서 교육감상으로 금상도 받았다. 이토록 여러 분야에서 활동할 수 있었던 것은, 학교 교육을 비롯한 가정교육과 딸을 위한 대안학교인 유치원의 환경과 사회시설을 활용한 개별교육에 힘입은 바 크다고 할 수 있을 것이다.

1996년, 딸은 고등학교를 졸업하게 되었으나 대학에 진학할 수도, 취업할 수도 없었다. 그래서 딸의 대안학교인 유치원에서 피아노 보조교사 겸 원생으로, 아이들과 함께 지내도록 하여 사회화와 언어의 확장에 노력하였다.

딸은 지능은 낮지만, 감수성과 사랑이 있어 꾸준한 노력으로 피아니스트가 되었다. 전남대학교 예술대학 음악 전공자와 2중주, 그리고 5중주 협연을 성공적으로 마쳤다. 그뿐 아니라, 대학 선교복지과를 졸업하였고 교회에서는 예배의 반주자로, 그리고 교회 마하나임중창단에서 싱어로 활동하면서 교우들에게 큰 감명을 주고 있다. 또한, 다년간 담양 향촌노인종합복지관에서 프로그램 보조를 하고 있다. 최근에는 바리스타 자격증과 더불어, 디저트 제빵사 교육을 수료하여 미래를 준비하고 있다. 딸을 통해 '희망'을 배웠고, 기적을 본 것이다.

나는 한 번도 가보지 않은 길을 딸과 함께 비를 맞으며, 마흔아홉 해 동안 양지를 향해 걸어가고 있다. 이에 한 땀 한 땀 쌓아 올린 훈련과 교육 내용을 정리하여 출판에 임하고자 한다.

내 마음속에는 오랜 시간 한 송이 꽃이 피어나고 있었다. 그 꽃은 눈물로 피었고 기도로 자랐으며, 기다림 속에서 조용히 피어나는 꽃이었다. 그게 바로 『엄마의 눈물꽃』이다. 이 책이 누군가 힘들어 주저앉고 싶을 때, 작은 위로와 희망이 될 수 있기를 바란다.

월성산길 하얀 집에서 박 순 이

▌추천의 글

『엄마의 눈물꽃』 펴냄에 즈음하여

김 성 원 광주중흥교회 담임목사

우림 자매는 다운증후군을 지니고 태어났다. 반세기 가까운 삶을 살아가고 있음에도 발달장애를 입고 있어, 지능지수가 3, 4세 기준에도 미치지 못하고 있다. 그러함에도 불구하고 하나님께서 주신 지혜로 다양한 방면에서 탁월한 능력을 발휘하고 있다.

무엇보다 여러 면에서 정확한 시선을 지니고 있다. 특별히 시간 관념과 책임 의식 부문에서는 더 그리하다. 약속이나 시간을 어기는 법이 없고, 또 자기가 맡은 일은 어떻게든 감당해 내고 있다. 자신의 일에 대해서만 그리한 것이 아니라, 다른 사람의 일에 대해서도 그렇게 하고 있다. 교회 주보에 다음 주 기도나 다른 순서 담당자가 게시되면, 한 주간 동안 몇 번이고 당사자에게 전화와 문자로 확인하여, 그 일에 대해 결코 실수가 없게 한다. 심지어 목사인 나에게 전화하거나 문자를 보내기도 한다.

우림 자매는 음악적인 재능이 탁월하다. 피아노를 아주 잘 친다. 악보를 보고 치는 것이 아니라 가슴으로 느끼면서 감각적으로 친다. 교회 찬송 반주를 할 수 있을 정도이며, 춤도 리듬 감각이 탁월하여 자연스러운 몸놀림으로 잘 춘다.

　1년 전쯤 찬양 담당 목사가 고민을 말해왔다. "우림 자매가 예배인도 팀에서 같이 사역하기를 원한다."라는 것이다. 나 역시 고민이 되었다. 목사로서 20년 이상 지켜봤던 경험으로 볼 때, 어떤 상황들이 벌어질지 충분히 예견되었기 때문이다. 그 문제를 두고 기도하고 있는데, 어느 날 하나님께서 "야, 걔 내가 그렇게 만들었어."라고 말씀하시는 것처럼 느껴졌다. 하나님은 하나님이 찬양받고 영광 받으시기 위해서 우림 자매를 만드셨단다. 거기에서 나는 더 고민할 필요가 없었다.

　그런데 첫날에 일어난 그 모습을 보고 몇몇 분들이 말씀해 오셨다. '꼭 찬양팀에 세워야겠느냐?'라며 '목사님이 좀 제어시켜 주시든지, 어떻게 해주셔야 하지 않겠느냐?'라고 말문을 연 것이다. 그래서 또 고민하다 갑자기 '하나님은 어떠셨을까?'가 궁금했다. 우림 자매가 테크노댄스를 추면서 찬양할 때, 하나님은 어떤 얼굴로 그 광경을 지켜보실까? 미소 띤 얼굴로 웃으시며 바라보실까? 아니면 얼굴을 찡그리시고 못마땅한 낯빛으로 바라보실까? 이 또한 하나님이 직접 만드신 작품에 환히 웃고 계신 모습이 연상되었기에, 그 역시 두 번 다시 생각할 필요가 없는 일이었다.

　우림 자매는 몇 주 동안 규칙을 이해하고 단체의 흐름에 적응하더니, 지금은 은혜의 방주에 푹 젖어 눈물을 흘리며 달려가고 있다.

　유아교육을 전공한 어머니께서 딸을 사랑으로 훈련하고 교육한 과정, 기다림으로 키워 온 총체적 경험을 묶어 책으로 펴내고자 한다. 이 책은 지난 마흔아홉 해 동안 끝없이 흘렸던 눈물과 땀과

인내, 그리고 노력과 기도의 모든 내용을 담아낸 고백서이다. 같은 장애를 지닌 부모님에게는 뛰어난 자녀 교육 지침서가 될 것이고, 장애가 없는 자녀를 둔 부모님에게도 역시 훌륭한 자녀 교육의 교과서가 될 것이다. 더 나아가 신앙인에게는 다시 한번 자신의 신앙을 처절하게 돌아보게 하는 계기를 만들어주리라 생각한다.

다운증후군 딸과 마흔아홉 해를 함께하면서, 딸의 교육과 훈련 과정을 이야기로 담아 펴냄을 축하하며, 하나님께서 우림 자매를 통해 더 많은 영광을 받으실 줄 믿는다. 그뿐만 아니라, 원망과 불평 가운데 사는 사람에게는 감사를, 낙심과 절망 가운데 서 있는 사람에게는 격려와 소망과 위로를, 나태함 가운데 살아가는 사람에게는 각성과 도전을 주실 것을 기대해본다.

1부
세상에 귀한 선물로 오다

세상에 귀한 선물로 오다

🚶 누구에게 이 말을 할까?

　딸이 초등학교 4학년 때였다. 딸에게 새로 사 입힌 하얀 점퍼에 누군가 '바보 바보 바보'라고 볼펜으로 써 놓은 것을 보았다. 딸은 학교에서 친구들의 놀잇감이 되어가고 있었다.
　딸은 바보라는 큰 날개를 달고 특수학교로 전학 갈 수밖에 없었다. 내 욕심이었을까? 나는 일반학교에서 정상적인 프로그램으로, 아이들과 더불어 일상생활을 배우며 생활하기를 간절히 바라고 있었다.
　딸의 교육을 위해 학교 가까운 곳으로 이사도 했다. 혼자서 가방을 메고 재잘거리며, 등하교하는 모습을 보고 싶었기 때문이다. 이것이 다 꿈으로 돌아가 버린 것이다.
　사실 딸이 '다운증후군'이라는 말을 처음 들었을 때, 세상이 온통 무너진 것 같았다. 그렇지만 가슴을 쥐어짜며 기도와 사랑으로 하

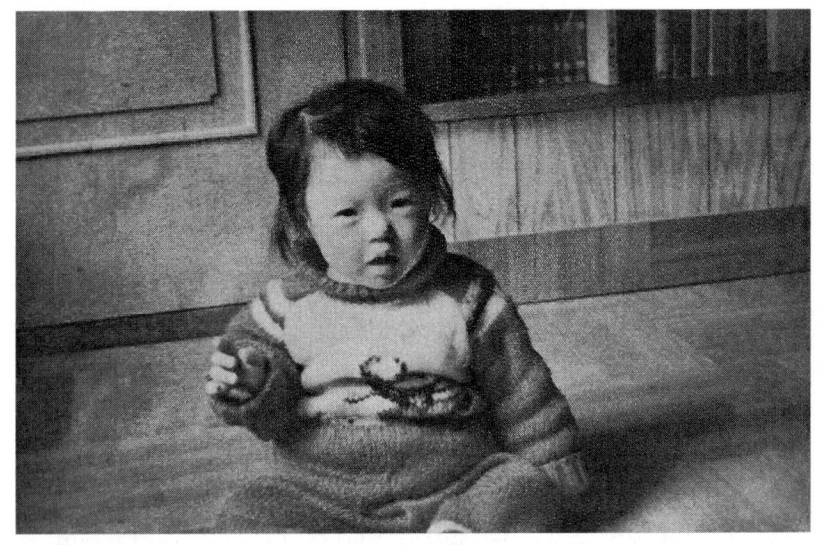

루하루를 견디었다. 꿈이 있는 아이로 기르기 위해 교육과 훈련을 멈추지 않았다. '교육이 가능하다.'는 믿음의 끈은 기적처럼 조금씩 입이 열리고 단어 하나, 걸음 하나, 이 모든 것이 기다림 속에서 나타나기 시작했다.

"어머님, 인간은 그 자체가 소중한 존재입니다. 따라서 우리 아이들이, 그 누구와도 비교 평가되어서는 안 됩니다. 자전거가 아무리 빨리 달려도 벤츠를 따라잡지는 못합니다. 그러나 자전거는 자전거 나름의 역할을 합니다."

우리 자녀들을 사랑하신 하나님은, '이 아이를 누구에게 맡겨야 가장 잘 돌보아 줄까?'하고 두루 살피신 후에, '이 가정은 이 아이를 잘 돌보아 줄 거라'고 하시며, 우리에게 귀한 선물로 주셨다. 따라서 내 아이의 꿈이 비록 희미하지만, 꿈이 있는 아이로, 그 꿈을 찾아 펼쳐 나갈 수 있도록 울타리가 되어주고, 든든한 버팀목이 되어주어야 할 것이다.

자식이 장애를 입은 것이 자랑일 수는 없다. 그렇다고 다른 사람이 알까 봐 마음조이며 숨겨서는 아니 될 일이다. 당당하게 드러내 교육의 힘을 빌려 보아야 할 것이다. 인간은 누구나 자신만의 재능을 지니고 태어난다. 우리 아이들에게도 한 가지 재능은 있다. 그 한 가지 재능을 찾아 주어야 한다. 그 재능을 찾아가며 '너 때문에 못 살겠다.'고 하다가도 '너 때문에 산다.'며 크게 한번 웃어 보자.

나는 지금껏 딸의 교육과 양육, 이 모든 것이 '오롯이 나의 몫이다'라고 생각하며, 눈물 반 속앓이 반으로 내 삶을 내려놓으며 견디어 왔다. 기다림 속에서 딸의 마흔아홉 해를 뒤돌아보며 이제야 '그래도 잘 견디어 왔어'라고 토닥토닥해본다.

오늘도 눈물로 하루를 견디는 누군가에게 '꽃은 피어오른다.'라는 사실을 전하고 싶다.

"절대 포기하지 마셔요. 꽃은 엄마의 눈물로도, 기다림으로도, 그리고 사랑과 믿음으로 피어납니다. 그 꽃은 언젠가 우리 아이의 이름으로 찬란하게 피어날 것입니다. 어머님, 우리 아이에게도 엄마의 눈물꽃이 피어날 수 있기를 간절히 소망해봅니다."

🐦 내가 '혹독한 엄마'라고요?

　나는 눈물 많은 엄마가 되었다. 양수가 터질 때만 병원에 갔더라면, 딸은 건강하게 잘 태어났을 것인데, '자연 출산하겠다'라며 고집을 피우고 견디다, 마음 편할 날 없이 눈물 반, 밥 반으로 살아가고 있다.
　언제부터인가 나는 딸만 바라보고 있다. 누가 딸에게 잘해주면 고맙고, 눈치 주면 마음 아프고, 눈빛 한번 주지 않고 딸을 조롱하듯 험담할 때는 뒤돌아서서 울고 또 울었다. '바르게 키워야지', '당당하게 키워야지', '꿈이 있는 아이로 길러야지'하면서 딸의 마음을 다 읽어 가고 있는 나를, 주위 사람들은 '혹독한 엄마'라고 말하고 있는 것 같다. 어린 딸에게 빨리빨리 해주지 않고, 스스로 문제를 해결하도록 기다려주는 것이, 그들이 말하고 생각한 것처럼 혹독한 엄마일까?
　나는 아들 하나, 딸 하나 남매를 두었다. 남매 지능지수를 합하면 212이다. 아들은 머리가 좋아 큰 걱정이 없다. 그냥 그대로 두어도 자신의 길을 찾아가고 있다. 그러나 딸은 평생 동행하며 손과 발이 되어주어야 한다. 지금도 딸을 돌보며, 손을 꼭 잡고 내일을 기대하며 걸어가고 있다.
　얼마 전의 일이다. 딸을 집에 혼자 두고 잠깐 슈퍼에 다녀오는

데, 여성 가스점검원을 만났다. 벨을 눌렀더니 딸이 현관문을 열어주면서 '엄마 오기 전에 얼른 가라.'고 하더란다. 그러면서 '딸 혼자 집에 두면 안 되겠다.'라는 말을 전해주었다. 그런 일이 있고 난 후부터, 우리 집의 초인종이 고장났음에도, 나는 일부러 고치지 않고 그대로 쓰고 있다. '초인종이 울리면 또 분별없이 문을 열어 주겠지.'하는 두려움이 앞서다.

나는 딸이 사회 구성원의 일원으로 살아가도록 규범도, 예절도 사랑의 회초리로 가르쳐 주어야 했다. 아름다운 모습으로 살아갈 수 있도록 '해야 할 것과 해서는 안 되는 규칙'을 단호하게 설정한 것뿐이다. 그렇게 하지 않으면 전두엽이 약한 딸의 특성상 아무것도 가르칠 수 없었을 것이다. 나는 딸이 사회생활의 규범과 규칙을 스스로 잘 지켜, 바람직한 행동에 부합되는 생활을 하면서 살아가기를 간절히 바라고 있다.

어느 날, TV를 켜는데 감당하기 어려운 소리가 들려왔다. 음료수에 독극물을 넣은 사람이 있단다. 한 시대를 살아가는 딸에게 '어떻게 분별력 교육을 해야 하나?' 무거운 마음뿐이다. 나를 당황하게 한 것은, 딸이 밖에서 놀다가 들어올 때나, 심부름 오가는 길에 누구인지 모르면서 우유나 다른 음료수를 받아 올 때, 그 처리 과정을 힘들게 만들었다. 받아 온 음료수를 마시고 싶어 바라보며 손 내밀 때, '안 돼, 안 돼. 그걸 먹으면 안 되는 거야.'라고 말할 때는 너무 힘이 들었다.

인간 발달단계에는 결정적인 적기성이 있다. 이 시기는 일상생활 습관이 굳어지는 시기로, 놓치어 버린다면 인간은 미흡한 상태에 머무르게 된다. 따라서 딸에게 교육과 훈련의 적기성을 놓치지 않기 위해 적절한 자극을 주어야 했고, 규범에 따른 안내가 필요했다. 딸은 내 마음속 '0순위'다. 세상 살아가는 사회적 규범은 물론, 내 것과 네 것도 분별할 수 있는 소유 개념도 가르쳐주어야 했다.

사람들은 "아이는 스스로 자란다."라고 말한다. 그러나 나는 열 자녀 기르는 것보다 더 힘들고 관심을 기울여야 했다. 내가 힘들고 지칠 때 울고 싶어도, 딸이 더 힘들어할 것 같아 울 수도 없다. 힘들어도 힘들지 않은 모습으로 살아가야 했다. 필요한 규범을 잘 지키며, 바르게 성장할 수만 있다면, 나는 든든한 버팀목이 되어 어떠한 역할도 마다하지 않을 것이다.

딸의 교육에 단호하고 혹독하지 않았다면, 바른 교육에 대한 가치관과 철학이 없었다면, 지금처럼 교육의 열매인 피아니스트로, 중창단 찬양 싱어로, 감정과 사랑이 있는 딸로, 그리고 생활인으로 성장할 수 있었을까?

딸은 스스로 많은 것을 해결할 능력이 축적돼가고 있다. 앞으로 될 것과 되지 않는 것을 구별토록 하여, 될 것은 대답하고 되지 않는 것은 단호하게 거절하며 가르쳐줄 것이다.

내 주위의 지인들에게는 당당하면서도 일관되게 교육하는 모습이 혹독하게 느껴졌을 지도 모른다. 이제 따뜻한 엄마의 모습으로 나를 바라봐주길 바란다. 더불어 지금껏 올곧게 자라 여성스럽고 곱게 성장해가는 중년의 딸에게 감사하는 마음과 고마움을 표하고 싶다.

"부모는 활이요, 자녀는 화살이다."라는 말처럼, 내가 허리 굽은 활이 되어주어야, 딸은 화살이 되어 원하는 목적지를 향해 멀리멀리 날아갈 것이다.

자식은 따뜻한 가슴으로 키우는 것이 아니라, 차가운 머리로 기르라고 하였다.

교육의 첫 발을 내딛다

🚶 즐거운 유아원

딸은 제 오빠가 다녔던 유아원에 3년 차 다니고 있다. 유아원 프로그램이 기본 생활로 이끌어 가는 내용이라서 발달이 조금 늦은 딸에게 좋았다. 더구나 선생님이 유아교육을 전공한 분으로, 장애를 앓고 있는 딸에 대한 사랑도 크셨다. 딸은 이웃집 친구 혜진이와 함께 다니기에 어려움도 없었다.

이른 가을이다. 혜진이가 감기로 병원에 간다기에 딸 혼자서 유아원에 가도록 보냈다.

"우림아, 혼자서도 유아원에 갈 수 있어? 혜진이가 감기 때문에 병원 간다고 하네."

"응, 갈 수 있어. 다녀올게요."

나는 우림의 친구 혜진이 이야기를 하면서 '우림아 혼자서도 유

아원에 갈 수 있어?'라고 물었고, 딸은 '응, 갈 수 있어.'라고 대답했다. 또한, 가까운 거리라서 스스로 집에 돌아오기를 기다리고 있었다. 그런데 딸이 돌아올 시간이 되었는데도 오지 않아 마음이 쓰였다. '혹시나?'하는 생각이 머리를 스치고 지나가, 일을 잠시 멈추고 딸을 찾아 마중 나갔다.

유아원 가까운 곳의 골목에 이르렀을 때다. 동네 아이들과 유아원에 다니고 있는 또래들이 딸아이를 빙 둘러서서 놀리고 있었다. 어떤 아이는 메고 있는 가방을 빼앗으려 하고, 딸은 가방을 빼앗기지 않으려 실랑이 치다 그만 딸이 넘어졌다. 아이들은 깔깔대며 웃다가 소리치는 나를 보자 우르르 도망가는 것이다.

그래도 딸은 방어하려는 능력을 보였다. 심성도 곱고 사랑도 많아 참으로 정겨운 아이로 잘 자랐다. 3년 동안 유아원과 가정을 병행하며, 일상생활에 대한 교육과 훈련을 받아서인지, 생활하는데 스스로 하려는 모습이 차츰 나아지는 것 같다. 언어 전달이나 표현은 부족하지만 춤을 잘 추며, 리듬악기도 잘 다룬다고 원장 선생님은 말씀하셨다. 반복된 생활 훈련으로, 혼자 일어나 세수하고 인사하며, 횡단보도를 건너 유아원에 잘 다녔다.

유아원 선생님들은 딸 칭찬도 많이 하셨다. 착하고 귀여우며, 사랑과 정이 많단다. 신나는 음악이 나오면 뒤뚱거리는 걸음으로 엉덩이가 씰룩쌜룩한단다. 유아원 교육프로그램이 놀이 학습 위주로 한 교육 내용이기에 적응도 잘했다. 학예회 발표회가 있던 날이다. 아이들과 함께 율동을 하는데, 여느 아이들과 하나도 다를 바가 없었다. 리듬에 맞추어 추는 춤사위는 보는 이에게 즐거움을 선사하고도 남음이 있었다. 3년 차 그해 12월, 딸은 큰 상을 받아 왔다. 광주시 한국일보사에서 주최하는 공모전에 참가하여 동상을 받은 것이다.

상 장

(동상)   에덴 유아원 최우림

위 학생은 소년 한국일보가 주최, 82 호남지구 미술 서예 공모전 및 실기 대회에 참가하여 위와 같이 입상하였으므로, 상장과 부상을 드립니다.

1982년 12월 5일

한국일보 소년한국일보 대표 이사 장재구
대회장 한국일보 광주지사장 박상문

큰 상을 받게 된 그림은 유아원 교육과정 속에서, 교육 활동을 하면서 출품한 작품이었다. 딸이 큰상을 받아왔기에 어떤 그림 형태일까? 심사하신 분들이 어떻게 심사 기준을 두셨기에 이런 큰상을 주셨을까? 화법이 어떠하였고, 무엇이 다른 아이들과 다른지 의문이 들었다. 딸이 그린 그림은 4~7세 때 나타나는 전도식 단계인 '두족인 화법'으로 표현하여 그린 것이다. 하나밖에 없는 걸작품이었다.

🐦 정겨운 이웃을 떠나다

　이 마을은 아이들이 놀기 좋은 골목 놀이터가 있다. 길을 따라 조금 내려가면 넓은 공간이 있고 가로등이 있어, 낮이나 밤이나 동네 아이들이 삼삼오오 모여 놀기에 참 좋은 곳이다. 나무 밑에 둘러앉아 구슬치기, 땅따먹기, 자치기를 하고 있었고 한쪽에서는 공놀이까지 한다.

　마을에 어둠이 내리고 가로등이 켜지면 아이들은 술래잡기나 말뚝박기, 딱지치기나 제기차기도 한다. 아이들 소리가 나면 오빠는 동생의 손을 잡고 나가, 함께 어울리며 논다. 무엇보다 차가 다니지 않아서 안전하여 참 좋다.

　골목길을 나서면 작은 가게들이 즐비하게 들어서 있다. 딸이 좋아하는 떡볶이 파는 가게도 있고, 먹음직한 찐빵을 파는 가게도 있다. 자장면을 파는 중국집, 갖가지 떡을 만들어 파는 떡방앗간, 그리고 친절한 아주머니가 운영하는 슈퍼도 있다. 바른편에 있는 문방구에서는 학용품을 팔고 있지만, 내 딸이 유독 좋아하는 '뽀빠이' 과자도 팔고 있다.

　그런데 이제 나는 이곳 정겨운 골목을 떠난다. 이사를 하면서 그동안 함께 살았던 분들에게 감사의 마음을 전해야 했다. 딸을 볼 때마다 함께 웃고 울었고, 딸은 내 집처럼 들락날락했던 가게

들을 찾아 고마움을 전하였다. 그 골목, 그리고 가게를 지키는 사장님들의 도움으로 딸이 바르게 성장할 수 있었고, 미숙한 딸에게 아낌없이 마음을 내어준 그분들을 찾아뵙고 감사드리며, 고마움의 인사를 드린 것이다.

'그동안 감사했습니다.'라는 말과 함께, '딸아이가 혼자서 학교에 다닐 수 있도록 초등학교 가까이로 이사를 갑니다.'라는 말도 덧붙였다.

이웃들은 진정으로 반기며 딸의 손을 꼭 잡아 주기도 하고, 어떤 이는 '정들었는데 어떻게 하느냐?'며 안타까운 표정도 지으셨다. '건강하게 잘 자라라.'라며, 딸을 꼭 껴안아주시기도 했다. 특히 슈퍼 사장님은 딸이 좋아한다고 뽀빠이도 싸 주시고, 떡 방앗간 사장님은 가래떡 몇 개를 담아 주시며 머리를 만져주셨다. 문방구 사장님도 '이제 학교에 갈 준비를 해야지.'라 하시며 연필과 공책, 그리고 스케치북까지 싸 주셨다. 이렇게 정겨운 마을, 어디에서 다시 만날 수 있을까?

"함께 살아가는 동안 고마웠습니다. 덕분에 딸이 곱게 성장했습니다. 여기에 오면 또 들리겠습니다."라며 나는 머리 숙였다. 마음이 참 따뜻한 이웃들이다.

🚶 초등학교 가까이 이사했어요

딸을 데리고 낯선 곳으로 이사한다는 것은 쉬운 일이 아니다. 딸은 새로운 것에 대한 호기심보다는 두려움이 더 많기 때문이다.

이사한 곳은 딸이 학령기를 맞아 입학하게 될 초등학교에서 가까운 곳이다. 딸 혼자서도 등하교를 할 수 있도록 배려한 것이다. 이곳은 이 전에 살았던 옹기종기한 마을보다 조금 넓은 개발 지역으로 도시구획정리가 잘 되어있다. 주변 환경도 반듯하게 정리되어 있어서 깨끗하게 보였다.

밤이 되어도 가로등이 있어 거리를 산책할 수 있어서 좋았다. 다행히 뒷길에 작은 공원이 있어서 아이들이 시끌벅적하게 놀 수도 있다. 집에서 몇 발짝 걸어가면 초등학교 운동장이 개방되어 있다. 아침 저녁으로 트랙을 돌거나 운동기구를 이용하여 운동할 수도 있다. 운동장 한편에서는 배드민턴을 치는 사람들의 웃음소리도 들려온다.

이사를 하고서 제일 먼저 한 일은, 딸을 데리고 동네 길을 돌아보며 익히고 주변을 살펴보는 일이었다. 딸이 언제 밖으로 나갈지도 모르고, 어느 가게로 들어갈지도 모른다. 그래서 우선 딸이 쉽게 돌아다닐 수 있는 반경 300m 내에 자리 잡은 동네 상가들을 찾아 나섰다. 상가 주인과 딸의 상견례가 필요하기 때문이다. 우선 문구점, 중식당, 슈퍼마켓, 떡볶이가게, 그리고 식품가게 등 딸이 들어갈 가능성이 있는 가게에 들러 소개했다. 떡볶이가게는 딸이 배고프면 그냥 들어가서 '떡볶이 주세요.'하며 떡볶이를 먹고, 식품가게에서는 콩나물과 두부를 사 오는 심부름을 한다. 슈퍼마켓에서는 돈이 부족한 줄도 모르고, 이것저것 먹고 싶은 과자나 음료수를 달라고 하여, 가지고 올 수도 있기 때문이다.

"저희는 이웃으로 이사 온 사람입니다. 이 아이는 저의 딸이고요. 저의 딸이 다운증후군을 앓고 있는 장애아입니다. 언어 표현이 어려워 의사소통이 잘되지 않습니다. 딸이 뭘 사서 먹는다든지, 심부름할 때도 돈이 부족하면 나중에 꼭 가져다드리도록 하겠습니다. '다음에 부족한 돈 꼭 가져오라.'라며, 쪽지에 써 보내주시면 감사하겠습니다. 지금까지 보면 큰 문제는 없었지만, 문제가 발생한다면 틀림없이 계산해 드리겠습니다. 딸이 상처받지 않고 바르게 성장할 수 있도록 도와주십시오."하고 곳곳마다 찾아다니며 부탁의 인사를 드렸다. 그리고 준비된 찹쌀떡 한 접시를 딸에게 건네드리도록 했다. 아름다운 만남으로 딸과 동네 상가 주인과 눈도장을 찍었다. 다운증후군을 앓고 있는 아이들이 도벽성이 있다는 말은 들어본 적은 없다. 하지만 '딸이 내 것, 네 것을 분별하지 못하고, 내 것처럼 가지고 올까 봐' 미리 부탁의 말씀을 드린 것이다.

나의 설명을 듣고서 별 반응이 없는 가게 주인도 있었지만, 대부분의 사장님들은 고개를 끄덕이며 '잘 알았습니다. 염려 마세요.'라고 대답해주셨다. 고개를 숙이고 또 숙여서라도, 입을 열어 주변의 도움으로 딸이 바르게 성장할 수만 있다면, 2차 3차의 이런 부탁과 시간쯤은 아깝지 않을 것이다. 내 딸이 사회와 주변으로부터 멸시와 천대를 받지 않고, 사랑받으며 바르게 성장할 수 있다면 무슨 부탁인들 못하겠는가? 딸을 위한 일이라면 이런 수고로움은 백 번, 천 번이라도 할 수 있다.

딸의 일상생활 훈련을 위해 특별히 식품가게에서는, 이런저런 설명을 곁들여 부탁하였다. 콩나물이나 두부 같은 것들을 사 오는 심부름이지만, 이를 이행하는 과정에서 여러 가지 교육효과가 나타나기 때문이다. 딸을 위해 한 주에 한두 번 상가에 들른다는 것도 그렇게 쉬운 일은 아니지만, 딸이 적응할 때까지 동네를 한 바퀴 더 돌고 돌며 부탁을 드릴 것이다.

딸은 면 종류 음식을 좋아한다. 그러나 돈이 얼마 있어야 좋아하는 자장이나 냉면을 먹을 수 있는지 잘 모른다. 돈이 얼마 있어야 좋아하는 뽀빠이를 살 수 있는지도 모른다. 사들인 물건값을 더더욱 계산하지도 못한다. 그 때문에 동네 상가 주인분들에게 돈이 부족하더라도 딸이 요구한 물건을 보내주시라고 부탁드린 것이다. 후일에 내가 와서 반드시 갚겠다는 말도 빠뜨리지 않고 말씀드렸다.

딸은 지금까지 주변의 도움을 받으며 불편 없이 생활하고 있다. 물건을 사고 메모장에 적힌 부족한 돈은 나에게 곧바로 달라 하여 주인에게 가져다드린다. 주인과의 약속은 반드시 지켜야 한다는 인식이 내면에서 자라고 있기 때문이다. 그래서 딸은 주변 사람들로부터 많은 사랑을 받고 있다. 특히, 가게 주인들로부터 큰 신뢰를 얻고 있다. 딸은 이분들이 있기에 스스로 성장하고 티 없이 순수하게 자라고 있다. 이들의 너그러운 마음은 딸의 사회화과정에 좋은 교사가 되어주신 것이다

기본생활을 다지다

🦅 기본 생활 습관 형성

　기본 생활습관은 가소성이 풍부한 유아기가 지나면서 형성된 습관으로 좀처럼 변하지 않는다. 유아기에 성격이 '어떻게 형성되는가?'의 여부는 그 사람의 장래 성격을 결정하는 바로미터로 중요한 기초가 된다. 따라서 이러한 발달 과정상의 특징으로 인해 유아기의 습관 형성이 가지는 의미는 대단히 크다. 이는 인격형성과 사회성 발달에 중요한 역할을 하기에 유아기의 생활습관을 '어떻게 길러주느냐?'하는 문제는 매우 중요한 발달과업으로 본다. 따라서 기본생활 습관을 형성할 수 있도록 다음과 같은 교육훈련 계획을 세워 딸에게 훈련과 교육을 시작하였다.
　첫째, 식사예절의 중요성이다. 식사 전후에는 손 씻기, 식사 후 이 닦기를 지속으로 교육을 하였다. 식사 전후에 식사를 준비해주신 분께 '잘 먹겠습니다.', '잘 먹었습니다.'라고 인사하는 습관을 가르쳐 주었다. 또한, 음식을 입에 넣은 채 이야기하지 않도록 주의를 시켰다. 한자리에 앉아 흘리지 않고 먹기와 음식은 꼭꼭 씹어 골고루 먹도록 하였으며 먹은 후 빈 그릇은 설거지통에 넣고 앉았던 의자는 제자리에 넣어 두도록 하였다.

둘째, 인사예절에 대한 습관형성이다. 유아기에 인사하는 법을 모르면 커서도 습관형성이 안 돼서 어려움이 있다. 어른에게 존댓말을 사용하는 것과 인사하는 방법을 경험하게 하였다. 실수하거나 남에게 피해를 주었을 때는 '미안합니다.' '죄송합니다'라고 말하도록 교육한 것이다. 도움을 받았을 때 '고맙습니다.' '고마워'라고 말하게 하였으며, 친지나, 아빠께 선물을 받으면, '고맙습니다. 감사합니다.'를 인사하게 하였다. 저녁에 잘 때는 "엄마, 아빠 안녕히 주무세요."하고 인사하도록 하였고, 친구나 아는 사람을 만났을 때 '반가워요.', '사랑해요.', '감사합니다.', '고맙습니다.', '죄송합니다.'를 적절하게 사용하도록 반복적인 교육과 훈련을 하였다.

셋째, 공공예절 지키기에 힘을 기울였다. 딸은 주변환경을 활용, 확대하여가며 견학이나 여행가는 기회를 많이 제공해주려고 노력하였다. 현장경험을 통하여 5감각 교육, 즉 미각, 후각, 촉각, 청각, 시각의 경험을 중요시하였다.

가족과 여행을 즐기며 경험의 기회를 마련해주고, 동사무소나, 우체국, 그리고 은행 같은 관공서를 방문할 때는, 공공장소라는 것을 알려주고 큰 소리로 말하지 아니하도록 하였다. 또한, 여러 사람이 오고 가는 곳이므로 공공장소에서 함부로 뛰어다니지 않기로 약속도 하였다. 공원이나 휴게소에서 휴지나 쓰레기를 함부로 버리지 않고 집으로 가져오기를 실제로 경험시켰다.

넷째, 질서생활이다. 딸이 집단생활을 할 때 공공규칙이 있음을 알고 이를 지켜야 하는 중요성을 이해시킴으로써 민주적 행동과 가치를 갖도록 하였다. 계단이나 실내에서 뛰지 않기와 물건을 사용한 후 제자리에 놓기를 시범으로 보여주었다. 버스 승·하차 시 줄을 서며 차례를 지키는 것과 타고 내리기를 현장 수업으로 하였다. 가정에서도 딸은 옷이나 모자, 가방, 신발 등을 제자리에 바르게 두도록 교육하고, 실제 적용하며 생활인이 되도록 하였다. 횡단보도는 파란불이 커지면 '하나, 둘, 셋!'하는 소리를 낸 후에 걸어가도록 훈련하였다.

다섯째, 청결생활과 절약이다. 청결에는 자기 몸에 대한 청결과 물건을 정리정돈하는 것이나, 청소와 같은 주변정리는 물론 환경보전으로 확장될 수 있도록 하였다. 가정에서는 수도꼭지 잠그기, 전기 콘센트 빼기, 불필요한 전등 끄기, 가스불 끄기, 냉장고 문 닫기 등 생활에 밀접한 관계를 살피는 훈련을 반복하였다.

딸의 교육 효과가 퇴행하지 않게 하려고 지속적인 교육으로 반복과 꾸준한 노력, 그리고 환경이 필요하였다.

🌷 일상생활 훈련

    일상생활 훈련이란 자신을 돌보는 데 필요한 기본적인 일상생활과 사회생활을 유지하기 위한 복합적인 일상생활을 독립적으로 수행하는 능력을 훈련함으로써 사회로의 복귀를 도와주는 훈련이다.
    딸에게는 어릴 적부터 몬테소리 교육에 기반을 둔 일상생활 훈련을 적용하였다. 바르게 걷기, 물건 운반하기, 쓸고 닦기, 먼지 털기, 꽃병의 물 갈아주기, 화분에 꽃 심기, 세수와 양치질, 손발 씻기, 샤워하기, 머리감기, 손톱과 발톱 정리, 여성 위생용품 처리와 관리, 옷 갈아입기, 문 여닫기, 자르기, 식탁정리, 가방 챙기기, 냅킨 접기, 차 대접하기, 책걸상 넣기, 거울 보기, 신 벗고 신기, 신발장 정리하기, 물건 주고받기, 인사하기 미, 고, 안, 실 등을 생활화하였다. 나는 딸의 교육과 훈련을 위해 이를 가정교육과 대안교육의 성격을 지닌 제2교육의 장으로 마련한 유치원을 통해 학교교육에서 미진한 내용을 반복적인 훈련을 통해 교육하였다.
    일상생활 교육 중 환경에 대한 배려는 다음과 같이 훈련하였다.

- **바르게 걷기** : 바른 자세로, 뒤꿈치를 바닥에 붙인 다음 발가락 부분으로 체중을 옮기면서 천천히, 그리고 조용히 주위의

물건에 부딪히지 않도록 걷게 하였다.
- **물건 운반** : 상자 또는 운반하는 물건의 성질에 따라 운반하는 방법이 다르지만, 운반하는 물건을 잡는 손의 위치에 유의하도록 하였다. 예를 들면 상자는 상자의 상하에 손을 잡고 상자가 배에 붙여 운반토록 하였다.
- **차 대접** : 바리스타 자격을 받은 후부터는 전기 주전자로 물을 끓인 다음 찻잔에 부어 헹구어 버리고, 따뜻한 물을 부어 차 봉지를 넣는다. 찻잔 받침과 함께 쟁반에 올려 손님 앞에 내려놓으며, '아메리카노입니다. 드세요.' 등의 인사말을 나누도록 하였다. 마시고 나면 찻잔을 물리치도록 하였다.
- **쓸고 닦기** : 자기 방을 쓸게 하고, 브러쉬나 빗자루로 흩어져 있는 쓰레기를 쓸어 모아 쓰레받기에 담아 쓰레기봉투에 넣어 치우도록 하였다.
- **먼지 털기** : 창문을 활짝 열고 피아노, 액자, 책상 등을 털어내고, 화분의 고무나무 잎을 닦도록 지속적으로 더디지만 지도하였다.
- **꽃에 물 갈아주기** : 꽃병의 꽃을 대야에서 줄기를 씻고 낙엽을 떼어 꽃 놓는 쟁반에 놓게 하였다. 더러워진 물을 버리고 새 물을 담아 병을 브러쉬로 깨끗이 씻은 후 다시 꽃을 꽂아 본래의 자리에 놓아보는 교육을 반복으로 하였다.
- **화분 꽃 심기** : 봄이 되면 화원에서 꽃을 사보게 하였다. 꽃삽으로 흙을 화분에 조금씩 넣어 중앙은 움푹하게 해 놓고 모종 꽃을 심으며 흙은 뿌리의 약간 위까지 덮게 하였다. 물뿌리개

로 물을 준 후 깨끗하게 화분을 닦아, 햇빛이 들어 오는 곳에 화분을 가져다 놓도록 하였다.

일상생활 교육 중 **자신에 대한 배려**는 다음과 같이 훈련하였다.

- **세수와 양치질** : 딸의 치아 관리를 위해서 충치와 잇몸 질병, 그리고 입 냄새를 예방하기 위해, 양치질할 때는 입안의 모든 표면을 닦아 주고, 혀도 구석구석 잘 닦아 주도록 하였다. 딸이 아침에 일어나서 제일 먼저 하는 일은 세수하는 일이다. 나들이를 갔다 오거나 저녁 식사 후에도 세수하고 잠자리에 드는 일이 습관화되도록 지도하였다. 하루 중 아침 말고는 딱히 정해둔 시간은 없으나 외출 시나, 미세먼지가 있는 날에 나들이가 끝나 집에 들어오면 반드시 세수하도록 하였다.
- **손발 씻기** : 매순간 가장 많은 활동이다. 개인위생을 유지하기 위해 손을 자주 씻도록 하였다. 화장실에 다녀온 후나 재채기한 후, 식사하기 전과 많은 사람이 만졌던 물건을 사용한 이후에는 반드시 손을 씻도록 하였다. 손을 씻을 때는 비누 거품을 내서 손 전체를 최소 30초 정도 닦아준 후 흐르는 물에 씻어 내도록 하였다. 특히 비대면 코로나 시대는 번져 가는 세균을 막기 위해 애국가 1절을 부르며, 끝날 때까지 깨끗하게 씻도록 훈련 시켰다. 결론적으로 청결을 유지한 딸은 코로나 19도 머물지 않고 지나갔다.
- **샤워하기** : 수시로 온몸을 깨끗이 닦아 때나 끼거나 세균이

몸에 붙는 것을 막고, 샤워할 때면 머리를 반드시 감도록 하였다. 운동하거나, 과하게 땀이 나는 신체활동을 할 때는 샤워는 물론 자주 머리를 감도록 하였다. 정해 놓은 횟수는 없지만, 딸은 교회 예배의 반주도 하며 싱어로 중창단에서 봉사활동을 하고 있다. 토요일이 되면 몸의 청결을 위해 샤워도 하고, 머리 감는 일이 습관화되도록 지도하였다.

- **머리감기** : 딸은 초등학교 때부터 스스로 머리감기를 잘 하였다. 그때는 혼자서 머리감는 일이 감당하기에 어려워 단발로 머리를 짧게 잘라 주었다. 철이 들어가므로 지금은 긴 머리이지만 스스로 머리감기도 잘 하고, 머리를 감은 후에 드라이기를 사용하며 머리를 말리고, 모양을 내며 핀을 꽂는 모습이 참으로 대견스럽다. 어느 날은 풀어도 보고, 어느 날은 묶어도 보고, 기분이 아주 좋은 여름날은 묶어 달라고 요청도 하였다. 거울 앞에 서서 요리조리 단정한 모습을 보면서 마음껏 웃는다.

- **손톱과 발톱 정리** : 이는 2주 정도 시간 간격을 두도록 교육하였다. 손톱과 발톱을 제대로 관리하지 않으면 세균과 먼지가 낄 수 있어서 손톱과 발톱이 길고 들쭉날쭉하면 잘라주도록 하였다. 손발톱 깎기의 사용법을 알려주고 세수하거나, 샤워한 후에는 반드시 손발톱 주위를 정리, 정돈하도록 교육하였다. 청결한 몸 유지는 스스로 감당하고 해결할 문제이다. 이 닦기, 손발 씻기, 샤워하면서 머리감기, 그리고 손톱과 발톱을 다듬은 훈련으로, 자기 몸 청결을 아름답게 꾸며가고 있는 일상생

활이 되었다.

- **여성 위생용품 처리와 관리** : 딸에게 생리주기 때는 패드를 자주 갈아주어 배출된 혈액이 몸이나 속옷에 묻지 않도록 지도하였다. 딱히 붙일 이름이 없어 세균이라는 이름으로 교육을 시도해 보았다. 스스로 거부감 없이 '세균'이라 부르며 잘 처리하였다. 불투명 봉투나 신문지에 싸서 수거함에 넣도록 지도하므로 눈에 띄지 않고 청결문제가 해결되는 쾌적한 교육효과를 맛보았다.

  필요할 때면 스스로 카드를 사용하여 마트에서 사 오도록 교육하였고, 보들보들한 회사명까지 입력하여 물건 사보기와 연결된 교육까지 이루어졌다. 설합에 충분한 물량을 상시 준비하여, 스스로 사용할 수 있도록 하였으며 샤워하는 습관도 가르치며 몸의 청결과 연계하였다. 교육의 효과가 혹여 잘못된 인식으로 인해 지저분한 상황이 없도록, 관심의 비중을 더 두고 지켜보며 교육하였다.

- **옷 갈아입기** : 먼저 계절에 맞는 옷을 찾아 옷걸이에 걸어두고, 속옷도 분류시켜 정리함에 정리하여 두었다. 청결을 유지하기 위해 옷을 자주 갈아입도록 하였다. 양말과 속옷은 하루하루 벗어서 세탁기 속에 넣어두도록 약속하였다. 특히 겨울철은 두꺼운 오버나 점퍼 같은 것을 제외한 대부분 옷은, 하루 이틀 한두 번 정도는 더 입어도 된다고 하였다.

  딸이 조금 커서는 세탁기를 사용하는 방법을 가르쳐 주었다.

세탁물을 넣고 세제를 넣고 기계를 순서대로 입력하는 것을 가르쳐주고 실제로 사용해보도록 실습도 해보았다.

건조가 잘되어 거두어들일 때 분류와 정리는 딸의 몫이었다. 수건을 접는 법, 양말짝 찾기, 속옷 제자리에 넣기 등 필요한 곳에 적절한 서랍에 넣어 정리 정돈을 하게 하였다. 눈과 손의 협응력을 길러주는 훈련과 분류하는 교육은 실생활에 적용해 나가는 효과가 컸다.

처음에는 옷의 분류와 정리가 매우 어려워 혼선이 있었으나 차츰 인지되어, 분류할 수 있으며 정리 정돈을 스스로 하고 있다. 그뿐만 아니라, 스스로 계절에 맞은 옷을 골라 입을 수 있는 분별력이 나타나기 시작한 것이다.

일상생활 훈련이란 자신을 돌보는데 필요한 기본적인 일상생활과 사회생활을 유지하기 위한 복합적인 일상생활을 독립적으로 수행하는 능력을 훈련함으로써 사회로의 복귀를 도와주는 훈련으로 이끌어가는 것이다.

🚶 부모로서 돕는 손

현대는 '아빠 부재의 시대'라고 할 만큼 아빠의 역할에 관한 혼돈과 갈등이 존재하고 있다. Lamb(1987)은 현대를 "'아빠 역할의 재발견 시대'라고 표현할 만큼 아빠에 대한 관심이 급증하였다며, 아빠와 자녀 간의 관계가 자녀의 성장 및 발달에 엄마 못지않은 영향을 끼치고 있다."라고 지적하고 있다. 또한, "아빠는, 자녀를 능동적으로 양육하는 부모로 인식하게 되었다."라고 주장하고 있다. 즉, 아빠는 자녀에게 충분한 가치관을 심어주고, 자녀들이 사회의 유능한 일원으로 자신의 행동과 행위에 대해 책임감을 가질 수 있도록 길러주는 중요한 사람이다. 따라서 우리 부부는 딸을 교육 함에 있어, 몬테소리교육 이론에 기반을 둔 교사의 역할과 부모의 역할을 중심으로 다음과 같이 교육하였다.

첫째, 딸을 인격적으로 대하며 교육해 왔다. 딸이 모험적이며 새로운 행동을 할 때, 그 행동에 대해 인정해 줌으로써 딸이 죄책감 없이 성장하게 되었고, 도덕적인 인간으로 자랄 수 있었다. 특히, 우리는 딸의 행동, 가치관, 그리고 태도를 통해 행동으로 보여 주는 모든 것은, 딸이 미래의 사회인으로서 생활하는 데 효과적으로 대처할 수 있는 직접적인 방법이라고 생각했기 때문이다. 이러한 방법들은 딸이 부모의 행동을 모방함으로써 딸이 스스로 배우게 되는데, 이는 딸의 행동 양식뿐만 아니라, 가치관이 되었을 것이라고 확신한다.

둘째, 딸을 양육함에 있어 나의 역할 즉, 엄마의 역할을 강화하였다. Bowlby(1952)는 "엄마가 자녀를 양육하는 과정에서 모성애가 결핍된 아동은 신체적, 지적인 면에서뿐만 아니라, 사회성 발달 면에서도 다른 아동들에 비해 지체된다."라고 주장하였다. 나는 이 이론에 의해 딸의 건강과 위생을 담당하며 딸의 인성 발달, 인지 및 정서발달, 그리고 사회성 발달을 적극적으로 지원하며 도움을 주었다. 딸이 내게 보내는 신호에 주목하고, 그 신호를 정확하게 해석하여 즉각적으로 반응해주었다.

셋째, 딸의 표현적 역할을 강화하였다. 대부분 가정에서 엄마는 자녀에게 표현적 역할을 담당하는 중요한 사람으로 존재하고 있다. 오늘날 워킹맘이 많아지면서 엄마가 해야 할 일이 더 많아졌으며, 가족 기능에도 많은 변화가 생겼다. 이에 따라 과거에 생각했던 엄마의 역할에 대한 가치와 중요성이 재평가되고 있다. 현대사회가 생활 양식 면에서 다양하게 변화함에 따라 엄마의 역할도 새로운 관점에서 조명되고 있다.

넷째, 교육적인 행동에 앞서 관찰의 도움에 힘입어 딸의 발달 욕구를 알아내고 딸에게 정상화 과정에 필요한 도움을 주었다. 딸의 관찰을 통해 나 자신이 언제 끼어들고 언제 물러서야 할지, 언제 말하고 언제 침묵해야 할지에 대한 기준을 얻었다.

다섯째, 준비된 환경을 조성하여 주었다. 환경과 교구가 중요한 교육의 기능을 떠맡고 있으므로 딸 스스로가 환경에 몰입하여 자기 학습이 이루어질 수 있도록 환경을 조성하여 주었다. 나 자신은 물론 아빠도 틈나는 대로 수동적인 관찰자로, 부모로서 돕는 손이 되어준 것이다.

2부
나도 할 수 있어요

딸을 위한 학습의 장 열다

🚶 유치원 설립, 운영

　딸이 초등학교에 입학할 무렵, 나는 딸의 교육에 대해 생각하면서 대안학교인 제2교육의 장으로 유치원을 설립하여 운영하였다. 아빠는 "부모 된 도리를 다하지 않고 딸의 교육을 포기한다거나 방임한다면, 이는 먼저 딸에 대한 슬픈 일이요, 한 가정의 부모 된 도리를 저버리는 것이다."라며 앞장서서 도와주었다. 우리는 유치원을 몬테소리 교육이론에 기반을 두고, 딸에게 준비된 환경을 만들어주려는 계획을 세운 것이다. 먼저 기본생활 습관을 형성할 수 있는 환경을 조성하여 주었다. 스스로 준비된 환경을 통하여, 일상생활을 하는데 필요한 방법을 아이들과 함께 체험할 수 있도록 학습환경을 만들어준 것이다. 즉, 딸이 학습의 장을 아이들과 더불어 잘 활용할 수 있도록 계획하고, 이를 실행할 수 있도록 배려해주

었다.

  딸이 초등학교에 입학하여 사회화가 시작되는 시기이기도 하여 적기성에 크게 어긋나지 않았다. 규모가 작은 유치원이었지만, 몬테소리 교육이론에 따른 준비된 환경으로 마련하여 원아 모집에는 어려움을 주지 않았다. 원아들의 등하교는 초등학교 시간에 맞추어 운영하였으므로 형이나 오빠, 언니나 누나의 손을 잡고 등하교하였다. 그뿐 아니라, 주변 가까이 있는 아이들이기에 방과 후에도 내 집처럼 드나들며, 놀 수 있도록 유치원을 개방된 공간으로 운영하였다. 딸이 학교생활이 끝난 후에 유치원에서 아이들과 함께 상호작용이 이루어지며, 놀게 하려는 목적이 컸다. 유치원 교육이 개별화 중심 교육프로그램이기에 방과 후, 유치원 교재 교구를 통하여 딸의 부족한 학습을 보충해준 것이다.

방과 후 부모님을 기다리며 남아있는 아이들과 함께하는 시간을 통해 언어학습과 사회화에 도움을 받도록 하였다. 이때의 딸은 눈높이가 아이들의 눈높이에 미치지 못하였지만, 함께 놀이하며 상호작용을 하는 데는 어려움이 없었다. 방과 후 놀이 교육이 끝나고 정리 정돈을 하는 시간에는 선생님을 도와 정리하고 정돈하는 방법은 물론, 규범과 질서의 생활을 스스로 습득하고 있었다.

아이들은 자신을 도와주며 함께 놀아 주는 딸을 무척 따르며 '누나, 누나!'하며 좋아하였다. 딸도 그들을 통해 사회생활을 해 나가는 데 필요한 기본 생활을 익히며, 서로 도움을 받았다. 딸은 중학교 1학년 때까지 이곳 유치원 원아들과 함께 생활하며, 일상생활을 해나가는 데 필요한 부분을 조금씩 익혀나갔다.

나도 할 수 있어요

♣ 초등학교 입학

동주민센터로부터 딸의 초등학교 입학을 위한 취학통지서가 나왔다. 그런데 딸은 학교교육 제도 속에서 생활하기에는 부족한 점이 너무 많았다. 유아 발달과정으로 볼 때 아직 자신을 통제할 수 있는 기본적인 생활습관이 형성되어 있지 않은 것이다. 그뿐만 아니라, 학습을 받아들일 준비도 되어있지 않았다. 3년간의 유아원, 그리고 가정에서 사랑과 관심으로 기본생활 지도와 기초학습 훈련을 하였다. 그렇지만 언어적인 상호작용과 주변정리, 그리고 대소변 처리가 잘되지 않았다. 입학시기를 늦출까도 생각하였으나, 마음을 바꾸어 정상적인 아이들과 같은 선상에서 출발하게 하고 싶었다.

가족 중에는 1년쯤 기다렸다가 학습을 받아들일 준비가 되면,

특수학교로 보내자는 의견도 있었다. 그렇지만 어렸을 때부터 제한된 인격으로 기르기 싫어서, 나의 강력한 의견을 제시 일반학교로 보낸 것이다. 솔직히 학령기를 놓치면서까지 특수학교에 입학시키려는 마음이 없었다. 일반학교에 보내면서, 그날그날 학습한 내용을 가정에서 반복 교육으로 심화하고, 천천히 기본 생활교육을 가르치며 훈련하려는 계획을 세운 것이다. 모든 가정생활을 딸 위주로 계획을 세워 가고, 대안학교인 유치원을 설립, 운영하며 딸의 학교생활이 시작되었다.

딸의 입학 후 생활을 생각하며 사전교육과 훈련을 하였다. 교실은 어디에 있는지, 신발은 어디에 넣어 놓는지, 화장실은 어디에 있으며, 대소변 처리는 어떻게 하는가를 가르쳐주었다. 또한, 학교생활에 필요한 기본 생활교육과 함께, 선생님께 인사하는 법과 친구를 만날 때 인사하는 방법도 알려주었다.

입학 하루 전날이다. 다시 학교를 찾았다. 실내화는 어디에서 신고 다니며, 신발은 어디에 놓아야 하는지를 걱정하며 실내로 들어갔다. 다행히 신발장에는 '최우림'이라는 이름표가 부착되어 있기에 실제로 넣어보도록 하였다. 조금은 마음이 놓였다. 교실 안에서 주의해야 할 점으로 뛰어다니지 않고, 허리에 손 붙이고 사뿐히 걸어 다닐 것 등을 사전에 가르쳐 주었다.

탈춤

아이들이 1학년에 입학하면, 학교적응을 위해 운동장에서 1주일 정도의 적응 기간이 있다. 이때 딸을 보조역할 자로 교단에 세워 함께 무용하셨던, 옆반 선생님께서 전화를 하셨다.

"우림이 어머님, 10월이면 학예 발표회가 있습니다. 우림이도 참여시켜 탈춤을 가르치고 싶습니다. 허락해주시지요."

"아…, 예. 할 수만 있다면 선생님, 참 좋지요. 그런데 어떻게 해볼 수 있을지 모르겠습니다."라고 말은 하였지만, 속내는 너무 기뻤다.

"우림이는 춤솜씨가 있잖아요, 잘할 거예요."라고 하시면서 나보다 선생님이 더 좋아하셨다. 학년 회의에서 선생님들이 딸을 추천하셨단다. 탈춤 추는 아이들은 반에서 한두 명으로 반장이나 부반장들이 대부분인데, 딸이 특별히 뽑힌 것이다.

학예회를 위해 특별 지도를 시킨다는 데, 어느 어머니가 반가워하지 않겠는가? 그러나 이를 위해서는 나 스스로 몇 번이나 남몰래 울어야 할지 모른다. 그래서 얼른 대답이 나오지 않았었다. 자기 한 몸도 감당하지 못한 아이가, 이제 선생님의 눈에 들어 좋은 친구들과 탈춤을 연습한단다. 좋기도 하지만 걱정도 커졌다.

며칠 후 선생님으로부터 딸은 춤추기를 좋아하며 열심히 연습에 참여하고 있어 '걱정하지 말라.'는 전화가 있었다. 그러나 어떻게 하는가? 엄마로서 걱정스러움도 있고, 연습하고 있는 모습도 보고 싶어 연습장을 찾아갔다.

연습실 뒤편에 삼삼오오 모여있는 어머니들을 보니, 그래도 1학년에서 내놓으라 할 만한 각반의 임원 어머님들이다. 나 또한, 기쁜 마음으로 딸이 연습하는 모습을 보니 춤솜씨가 참으로 부드럽고 대견스러웠다.

"하나, 둘, 셋, 넷!", "하나, 둘, 셋, 넷!"하는 선생님의 박자 소리에 따라 춤을 추고 있는 딸의 춤사위 맵시는 참 고왔다. 그러나 다음에 나올 순서를 잘 몰라, 가끔 동작을 표현하지 못하고 미운 오리 새끼처럼 끼어 있었다. 지도 선생님의 얼굴을 보자 '그동안 딸 때문에 마음고생 많이도 하셨겠다.'싶어 미안한 마음이 들었다.

딸을 위한 교습방법을 나는 잘 알고 있다. 처음부터 끝까지 음악곡을 들려주면서 동작을 가르쳐 주면 되는데요. "하나, 둘, 셋, 넷! 하나, 둘, 셋, 넷!" 음성으로 하는 박자를 되풀이하면, 딸은 다음에 있을 동작을 이해하지 못한다. 지능이 분화된 아이들은 부분 동작을 잘 이해하나, 딸처럼 지능이 분화되기 전 단계의 아이들에게는 통합적으로 지도하는 것이 더 효과적이다. 그러나 딸만 생각할 수 없지 않은가? 선생님을 믿기에 기다리고 있었다.

잠시 후 선생님은 준비된 테이프를 틀어 음악을 들려주면서 손동작을 지도하였다. 그러자 딸도 더 흥이 있어 보이고 신명 나게 따라 하였다. 몇 번의 노래를 듣고 하는 동안 얼마나 몸동작을 잘

▲ 1학년 학예회 탈춤(뒷줄 끝에서 두 번째)

하던지, 내 손도 한 동작 한 동작이 딸을 따라 저절로 올라갔다. 전체를 보지 않고 단편적인 교육활동 평가를 내 딸 위주로만 보며 내렸던, 나의 모습이 한없이 부끄러웠다. 그때 나는 전후 훈련 과정도 모르고 단편적 결과물만 본 것이다. 선생님은 내가 들어설 때 부족한 면을 "하나, 둘, 셋, 넷!"라고 하시며 보충하고 계셨던 것인데, 나는 딸만 생각하고 걱정하며 보고 있었던 것 같다. 다른 아이들보다 두 배 세배 더 힘드시겠지만, 내색 없이 웃고 계신 선생님께 감사드린다. 나도 모르게 고마움의 눈물이 흘러내렸다.

   선생님의 열정과 배려로 사랑스러운 딸이 가을 학예회 무대에 설 수 있었다. 마음조이기도 하였지만, 그것은 기우에 그쳤다. 꼭 두각시 춤사위가 끝나자 나도, 학부모들처럼 강단이 떠나갈듯한 손

뺨을 쳤다. '너 때문에 산다.'라고 큰 웃음 한바탕 밝게 웃었다.
노성숙 선생님은 그냥 스쳐 지나갈 수 있는 딸에 동 학년 선생님이셨다. 그런데도 딸을 음지에서 양지로 불러내 주셨다. 내 딸의 성장 발달에 든든한 버팀목으로, 한 획을 그어주신 것이다.
"노성숙 선생님, 참으로 고맙습니다."
나와 내 딸이 선생님 이야기를 하며 잊지 못할 사진 한 컷에 담겨 있는 아름다운 추억을 꺼내 봅니다.

🐦 잊지 못한 선생님

　루소는 "식물은 재배함으로써 자라고, 인간은 교육함으로써 사람이 된다."라고 하였다. 초등학교 1학년 담임이셨던 박부식 선생님은 딸을 지금처럼 생활할 수 있도록 틀을 만들어주신 분이시다. 학습 준비성도, 기본생활도 미약할 때, 실오라기 같은 꿈을 가꾸어 갈 수 있도록 사랑으로 든든한 버팀목이 되어주셨다. 사랑의 울타리를 만들어 딸이 꿈을 펼쳐 나갈 수 있도록 좋은 교육 환경을 만들어주신 것이다. 꿈을 가꾸어 갈 수 있는 기초를 닦아 주신 고마운 선생님이셨다. 딸은 마흔아홉 살이 되었어도 1학년 때 담임하신 박부식 선생님을 잊지 않고 기억하고 있다.

　딸은 학습을 받아들일 준비성도 없이 초등학교 1학년에 입학하였다. 이때 담임을 맡으셨던 분이 바로 박부식 선생님이셨다. 우리는 일반적으로 6학년 때의 담임선생님은 기억하고 있으나, 1학년 때의 담임선생님은 기억하지 못한다. 그런데 딸은 1학년 담임선생님을 기억하며, 매년 스승의 날이 되면 또박또박 붙일 수 없는 편지글을 쓴다. "박부식 선생님, 사랑해요."하고 몇 자 써 내려간다.

　박부식 선생님은 특별하셨다. 모든 아이에게 능력에 맞추어 개별화 교육을 하신 것으로 기억된다. 딸이 율동과 리듬감, 그리고 악기를 다루는 솜씨가 여느 아이들보다 뛰어나다는 것을 아시고,

이를 신장시켜 주셨다. 늘 친구들 앞에서 발표할 기회까지 제공하여 주셨다. 제재받지 않은 딸은 겁 없이 풍금을 장난감 악기처럼 스스로 만지게 되었고, 또래들과 함께 노는 방법을 익히며 배워가게 되었다.

"엄마, 편지요."하며 생활통지표를 나에게 건네주었다. 선생님께서 딸을 1년 동안 바라보시고, 학교생활을 종합적으로 평가하신 내용이 들어있었다. 생활통지표를 통해 이를 기반으로, 딸의 교육을 위해 나름대로 개별화교육프로그램을 만들 수 있을 것이라는 기대가 있었다.

생활통지표에는 "도덕(미), 국어(가), 산수(미), 사회(미), 자연(가), 체육(미), 음악(양), 미술(가)"라고 평가되어 있었다.

다음은 학교생활 적응을 어떻게 하고 있었나를 알아보기 위해 행동 발달 상황란을 살펴보았다.

"근면성(나), 책임감(나), 협동성(나), 자주성(나), 준법성(나)"라고 평가되어 있었다. 학교에서 일상생활은 잘하고 있는 것으로 생각되었다. 너무도 기특하여 남몰래 눈물을 훔치기도 하였다. 다음은 특기 사항란을 살펴보았다.

"무용 및 노래를 불러 항상 즐겁게 생활한다. 급우들과 사이좋게 지내며 인정이 많다."라고 담임선생님의 관찰 내용이 진솔하게 기록되어 있었다.

나 역시 노래방 기계를 사놓고, 혀 놀림 훈련을 위하여 노래를 연습하게 하였으며, 이 무렵부터 딸은 서투른 말로 음정에 맞는 동요를 스스로 불렀다. 리듬악기로는 정확한 리듬감을 나타내고,

건반악기인 피아노를 치기 시작한 것이다.

"무용 및 노래를 불러 항상 즐겁게 생활한다."라는 선생님의 생활통지표 평가는, 딸의 성장을 위한 희망의 소리로 작용하였다. 따라서 선생님의 평가를 붙잡고 엄마라는 이름으로 딸을 위한 교육정보자료로 활용하였다. 장애를 입은 딸은 잘 성장하여 피아니스트가 되었고, 교회 중창단 싱어가 되었으며, 댄스 신이 되었으니 어찌 선생님의 안목을 잊을 수 있겠는가?

차별 없이 가르치신 선생님과 함께하였던 그 시절이, 딸은 너무나 행복했을 것이다. 선생님은 산 교육자로 한 제자의 마음속에 깊이깊이 새겨져 있다. 한세월이 흐른 지난날을 기억해본다. 딸은 지금도 박부식 선생님을 좋으신 선생님, 고마운 선생님으로 기억하고 있다. "박부식 선생님, 기억나시나요? '바 부시', '바 부시' 좋아요."라고 하며, 노랫말처럼 부르고 다닌 아이에게 선생님께서는 "좋으냐?"라고 물으시면 "좋아요."라고 대답하던 최우림을요?

하늘 같은 선생님의 이름을 동요처럼 부르던 딸은, 그때 아이처럼 5월 15일 스승의 날이 되면 선생님을 기억하며, '사랑합니다'라고 조각 편지글을 쓴다.

"선생님, 사랑해요. 그리고 고마워요."라며, 지금도 손편지를 쓰고 색종이로 카네이션을 만든다. 늦었지만 엄마가 딸을 대신하여 감사의 마음을 전하고 싶다.

선생님께서 1년 동안 바라보신 딸에 대한 평가는, 딸아이가 아름다운 꿈을 가꾸어가는 나침판이 되어 길을 열어주셨다. 딸은 각인의 기제가 튼튼하여 지금까지 1학년 때 선생님을 잊지 않고 잘

커 가고 있다. 딸의 미래를 위해 안내하고 든든한 버팀목이 되어 주신 선생님처럼, 엄마인 나 또한, 딸의 든든한 버팀목이 될 것이다. 나를 딛고서 쑥쑥 자라가도록 사다리가 되어 동행할 것이다. 딸과 함께 비를 맞으며 터벅터벅 쉼 없이 양지를 향하여 걸어갈 것이다.

  선생님을 딸과 함께 만나 뵙고 싶어서 찾았지만, 번지 없는 편지가 되어버린 후여서, 하늘만 바라볼 수밖에 없었다. '이제 편히 쉬시라'라고 늦게야 인사를 드립니다. 딸은 나의 눈물을 닦아주면서 위로하듯 "엄마, 선생님 찾아가자."하고 한마디 하였다.

문방구에서 가게 놀이

 딸은 학교 근처에 있는 문방구에 자주 들른다. 뽀빠이를 먹고 싶어 서다. 그 가게 주인은 딸뿐만 아니라, 철부지 아이들의 뜻을 잘 받아준다. 정리된 물건들을 흩트려 놓아도, 오랜 시간 이것저것 만지며 뒤집고 다녀도, 장난감 로봇의 다리를 하나 빼놓아도 '괜찮다'며 야단치지 않으신단다. 아이들이 보는 앞에서 그냥 고쳐 놓으시며, '아무런 문제가 없다.'라는 식으로 허허 웃어넘기신단다. 아이들은 그런 사장님을 참 좋아한 것이다.
 딸이 자주 들리는 가게는 '뽀빠이' 과자뿐만 아니라, 학용품을 비롯한 볼거리나 먹을거리, 그리고 가지고 놀 수 있는 인형 등 장난감이 많이 있어, 아이들의 눈과 발을 멈추게 한다. 딸도 그 가게를 참 좋아하였다. 뽀빠이가 먹고 싶으면 들리는 것 같다. 늘 다니다보니 어떨 때는 가게 주인처럼 행세할 때도 있단다. 친구들이 달라는 물건들을 내어주며, 사장님 바쁜 손길을 대신 도와주기도 한다는 것이다.
 어느 날 볼 일이 있어 아이들이 말하는 '마음씨 좋은 아저씨 가게' 옆을 지나는데, 딸이 가게주인처럼 아이들에게 물건을 내주고 있었다.

"사장님, 안녕하세요. 오늘도 딸이 학용품을 내어주고 있는데, 물건값은 잘 받은 건가요?"

"아…, 예. 따님이 물건을 내주는 것만 보았지, 돈 받는 것은 보지 못했어요. 천진스러운 아이들이 그냥 가겠어요? 다 주고 가겠지요. 비어 있는 상자를 보면, 동전들이 그득 차 있던데요."

하시며 웃으셨다. 딸은 이렇게 현장 학습을 하며 물건들의 명칭을 알아가고 있었다. 주인처럼 가게 놀이를 하는 것이다. 사장님은 때론 귀엽다고, 때론 수고했다며 '뽀빠이'를 가방 속에 넣어 보내주시기도 하셨다.

어느 날, 딸은 가방에서 좋아하는 '뽀빠이' 2봉지를 꺼내놓으면서, 한 봉지를 오빠한테 준다며 책상 위에 얹어 놓았다.

"어디서 난 과자지?"

"응, 마음씨 좋은 아저씨."

체험의 학습비를 내놓아도 좋을 듯한데 '뽀빠이'까지 따라왔다.

🧍 돈 없이 사 온 콩나물

저녁 식사 준비로 딸에게 콩나물과 두부를 사 오도록 심부름을 시켰다. 그런데 '엄마 여기요.'라며 들고 온 봉투 속에는 두부와 콩나물뿐만 아니라, '뽀빠이' 과자 봉지도 들어있었다. 이것은 단골처럼 다녔던 식품 가게에서 사온 것 같지가 않다. '어느 가게에선가 사 왔겠지'라고 그냥 간단하게 생각하며 넘길 수 없는 문제가 발생한 것이다.

주변 가게들을 하나하나 꺼내며 생각해 보았지만, 콩나물과 두부 파는 식품 가게에는 '뽀빠이'를 파는 곳이 없다. 어떤 가게에서 사 왔기에 뽀빠이까지 따라왔을까?

심부름을 시키려고 항상 돈을 넣어 둔 바구니를 살펴보니 돈도 그대로 있었다. 돈도 가져가지 않고 심부름 다녀온 것이다. 두 가게에 들러 샀다 하더라도, 돈도 없이 어떻게 물건을 사서 가지고 왔단 말인가? 혹여 어린 딸이 '상처받지 않았을까?'라는 두려움이 앞섰다.

딸은 사서 가지고 온 콩나물과 두부를 제 자리에 올려놓았다. 고개를 갸우뚱하더니 뽀빠이도 올려놓는다. 정해진 자리에 놓여있는 바구니 속에서 돈을 들고 나갔다. 어디로 가는지 뒤를 가만가만 따라가 보았다. 뒤를 돌아본 딸은 '혼자서도 할 수 있다.'라는 듯 손사래 쳤다. 기분이 좋은지 "아빠, 좋아. 엄마, 좋아."하는 동요를 부르면서 바쁜 걸음으로 걸어간다. 딸은 아랫마을 시장 골목 가게까지 갔다. 며칠 전에 딸과 함께 들렸던 식료품 가게였다. 멸치며 미역, 젓갈, 그리고 양념거리를 사 왔던 가게다. 딸은 가져간 돈을 사장님께 건네주었다.

"안녕하세요? 그런데 딸이 가져온 봉투 속에 콩나물과 두부뿐만 아니라, 뽀빠이 과자가 들어있어서요."

"아, 예. 내가 심심할 때 먹으려고 둔 뽀빠이가 있어 먹으라며, 한 봉지 주었는데 받지 않더군요. 그래서 그냥 봉지 속에 넣어주었어요."

나는 안도의 큰 숨을 내리 쉬었다. '그래도 지금까지의 교육이 헛되지 않았구나?'하는 생각에 나에게 흔한 눈물이 눈가를 적시었다. 딸의 물건 사보기 훈련 때문에 밥상에는 콩나물과 두부찌개가 자주자주 오른다.

🚶 하늘 학습장 이야기

딸은 혼자서 말을 자주 한다. 비가 내리다 그치는 날이면 하늘을 쳐다보며 "하늘 지우개로 다 지웠다."라고 말하기도 하고, "아무것도 없다, 없다."라고 중얼거리며, '비가 내리면 싫어.'라고도 한다. 심심하다며 '지우개가 왜 하늘을 지웠을까?' 하고 혼자서 중얼중얼하기도 한다.

날씨가 조금 흐리고 해와 구름이 숨바꼭질하는 날이면, 시간 따라 바람 따라 구름이 변모하는 하늘 그림판을 보면서 좋아한다. 해와 구름을 자기 친구처럼 생각하며 종종 속삭이기도 한다.

어느 날, 딸이 내 손을 잡아끌기에 따라가 보았더니, 손가락으로 하늘의 구름을 가리킨다.

"엄마, 저기 봐. 구름이 걸어간다."

구름이 가는 길을 가리키면서 재미있어한다.

"아! 그렇구나. 구름이 걸어가네. 그런데 어디로 갈까?"

"집으로 가지…."

"집이 어디인데?"

"그것도 몰라. 하늘이지."

딸은 하늘을 한참 동안 쳐다보며 생각에 잠기더니, 갑자기 노래를 부른다.

"구름이, 구름이 하늘에서 그림을, 그림을 그립니다."라며 노래를 부르며 신나라 한다.

"우림아, 구름이 하늘에서 어떤 그림을 그리고 있는데?"

"응, 토끼도, 거북이도 그리네."

딸의 흥미가 구름으로 모이자, 구름에서 모양 찾기 놀이를 하며 상호작용을 통한 언어 확장을 계속하였다. 하늘을 보며 생각 나는 이름을 다 찾아보도록 하였다. 딸은 토끼도, 돼지도 찾고, 원숭이도, 코끼리도 찾고, 병아리도, 오리도 찾고, 악어도 찾고, 꽃과 나무, 그리고 즐겨 쓰고 다니는 모자와 안경도 찾았다. 자신이 알고 있는 낱말 지식을 총동원하여 제법 여러 가지를 꺼내며 연결하여 찾은 것이다. 그뿐만 아니라, 실제 모양을 보면서 확인하는 일도 있었다. 산과 산 사이에서 뭉게구름이 피어오르자, 곰이 '안녕'하고 인사한단다.

아침 일찍 차를 타고 학교를 향하여 가고 있을 때다.

"엄마, 아빠, 봐봐. 저기 해님 눈알이 있어."라며 무섭다고 하였다.

구름 사이로 떠오른 태양빛 사이에 검은 구름이 태양을 가리고, 검은 얼굴에 벌건 두 눈알이 만들어진 것처럼 보였다. 대학생이지만 영락없는 3세 지능을 가진 아이처럼 표현하고 있다. 그래도 교육은 계속되어야 하였다. 반복, 또 반복, 그러다 보면 하늘도 딸의 진정한 학습장으로 변모될 것이다.

틀리면 틀린 대로, 맞으면 맞는 그대로 좋다. 너의 마음대로 생각하는 시간이니 정답은 없단다. 네가 말하는 그것이 모두 다 정답이다. 딸은 하늘을 생각 주머니로 여긴다. 딸에게 이야기를 신나게 만들어주는 이야기 친구다. 생각하게 하는 학습판이다. 그래서 하늘만 보면 신나게 이야기를 만들며 좋아한다.

'비가 오면 하늘을 지우개가 깨끗하게 지운다.', '바람이 몹시 불 때면 악어가 화난 얼굴로 달려간다.', '구름 속에 덮인 해님을 맞이할 때는 눈알이 크고 무섭다.', '토끼가 깡충깡충 뛰어간다.', '금붕어가 헤엄쳐 간다.'라며, 딸은 이런 말들을 수없이 창작하고 있다. 하늘은 딸과 함께 많은 시간 언어 확장에 좋은 창의적인 학습의 장이 되어주고 있다.

아빠, 불 불

 봄방학이다. 오늘은 무슨 일인지 딸이 나를 따라나서지 않는다. 유치원에 나오지 않고 집에서 놀겠다고 한다. 이제까지는 혼자 두지 아니하였다. 어려운 일이 있을 때 처리할 능력이 약하기에, 함께할 수밖에 없다.
 '이제 딸이 저만큼 컸으니 혼자 두어도 괜찮겠지?'라는 생각이 들었다.
 "우림아, 오늘은 집에서 혼자 놀고 싶어?"
 "아니야, 앞집 은정이랑 놀 거야. 함께 놀기로 했어."
 앞집 은정이와 놀기로 약속했다는 것이다. 은정이는 6살이며 우리 유치원 재원생이다. 이제 봄방학이 끝나면 학교에 입학할 것이다. 부모님은 부부 교사다. 그래서 유치원이 끝난 방과 후 시간에도, 딸과 함께 소꿉놀이하면서 잘 지내곤 하였다. 동생이 없는 딸은 은정이를 동생으로 생각하는지 유독 사랑을 주었다. 그래서 나도 그 말에 믿음이 갔다.
 "그래, 은정이 오면 함께 놀아. 탁자 위에 있는 과자도 나누어 먹고, 언니니까 잘 도와주어야 한다."
 "예, 알았어요. 소꿉놀이할게요."

"그래, 놀다가 심심하면 은정이랑 유치원으로 와도 돼, 엄마 도움이 필요하면 불러라."라고 당부도 하였다.

"사랑해, 우리 딸"하고 안아주고 출근하였다.

설령 무슨 일이 일어나도 집과 유치원과는 담장 하나 사이고 수시로 들락거리는 쪽문이 있어 안심하고 유치원으로 출근한 것이다.

나는 신학기 준비에 몹시 바빠 딸을 혼자 두고 온 사실조차 잊어버리고 있었다. 그런데 담장 넘어 집에서 무슨 소리가 났다. 딸의 목소리였다. "아빠, 아빠" 숨넘어가게 부르며, 딸이 쪽문을 통해 "아빠, 불 불"하는 것이다. 딸의 소리를 먼저 들은 아빠는 집으로 달려가고 나도 뒤따라갔다. 퀴퀴한 냄새가 났다. 방안을 들여다보니 뿌연 연기로 가득 차 있다. 온통 장난감이 늘비하게 널려있다. 쟁반 위에서는 작은 불이 타오르고 있었다. 그런데 겁이 났는지 은정이는 그 옆에서 울고 있었다.

"은정아, 놀랬구나. 그만 울어, 괜찮아."하면서 딸과 은정이를 데리고 나가려 할 때, 아빠는 목욕탕에 받아 놓은 물에 커다란 담요를 적시어 타오르는 불을 덮었다. 불이 곧 꺼졌다. 조금만 더 늦었더라면 큰일 날뻔하였다.

"우림아, 은정아, 왜 불 피웠어?"하고 물었더니, 은정이는 성냥이 책상 위에 있어서 한 번 성냥불을 켜보고 싶어 불을 켰단다. 딸이 아니었더라면 은정이는 어쩌고, 내가 사는 집은 또 어떻게 되었을까?

나는 두 아이를 품에 품은 채 그때야 안도의 숨을 길게 내쉬었다.

엄마, 문 열어요

어디서 들려오는 소리일까? 아침 일찍 여름성경학교에 아빠를 따라간 딸의 목소리다. 이제껏 온순하고 순한 줄만 알았다. 그런데 오늘은 당차게 소리를 친다. 무슨 일이 있나 싶어 깜짝 놀라 뛰어나갔다. 딸은 바지를 두 손으로 꼭 붙잡고 발을 꼬이고 있었다. 곁으로 다가가자, 내 코가 먼저 반응하였다. 아빠는 시간이 늦었다고 그냥 가시고, 딸은 바삐 현관문에 들어섰다.

"엄마, 빨리, 빨리."

숨이 넘어가듯이 재촉한다. 도와달라는 신호다. 급한 것 같아 화장실 문을 열어주었다. 잠시 하던 일을 마무리하고 화장실 문을 다시 열었더니, 코가 진동하고 속옷은 늘어져 있었다. 그래도 딸의 기분은 나빠 보이지 않았다. 부끄러움도 없어 콧노래를 부른다. 바삐 수도 꼭지를 틀며 몸을 물에 담그도록 도와주었다. 바쁜 손놀림으로 한참 수선을 떨었다. 고무장갑을 낄 사이도 없이 고약한 향기에 젖은 채 목욕을 시켰다. 비눗물로 말끔하게 정리하고 몸을 씻긴 후에 새 옷을 입도록 하고 먼저 화장실을 나왔다.

허탈한 마음으로 의자에 털썩 주저앉아 쉬고 있는데, 노랫소리가 들린다. 귀를 의심하며 들어보니 '예수께로 가면 나는 기뻐요. 나

▲ 여름성경학교에서, 가운데 입에 손을 올리고 바라보는 아이

와 같은 아이 부르셨어요'라고 교회학교 노래를 부른다. 고요하면서도 처량하게, 그러면서도 기쁜 소리다. 딸의 입이 열린 것 같다.

딸은 '교회에 가야 해요'라며 혼자서 길을 나섰다. "혼자서 갈 수 있겠니?"라고 물었더니 이렇게 저렇게 하며 손으로 가는 길을 그리며 가는 시늉을 했다. '행여나'하는 마음으로 오빠에게 뒤를 따라가 보게 하였다. 도착 후 전화가 왔는데, 딸은 뒤도 돌아보지 않고 건널목을 조심스럽게 손을 들어 올리고 건너며, 아빠와 항상 함께 가던 그 길로 가더란다. '잘 도착했다'라는 전화가 아들에게서 왔다. 이제 혼자서도 교회에 갈 수 있을 것 같다.

그 후 교회 전화로, 딸이 또 전화하였다. "엄마, 왔네."란 말뿐이었다. 나는 두 손을 모았다. 오늘도 향기로운 실수의 선물을 받았는데, 홀로 찾아가는 길눈을 열어주셨다. 교회 여름성경학교를 통해 딸의 입을 열어 찬양하게 하시고, 혼자서 교회에 갈 수 있도록 하셨다. 참으로 기특하며 감사하였다. 나 혼자가 아니었다. 딸을 통해 기쁨과 감사를 체험하게 하신 것이다. 동행 길이 평탄한 길이 아닐지라도, 누구도 경험하지 못한 체험을 나에게 하게 하셨다. 쏟아지는 눈물은 '엄마 왔네'라는 딸의 목소리와 함께 터져 멈춰지지 않았다.

피아니스트의 꿈

🎀 피아노를 사다

어느날 꿈속에서 세 살이 된 딸이 피아노를 치고 있었다. 과외를 마치고 딸과 함께 일과를 마침에 감사기도를 드린 후, 잠시 눈을 붙인 사이 나는 꿈을 꾸고 있었다. 꿈속이었지만 피아노를 치고 있는 딸의 아름다운 모습이 또렷이 보였다. 하늘나라 천사와 같은 어린 공주였다. 나는 딸 옆에서 손뼉을 치면서 참으로 기뻐하고 있었다. 그때 누군가 환한 미소를 짓고 있는 모습으로 내 등 뒤에 서 있는 듯하였다.

아름다운 자태로 피아노를 치고 있는 주인공은 바로 내 딸이었다. 그 모습을 지울 수 없어 가슴에 담아 꼭 붙잡고 있었다. 이 방 저 방, 그리고 응접실까지 찾아보았지만, 피아노는 보이지 않았다. 그런데 응접실 한편에 피아노를 놓을 수 있는 자리가 보인 것이다. '저기에 피아노를 놓고 딸에게 피아노를 가르치란 말인가?', '태어난 지 40여 개월이 되었지만, 몸도 제대로 가누지 못하는데요', '이제 겨우 3살입니다.' 그러나 "주님께서 하라 하신다면 모든 걸 다 주관하실 것이다."라는 말을 나는 믿었다.

일과를 마치고, 어제처럼 11시가 되자 두 무릎을 드렸다. 11시면 과외 수업을 마치고, 먼저 나만의 시간을 찾는 시간이다. 언제나 갈급한 심정으로 내 자리에서, 정확한 시간에 약속이나 한 것처럼 누군가를 기다리는 것이 습관처럼 되었다. 그런데 이상한 일이 일어났다. 딸은 내 무릎 위에서 고요히 잠들어 있었다. 미소를 짓고 있는 그 모습이 흡사 천사의 모습과도 같았다. 눈물 흘리며 잠자고 있는 모습이 '엄마, 피아노를 치고 싶어요.'라고 내게 말하는 것처럼 보였다. 내 마음은 요동을 쳤다. '피아노를 사야 한다. 그리고 가르쳐야 한다.' 통장을 점검했더니 얼마간의 잔액이 있어, 영창 피아노 가게에 전화를 걸어 시장조사를 하였다.

그런데 '전두엽 활동이 연약한 딸이 어떻게 피아노를 칠 수가 있단 말인가?', '사고력도 창의력도, 생각마저도 힘든 딸인데….' 그러나 나는 기회와 은혜를 놓칠 수가 없었다. 한 번도 아니고 3살 때와 5살 때, 더욱이 다운증후군인 아이라고 판정 후에도 생생하게 내게 보여 주신 것이다.

딸은 내가 키우거나 세우는 게 아니다. 나에게 딸을 선물로 위탁하신 주님께서 키우시겠다고 하셨다. 그냥 피아노를 칠 수 있는 환경만 만들어주라고 하신 것 같았다.

피아노를 딸에게 선물하기로 마음먹고, 아빠의 결재도 없이 나는 덜컥 피아노를 사들였다. 아빠가 비상금으로 1년 내내 모아 둔 통장을 헐어서 피아노를 산 것이다. 딸을 위함이요, 꿈을 현실로 실현하기 위함이었다. 그때는 내 딸이 이미 반주자가 된 기분으로 날아갈 듯이 기뻤다. 어린 딸을 피아노 건반 위에 손을 올려놓게 하고, '꿈이 있는 아이로 키워가겠다'라며 두 손을 꼭 잡고 감사의 기도를 드렸다. '시작도 끝도 봄날 같은 주님의 은혜입니다. 순종하며 따라가겠습니다'라며 두 손을 모았다.

'작은 교회의 반주자라도 되었으면…'하는 마음으로 나는 딸의 꿈을 가꾸어 나갈 것이다. 나는 마른 눈물을 한없이 흘리며 울었다.

🎵 피아노학원에 다니다

 딸이 초등학교 1학년에 입학하고 며칠도 채 지나지 않았을 때 일이다. 학교에서 돌아올 시간이 지났는데도 돌아오지 않는다. 걱정스러운 마음으로 학교 주변 이곳저곳을 돌아보았지만, 딸이 보이지 않았다. 가슴이 덜커덩 멈추었다. 주변 상가를 돌아보았으나 어디에도 없었다. '어떻게 해야 하나?'하고 동네 길 복판에서 멍하니 빈 하늘만 쳐다보고 있는데, 낯선 아이가 나를 알고 있는 것처럼 꾸벅 인사를 하였다.
 "원장님, 우림이 피아노학원에서 놀고 있어요."
 "그래, 저쪽에 있는 피아노학원 말이니?"
 "예, 저기 피아노학원에 있어요."
 "어떻게 우림이를 알지?"
 "우림이와 같은 반입니다."
 나는 고맙다는 말도 할 사이 없이 급히 달려가 학원 문을 두드리고 들어갔다. 딸은 아무렇지도 않은 듯 "엄마, 나 여기 있네. 간식도 먹고."하며 활짝 웃는다. 순간 나는 할 말을 잊었다. 자초지종도 묻지 않고 그저 딸을 물끄러미 바라볼 뿐이었다.
 '왜, 딸이 여기에 있지? 어떻게 여기에 왔을까?'

나는 이제껏 딸을 잘 안다고 생각하였다. 그러나 딸이 어떤 생각을 하고 있는지도 모르고 여기까지 왔다. 얼마나 딸을 찾아 나선 것을 보았기에, 그 아이가 나를 알아보고 딸이 있는 곳을 가르쳐 주었을까? 늦게야 감사하며 안도의 눈물을 흘렸다. '딸이 피아노를 배울 수만 있다면 얼마나 좋을까?'라고 생각하면서 망부석처럼 서 있었다. 그때 선생님께서 말문을 여신다.

"어머님, 우림이가 오늘뿐만 아니라, 며칠 전부터 친구를 따라와 여기에서 놀다가 친구가 가면 함께 갔어요. 오늘은 내가 너무나 귀여워서 함께 놀자고 했습니다."

"아, 그랬어요? 선생님, 고맙습니다. 그런데 선생님, 우리 딸을 이 학원에 청강생으로라도 넣어 놀 수 있도록 해달라고 부탁드리고 싶습니다."

나는 딸이 친구도 필요하여 피아노학원에서 놀 수 있도록 보낼 수만 있다면 하는 마음이 너무나 컸다. 원장님은 잠시 머뭇거리시더니 딸을 학원에서 놀 수 있도록 허락해주셨다. 너무나 고맙고 송구스러운 마음이 들었다.

"원장님, 고맙습니다. 딸이 스스로 와서 놀며 피아노 치는 소리를 듣기만 해도 좋으니, 딸이 하고 싶어 할 때, 그때 가르쳐주세요."

"예, 어머님. 그렇게 하지요."

딸은 청강생으로 몇 개월 동안 놀며 학원에 다녔다. 그러던 어느 날 '딸이 입을 열었다'라고 하신다.

"선생님, 나도 피아노 칠래요. 치고 싶어요."

"그래? 피아노를 배우고 싶으면, 오늘부터 피아노 쳐도 돼. 그런데 배우고 싶으면 열심히 잘해야 한다."

딸이 먼저 '피아노를 치고 싶다'고 하더란다. 딸의 시간이요 기적이 일어나는 순간이었다. 그때에야 선생님은 딸과 약속하고 딸을 피아노 앞에 앉혔단다. 딸은 많은 시간을 기다리며, 듣는 연습을 하였다.

우리는 딸이 스스로 할 수 있는 시간을 기다리며, 기다리고 또 기다렸다. 이제는 내 딸이 피아니스트로 가고 있을 거라고 하는 기대와 희망, 그리고 꿈이 있는 아이로 가고 있었다. 2학년 때부터는 학원에서 단계적으로 교육을 시작하였다. 정상적인 아이들과 같은 진도로 쑥쑥 나갔다. 바이엘 100번을 무난히 마치더니, 체르니 30번도 치기 시작하였다. 장난감처럼 피아노를 가지고 논 결과이다. 학원 선생님은 항상 넉넉한 마음으로 딸을 대하며, "우림이는 피아노 잘 쳐요."하고 칭찬을 아끼지 않으셨다. 유치원에서도 집에서도 피아노가 기다리고 있어서 연습량은 다른 아이들보다 두 배 세배였고, 연습하는 것을 스스로 즐겼다.

좋은 선생님의 가르침으로 체르니 40번에 도전하다가 그만 8번에서 멈추고, 아버지의 발령으로 인해 군산으로 이사를 가야만 했다. 그곳 군산에서는 딸을 위해 자상하게 배려해 줄만한 선생님을 찾지 못하였다. 딸은 스스로 소통의 통로로 장난감처럼 전자키보드, 그리고 피아노와 함께 놀았다. 딸은 '나는 피아노 잘해요, 잘해요'를 스스로 동요처럼 부르고 혼자서도 즐기며, 때로는 몇 시간씩 피아노를 치며 놀았다.

♣ 재능의 발견

딸의 음악에 대한 재능을 발견한 것은 초등학교 때다. 피아노학원 선생님께서 딸의 피아노에 대한 재능을 발견하고 말씀해주신것이다. 청각이 발달하고 소근육 발달이 우수하여 스스로가 피아노 건반을 가지고 노는 것을 좋아한단다. 빈자리가 생기면, 거기서 즐겨 놀면서 건반을 두드린단다.

그래서 가르쳐 보고 싶고, 제자 삼고 싶다고 말씀하셨다. 여건이 허락된다면 오래오래 함께하며 가르쳐 보고 싶다고도 하셨다. 딸과 공감대를 이루며 소통도 잘 된다고 하셨다. 심성이 좋으신 선생님과 딸은 '혹시 천국어로 통하고 있는 것이 아닐까?' 하는 생각도 들었다.

선생님은 장애인이라는 고정관념을 깨고 마음의 문을 열어놓았다. 힘들지만 가르치고자 하신 교사로서의 사명감에 감사할 따름이다. 유일하게 딸의 재능을 인정해주신 분이 학원 원장님이시다. 피아노 부문에서 가능성이 보인다고 말씀하셨다. 선생님은 딸에게 재능이 있다는 표현을 처음으로 쓰신 분이시다. 어찌 보면 소외당하고 묻힐뻔하지 않았는가? 학원은 학원일 뿐이다. 딸에게 학원비만 받으면 되었을 것이다. 그런데도 교육자 페스탈로치처럼 사랑으로 한 소녀의 유년시절을, 피아노를 가지고 출발할 수 있도록 시동을 걸어주셨다. 딸이 걸어보지 않는 길 위에 우뚝 서게 하신 것이다.

  칭찬과 사랑으로 편견없이 가르치시던 선생님은 딸이 6학년 때, 제2회 전국장애인종합예술제에 참가할 수 있게 훈련과 함께 모든 과정을 주선해주셨고, 딸은 피아노 부문에서 대회장상을 받았던 것이다. 1주일 후에 제1회 전국심신장애자음악대회 초등부 기악부문에서도 사단법인 한국어린이육영회 이정환 회장으로부터 최고 상인 금상을 또 받았다.

  청강생 시절까지 계산하면 5년을 피아노와 친구 삼아 놀았을 뿐이다. 엄마인 나도 딸에게 좋은 교사가 되려고 노력하였지만, 혹여 한 눈이 가려져 바로 보지 못하지는 않았을까? '너는 장애인이니까'라며 고정관념에 묻어두는 생각을 하지 않았을까? 은연중에 '할 수 있다'가 아니라 '할 수 없을 것이다.'라는 '추측의 오류를 범하지 않았을까?'하고 생각해본다.

특수학급에서 배우다

🚶 특수학급, 가져오기 위한 활동

 딸이 다운증후군 판정을 받았음에도 이를 인정하기가 쉽지 않았다. 따라서 취학통지서를 받고서 고민을 많이 하게 되었다. 어떻게 하는 것이 딸을 위해 교육하고 훈련하는데, 유익한 길이 되며 좋을지 몰랐다. 지적발달장애라고 인정하기도 힘들고, 다운증후군에 대한 정보도 없었기 때문이다. 마음에 바윗돌 하나 얹어 놓은 것처럼 무겁고 용기도 없어 모든 것이 빈손뿐이었다.
 어느 날 딸의 큰아빠께서 옆 동네 초등학교에는 특수학급이 있다며 어렵게 말씀을 꺼내셨다. 그러나 특수학급으로 꼭 보내라는 건 아니지만, '생각해보면 어떠하겠는가?'라고 말씀을 흐리셨다. 그때는 무엇이라 대답할 수 없었지만, 시간이 지나면 지날수록 그 정보가 귓가에 스멀스멀 찾아 들었다.

하루는 큰아빠가 말한 특수학급이 있는 학교를 찾아갔다. 우리 집은 우산동인데 학교는 풍향동에 있어 집으로부터 상당이 먼 거리에 있었다. 특수학급을 맡고 계신 선생님을 찾아 인사드리자, 선생님은 나를 반갑게 맞아주셨다. 선생님은 큰아빠와는 같은 교직에 계시고 선후배 사이여서 큰아빠를 통해 우리 가정과 딸에 대해 이미 알고 계셨다. 몇 마디 인사가 오고 간 후에 선생님은 특수학급을 일반학교에 유치할 수 있는 법규 내용을 설명해주셨다.

80년대에는 특수학급을 50학급 이상, 그리고 교감 두 분이 근무하고 계신 학교에 1학급을 배정할 수 있었다. 선생님은 말을 이었다.

"어머님은 이미 딸의 등하교를 위해 학교 가까이 이사까지 하셨다지요."라고 말씀하시면서 외국의 예를 들어주셨다.

"그들의 교육과정 운영은 장애우들이 일반학급 아이들과 어울리면서 더불어 교육받는 생활을 한답니다. 함께 어울리면서 사회생활을 배우고, 특별한 수업만 특수반에서 하며, 예능과목은 본 반에서 하고 있습니다. 그 교육 방법이 딸을 위해 좋을 것 같습니다."

나는 선생님의 말씀에 전적으로 공감하였다. 좀 더 자세하게 알려 달라고 부탁하였다. 선생님은 진지하게 말씀을 이어가셨다.

"먼저 학교장의 동의가 있어야 합니다. 집 가까이에 있는 학교는 조건이 되니 거부하기는 어려울 것입니다. 교장선생님과 상담하시고, 교육청 특수학교 담당 장학사님께 특수학급 배정의 필요성을 이야기하고 요청하면 될 수 있을 것입니다."

그 길로, 딸이 입학하게 될 학교의 교장선생님을 찾아뵙고, 딸의 이야기와 오늘 있었던 상담내용을 말씀드렸다. 교장선생님은 내 말에 동의하면서 '함께 노력해보자.'고 말씀하셨다.

"혹시 내가 할 일이 있을까요?"

"한 번 시간을 내어 특수학교 담당 장학사님을 찾아뵙고, 상담하셨으면 좋겠습니다. 학교에서도 규정을 찾아 교육청에 공문을 발송하겠습니다."

다음 날 교육청을 찾아갔다. 담당자는 광주에도 "특수학교가 있다."라며, 일반학교에 특수학급 배정을 부정적인 측면으로 보고 계셨다. 나는 꾹 참고 계속 필요성을 이야기하였다. 아무런 정보도 주지 않아 첫 번째 상담은 이렇게 끝나버렸다. 한 번에 될 리 없다면, 두 번 세 번 찾아가, 그 필요성을 열거하고 자주 방문하는 방법을 선택하기로 마음을 다졌다. 또다시 장학사님을 찾아가 2차 상담을 하였다.

"장학사님, 혹시 우산초등학교에서 특수학급에 관한 공문이 왔던가요?"

"아니요. 아직 아무런 공문도 없습니다."

"그래요? 장학사님, 우리 학교에 특수학급을 한 학급 배정해주시면 어떨까요? 그렇게 해주시면 정말 고맙겠습니다. 내 딸뿐만 아니라, 장애를 입은 많은 아이를 위해서요."라며 정중하게 말씀드렸다.

그러나 담당 장학사님은 아무런 말씀이 없으셨다. 그때는 담당 장학사님이 장애우 아이들에 대한 애착도 따뜻함도 없어 보인 것 같아 마음이 심히 아팠다.

그때, 옆자리에 계신 장학사님 한 분이 나에게 인사를 건넸다.

돌아보니, 그 장학사님은 바로 나의 첫 근무지 교육청에 계셨던 분이셨다. 내가 학교에 있을 때, 이모저모로 도와주신 분이기도 하셨다. 장학사님은 내가 담당 장학사님과 상담하고 있을 때, 그 내용을 다 들으신 것 같다. 그날은 괜히 얼굴이 붉어져 별도의 말씀도 드리지 못한 채 가볍게 인사를 드리고 나왔다.

그 후 며칠이 지나자, 담당 장학사님으로부터 연락이 왔다. "학교에 특수학급이 배정되었다."라며 자초지종을 이야기해주셨다. 모든 공을 교장선생님께 돌렸다. 훗날 교장선생님께서 "나의 첫 근무지 장학사님의 수고가 크셨다."라고 일러 주었다. 그렇게 서로서로 힘을 모아, 마침내 딸아이 1학년 입학과 동시에 특수학급이 학교에 배정되었다.

🚶 철쭉반

학교 속에 탄생한 철쭉반은 생소한 반 이름이다. 철쭉반 주변에는 아이들이 가다가 걸음을 멈춰서기도 하고, 까치발로 교실을 들여다보기도 하였다. 교실 안에서 뛰어놀고 있는 아이들의 모습을 보면서 킥킥대며 웃기도 하고, 신기하다는 듯 깔깔거리기도 하였다.

철쭉반은 재학생 중에서 전두엽 활동이 미약한 발달장애를 입은 아이들이 모여, 개별화 특수교육을 받는 반 이름이다. 학교에서는 처음으로 시행되는 교육제도로 많은 이들이 낯설어하고 있었다. 아이들은 일반적으로 교육하는 학급에서, 특수반인 철쭉반을 오가며 특수교육 전공 선생님으로부터 교육을 받고 있다.

교육과정의 운영을 살펴보면 음악, 체육, 미술 등, 예능부분은 일반 친구들과 함께 배정받은 반에서 수업이 전개되고 함께 지내지만 국어, 산수 등 몇 주요 지적 과목은 특수반에서 수업을 받고 있다.

특수반의 구성원은 1학년에서 5학년까지 모두 6명이다. 딸은 특수반에서 1학년이지만 선생님의 보조교사 역할을 톡톡히 했다. 유아원에서 3년 동안 받은 교육과 훈련, 그리고 학교에서 생활을 위한, 나의 사전 오리엔테이션에 기인한 것 같다. 친구들이 화장실에 가는 것도 도와주고, 울어대는 친구들은 안아주고, 뛰어다니는 아이들은 잡아 의자에 앉게 하기도 한단다.

철쭉반의 분위기를 잠시 들여다보면, 정숙함은 찾아보기 힘들었다. 어떤 아이는 소리 지르고, 어떤 아이는 손뼉 치며 교실을 빙빙 돌아다니고 비행기 놀이를 하고 있다. 그뿐 아니라, 어떤 아이는 몸을 끊임없이 학대하고 손등을 입으로 문 채 뛰어다니며, 책걸상을 밀치기도 하였다.

특수학급을 담당하는 선생님은 특수교사 자격증 소유자이시다. 그래서 교육열뿐만 아니라, 신뢰감도 높았다. 체계적인 기본 생활을 중심으로 대소변 가리기부터 몸가짐을 정숙하고 청결하게 하기까지 일상생활 하나하나를 챙겨주셨다. 일반 선생님과 다르다면 개별화 교육은 물론 개인차를 인정하며, 기다림과 배려가 있고, 그리고 아이의 인격을 존중해주었다.

🐦 철쭉반, 양호실인가?

2학년 새 학기가 시작되었다. 교장선생님을 비롯한 여러 선생님의 인사이동으로, 많은 선생님이 새로 부임해 오셨다. 그 후 특수학급은 정년 퇴임을 앞두고 계신 일반 선생님으로 교체되었다는 소문이 파다하였다.

특수반은 학년을 초월하여 개인별 학습 목표를 세워서 운영되어야 하므로, 특수교육을 전공한 선생님이 특수반을 맡아 하는 것이 절실히 요구된다. 그런데 학교에서는 특수교육 자격증도 없고, 아이들 개인의 특성도, 성향도 잘 모르며 자기 몸 가누기도 힘드신 선생님이 학급을 담당하신다는 것이다. 특수교육은 아동들 개개인에 대한 목표를 세워, 어떤 교육프로그램으로 운영하며, 이를 어떻게 현장에 적용할 것인가를 잘 이해하고 아는 열정적인 교사가 담당해야 한다. 처음에는 특수교육 전공 자격증이 있는 교사가 배정되었기에, 아이들도 엄마들도 좋아하였다. 그러나 1년 후, 딸이 2학년이 되면서 특수반은 특수반의 역할을 하지 못하였다. 몸이 불편하시거나 정년을 앞둔 선생님의 쉼터가 되었다. 9월이 되자 1학기에 담당하셨던 분의 얼굴은 보이지 않고, 또 다른 선생님이 특수반을 담당하셨다. 어떻게 이럴 수가 있는가? 들리는 말에 의하면, 우리 아이들의 반인 철쭉반은 도깨비시장 같다고 하였다.

딸이 3학년이 되자 특수반은 정년 퇴임을 앞둔 선생님으로, 다시 교체되었다. 학부모들의 아우성에도 학교와 특수교육 전공 선생님은 고개만 숙인 채, 아무 말 없이 입을 굳게 다물고 있었다. 힘없는 우리 학부모님들은 다시 한번 뒤돌아서서 눈물을 훔칠 수밖에 없었다.

당시, 특수반 학부모님들은 우리 아이들에게도 개별화 교육 목표를 세워 개별교육이 이루어지기를 간절히 바라고 있었다. 그런데 '교육을 한다.'라는 학교가 특수교사 자격증을 소지하고 있는 교사를 왜 일반학급에 배정해 버렸는지? 궁금할 따름이다.

바보라 해도 '괜찮아'

🐧 친구 없는 생일날

혹여 딸이 친구도 없이 홀로 학교생활을 하면 '어떠하겠나' 싶었다. 그래서 1월 6일이 생일인데도, 입학 후 매년 3월 15일을 생일날로 정하여 학교 친구들과 함께 지낼 수 있도록 생일파티를 열어주었다. 생일을 핑계 삼아 친구들을 초대, 친구를 맺어주며, 놀 수 있도록 분위기를 만들어준 것이다.

엄마로서 딸의 친구들이 딸과 함께 놀 수 있는 환경과 분위기를 마련해주었기에, 생일날이면 여러 명의 반 친구들이 참석하여, 생일을 축하하는 모습이 아름답게 보였다. 생일 초청파티는 담임선생님의 도우심도 계셨고, 부모님들의 협조도 있었다. 이는 딸을 위해 마음 써 주신 선생님의 커다란 사랑과 배려가 있었기 때문에 이루어질 수 있었다.

4학년 새 학기를 맞은 생일날이다. 초청장을 보냈던 친구들이 오지 않는 것이다. 상차림을 해 놓고 음식이 식어가는데도, 반 친구들이 한 명도 오지 않았다. 딸은 친구들을 기다리며 "엄마, 왜 친구들이 안 와?"하고 물어왔다.

딸도 어렴풋이 짐작하고 있는지 이내 웃음이 사라지고 눈에는 눈물이 고였다. 금방이라도 눈물이 터질 것만 같았다. 내 마음은 더 초조해졌다. 그래도 '한두 명쯤은 오겠지?'하는 마음은 물거품이 되어버린 것이다. 그래서 내가 운영하는 유치원 선생님들을 급히 초대하여 파티를 열어주었다. 딸은 선생님들과 즐겁게 노래 부르는 동안, 친구들을 잊었는지 재미있게 놀며 즐거워하였다.

엄마 된 도리로서 조금은 서운하였다. 이제 어찌해야 하는가? 엄마의 '찬스'로도 딸에게 친구를 삼아줄 수 있는 나이가 넘은 것 같다. 생일은 다른 날보다는 조금 특별한 날이다. 친구가 없는 딸이 혼자서 쓸쓸히 보낸 적은 없었는데, 앞으로의 일을 생각하니, 마음이 텅 빈다.

♣ '바보를 바보라'하지 뭐라 합니까?

"선생님, 내 딸이 정녕 바보인가요?"

딸은 언제나 학교에 갈 준비를 다 하고 잠자리에 든다. 딸이 잠자리에 들어간 후, 방문을 가만히 열어보니, 책가방은 물론 신고 갈 양말과 새로 사 온 하얀 점퍼가 머리 위에 가지런히 놓여있다. 잠들기 전 내일 학교에 입고 가겠다며, 입고 갈 옷가지를 머리 위에 가지런히 준비해둔 것 같다.

나는 조용히 두 손을 모으고, '오늘 밤도 우리 아이 부탁드립니다.'라며 두 무릎을 꿇고 기도를 드렸다. 평온하게 잠들어 있는 딸의 손을 꼭 잡고 볼에 입맞춤을 한 후 내 방으로 돌아왔다. 이처럼 딸 스스로가 자기 일을 처리할 수 있도록 습관이 형성되기까지는 시행착오도 참 많았다. 이만큼의 결과가 나타나기까지 수많은 반복 교육의 소산이라고 생각한다.

딸은 내일 아침, 어느 날보다 기분 좋게 일어나 학교에 갈 것이다. 하굣길에는 여느 날처럼 콧노래 부르며, 책가방을 메고 입가에 환한 웃음 머금고 내게 다가올 것이다. 딸의 학교생활을 생각하며 빙그레 웃다가, 나도 잠이 들었다.

딸은 평상시보다 아침 일찍 일어나 학교에 갈 준비를 하였다. 여느 날처럼 투정도 부리지 않고 아침을 먹고 즐거운 듯 총총걸음으로 학교에 갔다. 그런데 학교에서 돌아온 딸은 아침과는 전혀 달리 코를 씩씩 불고 있었다.

"나빠, 나빠. 친구 나빠."하고는 나를 쳐다본다.

'나빠, 친구 나빠'하는 소리로 방안을 가득 채웠다. 분명 한 번도 경험하지 않은 새로운 사건이 학교에서 일어난 것 같다. 내 주변을 맴돌며 감정을 전달하려고 온몸으로 표현하고 있었다. 이럴 때면 내가 빨리 알아차려서 무슨 일이 있었는지 도와주어야 했다.

"사랑하는 딸, 왜 오늘은 기분이 좋지 않네?"하며 가까이 다가갔다.

"누가 나빠? 왜 나빠?"하며 두 손을 잡고 딸의 눈과 마주친 순간 딸의 얼굴에는 억울함이 가득 차 있었다.

"왜 그래? 엄마가 도와줄게, 엄마는 네 편이다. 천천히 말해줘, 왜 그렇게 말하는 거니?"하며 두 팔을 벌려 안아주었다.

그래도 계속 코를 씩씩 불어 대며, 내 무릎 위에서 나를 쳐다보고 있었다. 오늘따라 딸의 속내를 알 수가 없어 너무 답답하고 안쓰럽기만 하였다. 딸의 마음을 빠르게 읽지 못해 미안한 마음이 들었다.

"무엇이 나빠? 엄마가 나빠? 미안해 우리 딸."

"엄마, 나빠 친구. 나빠."하며, 내 얼굴을 빤히 쳐다보고 눈물을 흘린다.

그 의미는 무엇일까? 딸의 얼굴을 조용히 바라보면서 속삭이듯 말하였다. 딸은 대답 대신 울음을 더 크게 터뜨렸다. 이제까지 '나쁘다'라는 말을 전혀 쓴 적이 없었는데, 오늘은 너무 많이 쓴다.

아침에 천사처럼 보였던 모습은 사라지고, 부르튼 얼굴로 울고 있는 게 아닌가? 무슨 영문인지도 모른 채 안쓰러워 딸을 안고 나도 펑펑 울었다. '무슨 이유일까?' 스스로 감정을 전달할 수 있을 때까지 기다리고 있었다.

"엄마, 친구 나빠. 나빠, 나빠."라고 하더니 이름을 부른다. 딸이 부른 이름은 뜻밖에 익숙한 딸의 친구들이기에 의아했다. 누구보다도 딸과 잘 놀아 주고, 나도 그 아이들을 사랑하고 좋아하였다. 그런데 그중에는 이웃집 은정이도, 좋아한 친구 이름도 들어있었다. 언제나 그랬듯이 두 손을 꼭 잡고 눈을 마주하며 다시 조용히 물어보았다.

"그 친구들은 널 좋아하는데…?"라고 물었더니, 우르르 달려가 세탁기 속에 넣어둔 옷을 꺼내 보여주었다.

오늘 아침에 입은 하얀 점퍼다. 등 뒤에는 '바보 바보 바보'라고 큰 글씨로 세 번이나 쓰여 있었다. 연필로나 썼으면 지울 수도 있으련만, 볼펜 글씨라서 지우려 해도 지워지지 않았다. 딸도 지우려고 애쓴 흔적이 역력하였다.

얼마나 속상했으면 그랬을까? 딸의 마음을 헤아리지 못한 나 자신을 탓하며, 보여서는 안 될 모습으로 큰 소리를 내며 엉엉 울어버렸다. 딸도, 나도 한참 뒤에야 얼굴을 보며 서로 눈물을 닦아주었다. 딸은 정확한 표현의 전달이 부족할지라도 사랑하는 은정이와 친구들의 이름을 대신 밝혀가면서까지 반에서 일어난 억울한 마음을 알리고 싶었을 것이다. 괴롭힘을 주는 이름은 다 모르지만, 딸과는 친한 친구들이 아니며 사랑의 교제를 나누는 사이도 아닐 것 같다. 그래서 딸에게 "정말, 이 친구들이 이렇게 바보라고 썼어?"라고 물었을 때, 딸은 "아니다"라고 고개를 저었다.

딸에게 그 이상은 묻지 않았다. 그래도 딸은 사랑하는 친구들의 이름을 대신 알리면서까지, '교실에서 일어난 억울함을 나에게 전하려 하는구나'라는 생각에 이르니, 더욱 안쓰러웠다. '담임선생님은 혹시 이 일을 알고 계실까?'하는 생각이 문득 들었다. '전화기를 들었다, 놓았다'를 반복하다, 용기를 내어 도움받고자 전화기를 들었다.

"선생님, 안녕하세요. 우림이 엄마입니다. 우림이가 입었던 잠바 등에 '바보 바보 바보'라고 글씨가 쓰여 있어요. 선생님은 혹시 알고 계시는가요?"

나의 푸념처럼 몇 마디 말이 오가던 중 선생님은 '이런 걸 가지고 전화까지 다 하는가?'라는 말투로 말씀하셨다.

"애들이 한 일인데 뭐, 그럼 '바보를 바보'라 하지 뭐라 합니까?"라며 거침없이 반문하시는 것이다.

지울 수도 없는 '바보'라는 글씨, '연필로나 썼으면 아무 말 없이 지워서 다시 옷을 입혀 줄 수 있었을 텐데…'하며, 먼 하늘만 쳐다보았다.

'딸아, 나는 너를 큰 사랑으로 낳아서 사랑으로 길렀다. 내 소중한 딸로 와주어서 고맙고 고맙다.'

"그까짓 것, 뭐?"

나에게 스스로 용기를 부여해주며 가슴을 쓸어내렸다. '선생님, 장애를 입은 딸도 하나의 인격체인데, 이렇게 말씀하셔도 됩니까?'

하고 물어보고도 싶었다. 그러나 그냥 마음뿐이었다.

'선생님, 한 공간 안에서 딸의 울부짖는 소리를 듣지 못하셨나요? 보고도 듣고도 웃고만 계셨나요? 딸도 선생님의 손길을 기다리고 있었을 텐데요. 그냥 지나쳐 버리셨는가요?'

따뜻한 엄마 품처럼 한번 안아주셨더라면 하는 생각이 간절하였다.

"딸아, 바보라 해도 괜찮아."

🚶 바보, 바보의 노래

교육환경은 아이들에게 아주 중요하다. 더구나 아동기에는 그들이 환경을 통해 스스로 배워가기에 더욱 중요한 시기이다. 그뿐 아니라, 아동기에는 모방이나 흡수력이 강하여 친구들이 하는 그대로 따라 한다. 따라서 아동기의 자녀를 둔 부모님들은 똑똑하고 성품이 좋은 친구와 함께하기를 바란다. 그러면서도 부모의 영향력은 고려하지 않은 부모들이 참 많다. 아동기는 주로 행동하는 범주가 가정이라서, 최초의 친구가 부모라 해도 과언이 아니다. 그래서 아이는 부모의 얼굴이라 하지 않은가?

토요일 늦은 오후다. 딸이 보이지 않아 집과 유치원 사이에 있는 작은 문을 열고 찾고 있었는데, 유치원 놀이터 쪽에서 이상하게 개사 된 노래가 들려왔다.

"우림이는 바보라네, 바보라네, 바보라네.
우림이는 바보라네, 바보라네, 바보라네."

딸은 리듬에 맞추어 개사된 노래를 창작하여 부르고 있었다. 즐겁게 노래하면서 혼자 놀고 있는 것이 아닌가? 그때가 선생님께서 '바보를 바보라 하지 뭐라 합니까?'라고 말한 그 무렵이었다. 반 아이들이 불러대는 소리를 딸은 좋은 노랫소리인 줄 알고 빠르게 흡수하여 혼자서 외롭게 부르고 있었다. 어떻게 저 노래를 배웠을까? 학교 반 분위기가 무섭고 안타까웠다.

딸이 놀고 있는 모래사장 놀이터로 가만가만 다가가 딸을 바라보고 있었다. 한참 후에야 나와 눈이 마주쳤다.

"엄마, 왜 왔어? 신나게 놀고 있는데…."

딸은 언어 표현력이 활발하지 못하다. 그래도 따라 하는 음감만은 귀를 번쩍이게 한다. 뭐라고 입을 열 수 없어서 조심스럽게 손을 내밀었다. 우리는 교실로 들어가 기차놀이 하듯 여러 번 빙빙 돌았다. 딸의 마음을 먼저 풀어주고 기분도 맞추어 주고 싶어서다.

"우림아, 밀과 보리가 자라네, 피아노 한 번 쳐 줄래?"

딸은 말이 떨어지기 무섭게 고개를 끄덕이며, 피아노를 쳤다. 마음을 삭이며 딸과 함께 부른 노래다.

"밀과 보리가 자라네, 밀과 보리가 자라네,
밀과 보리가 자란 것은, 누구든지 알지요."

"우림이가 자라네, 우림이가 자라네,
우림이가 자란 것은, 예수님이 알지요."

동요를 개사해 반복 또 반복, 그리고 수십 번을 눈물 담아 불렀다. 딸은 '신난다'라며 손뼉 친다. 노래가 끝나자마자 또 피아노를 쳤다. 우리는 반주에 맞추어 여러 번 노래를 불렀다. 그때 나는 입을 열었다.

"우림아, 이제 바보라는 노래는 하면 안 된다. 부르지 마. 알았지?"

"엄마, 알았어."

순간 너무 힘들었지만 빨리 수정할 수 있었고, 잘 부르는 것이 신통방통하였다. 딸은 리듬감이 탁월하고 흡수력이 참 좋다. 그런데 학교에서는 친구들이 가끔 바보의 노래를 부른 것 같다. 어느 날 교실 안에서 부른다며 친구 이름을 메모장에 적어와 알려주기도 하였다.

이런 일이 있은 뒤부터 딸은 배우지 말아야 할 언어들을 배웠다. '바보라네', '꼴등이라네' 등의 미운 말들을 배운 것이다. 나는 딸이 이래서는 안 되겠다 싶어 '아빠 좋아'라는 노래를 가르쳐 주었다. 그뿐 아니라, 많은 동요 곡을 부르게 하고, 피아노도 쳐보게 하며, 교회학교에서 배워 좋아하는 노래 '예수께로 가면 나는 기뻐요. 나와 같은 아이 부르셨어요'를 부르고 또 부르게 하였다. 나쁜 언어를 배제하고 동요처럼 고운 말로 순화시켜 주고 싶어서였다.

👧 딸의 책걸상은 왜 없나요? 선생님

"선생님, 우림이는 '철쭉반'인가요? 아니면 '선생님반'인가요?"라고 물어보고 싶다.

4학년 때의 담임선생님은 딸을 학기 초부터 일반학급에서 철쭉반으로 임의로 배정해 버렸다. 예체능 과목은 일반학급반에서 친구들과 함께 수업받는 것이 원칙이다. 하지만 철쭉반으로 보냈기에 그 반에서 큰 언니가 되었다. 딸은 '친구들이 없다'라며, '철쭉반으로 가지 않겠다'라고 늘 노래 불렀다. 특수반에서 수업이 끝나고 동생들이 각반으로 가면, 딸 혼자서 교실에 남아있단다.

딸은 아직 책을 제대로 읽지 못하였다. 4학년 본 반 담임선생님께서는 딸이 '덧셈과 뺄셈을 하지 못할 뿐만 아니라, 공부를 따라갈 수가 없어요.'라고 하면서, 아예 철쭉반으로 가라고 하셨다. 그 무렵 철쭉반 선생님은 몸이 불편하셔서 딸에게 '반장'이라며 아이들을 도와주고 공부를 가르치도록 하셨다. 이 일은 딸을 많이 배려해준 것처럼 보이지만, 딸은 무엇을 어떻게 해야 하는지를 가르쳐 주지 않았기에 많이 힘들어했다. 반 아이들을 어떻게 도우며 가르쳐야 하는지를 모르기에, '동생들이 떠들고 말을 듣지 않는다'라며, 집에 와서 어눌한 말로 불평을 늘어놓았다. 그뿐 아니라, '친구들이 한 명도 없다'라면서 투덜대기도 하였다. 함께 있던 동생들이 수업을 마치고 각자 자기 반으로 다 가버린 어느 날, 딸도 따라 나왔다. 그러나 딸은 4학년 반으로 들어가지 못하고 손님처럼 복도에서 서성거리고 있었다. 그 모습을 목격한 나는 참으로 마음이 아팠다. 동생들처럼 교실 안으로 들어가고 싶어도 가지 못하고 맴도는 모습을 볼 때, 딸의 학교생활이 얼마나 불만족스러운지 한 눈으로 짐작할 수 있었다. 복도에서 유리창 문을 통해 내다보고 있는 딸을 선생님은 모르셨을까? 아니면 보고도 모른 척하셨을까? 아이들의 웅성거린 말소리가 창문 틈새를 타고 밖으로 흘러나왔다. 나는 곧장 교실 문을 열고 들어가 선생님께 물어보고 싶었다. 그러나 꾹 참고 두 손만 오물거렸다.

　창문 너머로 교실을 살펴보니, 얼마 동안 일반학급 가장자리에 있었던 딸의 책걸상이 보이지 않았다. 딸이 문을 열고, 나와 함께 반으로 들어간다 한들, 앉아서 수업받을 책걸상이 없는 것이다. 책걸상이 없는데도 들어가고 싶다고 버티는 딸의 손을 잡고, 맨 아래층 화장실 옆에 있는 철쭉반으로 돌아갔다. 텅 빈 교실에서 선생님은 책상 위에 팔베개 삼아 햇볕을 받으며 졸고 계셨다. 딸이 오랜 시간 동안 교실을 비웠다는 사실도 모르고 계신 것 같았다. 엄마의 마음은 천만 갈래로 찢어지고 또 갈라졌다.

　딸은 표현력도 언어전달력도 부족하다. 친구들이 없어서 '혹여 말문을 닫아 버리면 어떻게 하나?'하는 두려움도 있었다. 언어 구사력이 좋은 친구들과 조잘대며 노는 모습을 보았으면 좋겠다. 선생님은 힘들다며 친구 없는 특수반으로 딸을 배정하여, 더 힘든 생활을 하고 있다. 철쭉반을 가기 싫어하는 한 가지 이유는 친구가 없다는 것이다. 본래의 반으로 가서 친구들과 놀고 싶은 것이다. 그런데 선생님은 책걸상을 없애버리고, 친구들과 놀 기회까지 빼앗아버렸다.

딸은 친구들과 놀고 싶어 본 반으로 가려 하고, 선생님은 '철쭉반으로 가라'하고, 4학년 1학기는 딸에게 참 지루한 시간의 싸움이었다. 학교에서 부족한 학습은 제2교육의 장에서 보충해주지만, 사회성을 길러주는 친구와의 만남은 어떻게 대신 해 줄 수가 없었다. 이 시기는 딸에게 사회성을 발달시킬 수 있는 적기이다. 이 시기를 지나쳐 버리면 딸은 친구를 사귀는 데 많은 어려움을 겪을 것이다. 선생님은 사회화의 적기성, 아니 그 기회마저 주지 않았다. 아이들은 친구들과 스스로 상호작용을 하는 과정에서 성장하고 부족한 것은 서로 보충하고 채워나간다. 혼자서 할 수 없는 것들을 친구들과 상호작용을 통해 협응하면서 사회성이 발달하는데, 이에 대한 기회마저 주지 않은 것이다. 친구들과 놀고 싶다는 딸을 보고 있노라면, 마음의 안타까움이 순화되지 않았다.

🌸 초등학교 4학년 1학기 생활통지표

딸의 4학년 1학기 생활통지표와 행동 발달 사항, 그리고 받은 상장들이다. 많은 사건으로 인해 부족한 딸인 줄만 알았는데, 음악 부문에 특별한 내용이 있기에 여기 기록으로 남긴다.

- **교과 학습 발달 사항**

도덕(미), 국어(가), 사회(가), 산수(가), 자연(가), 체육(양), 음악(미), 미술(가)

- **특기사항**

조금씩 쉬운 글자를 읽고 쓰기 시작함

- **행동 발달 사항**

근면성(나), 책임감(다), 협동성(나), 자주성(다), 준법성(나)

- **특별활동 상황** : 양호함
- **출결 상황** : 복통으로 1회 결석
- **보호자 양육 태도** : 사랑과 헌신적 노력으로 교육
- **장래 희망** : 글을 읽고 편지를 쓰며 교회와 유치원에서 피아노 반주하기를 바란다.

상 장

제407호,

학력평가 4학년, 등위(우수, 음악부문),

최우림

위 학생은 평소 착하고 똑똑하고 건강한 사람이 되기 위하여 노력해 온 보람이 있어 위와 같이 뛰어난 성적을 거두었기로 이를 치하하고 상장을 수여함.

광주우산국민학교장

    나는 딸이 4학년 2학기부터 학교에서 가까운 거리에 집을 두고, 특수학교로 전학을 시켰다. 나름대로 열심히 공부한 흔적을 보니, 딸과 나도 열심히 한 것 같았다. 여느 집 아이들이 받는 상도 받았다. 최선을 다한 딸의 모습에 엄마는 큰 박수를 보낸다. '스스로 일어서게 하겠다.'라며 초등학교 가까이 이사까지 하였다. 그런데 학습이 따르지 못한다는 이유로 선생님은 '전학을 가라'고 한 것이다. 더욱이 '바보를 바보라 하지 그럼, 뭐라 합니까?'라는 말은 가슴에 큰 멍울을 남겨 두고 전학을 시킬 수밖에 없었다. 온 가족이 전학 문제를 논의하는 과정은 눈물바다가 되고 말았다.

특수학교에서의 성장

🚶 특수학교로 전학 가다

집 가까이에 학교를 두고, 선생님과 친구들이 달아준 '바보'라는 날개를 달고, 딸은 4학년 2학기에 특수학교로 전학하였다. 통학버스가 있다고 하지만 집에서 혼자 다니기에는 너무 먼 거리였다. 집과 학교는 끝에서 끝이다. 보고 싶은 친구처럼 부르면 금방 달려오는 엄마도 곁에 없는 낯선 학교이다.

첫날은 '통학버스를 타지 않겠다'고 그렇게 엉엉대며 울더니, 버스 시간에 맞추어 군소리 없이 가기에 학교에 잘 적응하는가 싶었다. 그런데 선생님 말씀에 의하면 '실외 놀이' 시간이 끝나고 '음률 활동' 시간에 우림이 자리가 비어 있었다는 것이다. 실외 놀이 시간에는 분명히 친구들과 잘 놀아, 교실에 들어왔으리라고 생각했는데, 수업시간에 보이지 않았단다. 걱정이 되신 선생님은 '잠시 교실을 옆반 선생님께 맡기고, 밖으로 딸을 찾아나섰다.'고 하신다. 운동장을 한 바퀴 둘러보아도 딸은 어디에도 없었다고 하셨다. 교실 뒤 후미진 곳을 찾아보아도 보이지 않아, 다시 운동장으로 나와 여기저기를 두리번거리며 찾고 있을 때, 선생님의 시야에 딸이 들어왔단다. 딸은 운동장 한구석에 있는 미끄럼틀 위에 앉아 '먼 하늘을 쳐다보고 있었다'라는 것이다.

"우림아, 이제 교실에 들어가야지, 지금은 재미있는 음률활동 시간인데 어서 들어가자."

"…."

"들어가서 춤도 추며 노래도 불러야지."라며 손을 내미셨단다.

그러나 딸은 꿈쩍도 하지 않고 그저 먼 하늘만 바라보고 있을 뿐, '아무런 대꾸도 하지 않았다'라고 전하셨다. 교실에 가면 과자도 있는데, 많이 준다며 들어가자 해도 반응이 전혀 없었단다.

선생님의 말씀은 이어갔다. 내려오지 않으면 '군밤 준다.'라고 해도 '꿈쩍도 안 했다.'라고 전하여 주셨다.

딸은 얼마 전까지만 해도, 학교 가까운 집에서 마음대로 학교에 다닐 수 있었다. 집에 돌아와서는 유치원 동생들과 함께 소꿉놀이하며 놀았다. 그런데 갑자기 낯설고 생소한 환경에 낯가림하였을 것이다. 엄마가 보고 싶어서 먼 하늘만 바라보며 '엄마, 어딨어? 얼른 와야지'라며 울고 있었을 것이다. 선생님 말씀을 듣고 나니 마음이 미어질 것만 같았다. 잠시 안쓰러운 생각을 지울 수 없어, 그날은 밤늦게까지 잠을 이루지 못하였다. 피곤함에 싸여 잠들어 있는 딸을 꼭 껴안아주었다. 힘들고 외로웠을 딸의 마음에 가슴이 울컥하였다. 앞으로 홀로 있을 시간이 많아지면 어떻게 할까?

옆방에서 모든 시름 다 잊은 채, 잠들어 있는 딸의 아빠 모습을 바라보았다. 4학년 1학기까지 담임을 맡은 선생님은 딸의 아빠 동창생이시다. 특수학교로 가라고 하였던 그 선생님이시다. 조금 원망스러운 마음으로 남편의 얼굴을 흘겨보았다.

딸은 교실에 들어가지 않고 미끄럼틀 위에서 하늘 그림판을 바라보고, 어떤 생각을 하며 눈물 흘리고 있었을까? 어린 딸의 모습이 가물거려 잠을 이룰 수가 없었다. 천진스러운 딸에게도 전학으로 인한 속앓이가 일어나고 있었다.

👤 어머니, 동생은 천재인가 봐요

딸이 잠자리에 들고 밤은 더욱 깊어만 갔다. 달빛은 내 마음을 밖으로 손짓하고 있어, 창문을 여니 하늘에는 수많은 별이 속삭이듯 반짝거리며, 주위에는 적막이 흐른다. 밤의 운치에 마음을 흠뻑 빼앗기고 있을 때다.

"어머니, 주무셔요? 저 들어가도 돼요?"

"응, 아직 자지 않아. 들어 오렴."

아들이 방 안으로 들어서면서 "어머니, 죄송해요."하며 말문을 열었다. 말썽 한 번 부리지 않았던 아들인데, 덜커덩 가슴이 먼저 내려앉았다. 누구보다도 더 자랑스럽고 모범생이었던 학교생활에, '혹여 무슨 실수라도 있었나?' 싶어 걱정되었다. 마음으로만 '무슨 고민이 있을까?', '내가 뭐 도와줄 일이라도 있을까?'라며 입을 열지 못하고, 조심스럽게 아들을 바라보았다. 그때까지 아들은 아무 말이 없었다.

나는 아들의 눈치를 살피었다.

"무슨 일이 있었어? 내가 도울 일이라도?"하고 나직이 물었다.

"아니요. 사실은 어머니, 오늘 동생이 학교에 왔어요. 수업 시간 중에 조용하던 교실이 웅성거리며, 여기저기서 웃음소리가 들렸어요. 고개를 들어보니, 아이들은 깔깔대며 웃고 선생님 옆에 동생이 낯선 여자아이와 함께 서 있더군요."
"그래서 어떻게 했어?"하고 물끄러미 아들을 바라보았다.
순간 누구에게 한 대 얻어맞은 것처럼 머리가 핑 돌았다.
"걱정하지 마세요. 처음에는 당황했지만, 선생님께 말씀드렸어요. '우리 동생이에요. 오늘 집에 어머니가 안 계셔서 저에게 온 것 같은데, 무슨 일로 왔는지 알아보고 곧 돌아오겠습니다.'"하고 두 아이를 밖으로 데리고 나갔다고 말하였다.
"우림아, 무슨 일이 있어? 누가 때렸어?"
"응, 우산. 친구 우산 찾아줘. 전화할 거야."하며 손을 내밀기에 전화하려나 싶어 주머니에 들어있는 용돈 200원을 내 주었다고 하였다. '오빠, 안녕'하며 정문 밖으로 나가기에 횡단보도를 다 건너가는 걸 보고, 교실에 들어갔다고 말하였다.
"선생님께서 내게 다가오시더니 '미안하다, 미안해. 용서하렴. 친구들을 대신하여 내가 사과하마.'라고 하시며 등을 두드려 주셨어요."
아들은 잠시 침묵에 잠기더니 다시 말을 이어갔다.
"수업 중에 앞문이 열리더니 두 여학생이 큰 소리로 '하이'하며 들어서는 바람에, 아이들이 다 웃었데요. 선생님께는 '죄송합니다'라고 제가 말씀드렸어요."
"그런 일이 있었구나. 반 친구들한테도 미안하고…."하며 나는 아들의 손을 꼭 잡아 주었다.
"그런데 어머니, 어떻게 우리 교실을 알았을까요? 가르쳐준 적도 없는데. 동생은 천재인가 봐요."

"글쎄다. 매우 궁금하지만, 나도 모르겠는데…. 그래, 아주 힘들었겠구나."라며 아들을 위로해주었다.

아들은 동생과 동생이 데리고 온 아이를 데리고 밖으로 나왔을 때 어떤 마음이었을까? 아들이 중학교 2학년, 마침 사춘기인데 얼마나 마음 아팠을까? 어쩜 그러한 동생이 있음을 부끄러워할 수도 있었을 것인데…. 행여 동생이 알까 봐 잠든 후 나에게 가만히 알려준 아들의 심성이 고맙고 또 고마웠다. 언제나 동생에게 양보하며 챙겨주었던 오빠다. 나는 두 손을 감싸고 아들을 안고 그냥 울고 말았다.

"미안하다, 미안해. 내 아들 마음이 심히 아팠겠구나. 그러나 네 동생인걸, 우리가 도와주어야 하지 않겠니? 우리가 말이다."

감당할 수 없는 사춘기 아들의 상황을 이해하면서 고마움을 표하였지만, 내 마음속에는 미안함이 자꾸 커져만 갔다.

선명학교

밖은 잦은 비에 아직도 쌀쌀하다. 6개월 전에 딸이 특수학교로 전학을 갔다. 담임선생님도 한 번 찾아뵐 겸, 딸과 함께 집을 나섰다.

학교 통학버스에 오르자, 아이들은 처음으로 대면하는 나에게 인사를 하며 내 곁에 다가오는 아이, 손을 잡아 주는 아이, 악수하자는 아이 등 천진난만하게 웃어 보이며 마음을 먼저 내주었다.

딸은 많은 친구와 벌써 사귀었는지 모른 아이가 없었다. 모두가 한마음이 되어 조잘거린다. 말의 전달이나 표현력이 아직은 어려운데도 친구끼리는 통하는 기술들이 있나 본다. 버스 안에서 일어나는 그들의 아름다운 모습을 지켜보면서 나도 함께 동화되어 갔다. 무엇이 저들을 기쁘게 하며 미소를 머금게 할까?

버스가 학교에 도착하자 아이들이 차례를 기다리며, 한 사람 한 사람씩 질서 있게 내렸다. 선생님들은 양쪽으로 나뉘어 서서 아이들을 맞아주셨다. 내 딸도 똑같이 맞아주시고, 어떤 선생님은 악수도 해주시고 말도 건네주셨다. 어둡고 우울하던 마음의 안개가 차차 사라지고 안도의 웃음이 나의 입가에 피어오르는 것을 느낄 수 있었다. 맨 앞에 서서 아이들을 맞이하신 분이 교장선생님처럼 보였다. 학교에서는 내 딸뿐만 아니라, 그 어머니의 아픈 상처까지 헤아려주시는 배려에 감사하였다. 우리의 처지를 헤아려주지 못한 학교보다는, 이곳이 더 따뜻하고 좋을 것 같은 생각이 들어서 마음이 놓였다.

교장선생님의 안내를 받으며 교실로 들어갔다. 10여 명 된 아이들이 처음 본 나에게 우르르 달려왔다. 엉거주춤 넘어지려 하자, 그들도 웃고 나도 웃었다. 선생님까지 웃으셨다. 우리는 한마음이 되었다. '정말 잘 왔구나. 언젠가는 다녀야 할 학교, 너의 보금자리는 이 학교가 아니겠느냐?'라며 되물어 보면서 스스로 위로해 보았다.

딸은 말이 어둔하고 발음은 바르지 못해도 학교에 가기를 퍽 좋아하였다. 소풍이나 학예회, 운동회 등 학교의 많은 행사에도 열심히 참여하였다. 장애우의 날 행사에서 딸이 얼마나 춤을 잘 추던지 지방 뉴스에 춤추는 모습이 등장하곤 하였다. 딸은 TV 기자와 인터뷰할 때마다 "나 피아노 잘해요."하고 트레이드 마크처럼 대답하지만, 나는 딸이 대견스럽고 자랑스럽다. 피아노 선생님께서 우림이는 '피아노 잘한다'라고 칭찬한 말씀이 각인 되었는지 어디에서나 이 말을 사용하고 있다.

딸의 재능을 발휘할 수 있는 학교 교육의 장이 되었으면 좋겠다. 앞으로도 아이들이 잘 자랄 수 있는 물 한 방울 '톡' 뿌려주는 학교, 올곧게 잘 자랄 수 있도록 지주대가 되어 쑥쑥 키워주는 학교였으면 좋겠다. 그뿐 아니라 자존감을 길러주고, 인격을 존중해 주고, 꿈이 있는 아이로 만들어 가는 학교였으면 더욱 좋겠다.

특수학교인 선명학교의 분위기는 참 따뜻하였다. 반기는 선생님은 더 따뜻하였다. 꿈이 있는 아이로 꿈을 가꾸며 갈 수 있는, 그 실낱같은 희망이 보여 기대를 걸어보는 뜻깊은 하루였다. 나 또한 딸에게 촘촘하고 널따란 지줏대가 되어 풍성하면서도 넘치지 않도록 피어나는 꽃나무처럼 잘 자라도록 흐르는 눈물 한 방울 똑 떨쳐주었다.

🚶 화동 서는 날

  이른 아침이다. 학교에 가야 하는데 딸은 아무 말 없이 장롱 속을 뒤지고 있었다. 무엇을 찾고 있는 것 같다. 나에게 도움을 청하지도 않고 옷장을 오가며 손놀림이 분주하다. 어젯밤 준비해 둔 옷가지를 입지 않은 것을 보면, 입고 갈 다른 옷을 찾고 있는 것 같았다. 언제나 학교 갈 준비를 잘한 딸인데, 오늘 아침은 조금 다른 행동을 보였다.
  "학교에 가야지, 차 시간 늦겠다."
  "엄마, 옷 없어?"하며 입어야 할 옷을 계속 찾고만 있었다.
  나는 그럴 때마다 마음의 소리를 읽어 내야 했다. 도움을 주려면 생각도 읽어야 하고, 요구한 것까지 다 읽어 유추하여 답을 내주어야 한다. 어제 학교를 다녀왔어도 아무 말이 없었고, 선생님과 가정과의 소통의 메모장에도 아무 전달 사항이 없었다. 평상시와 똑같이 행동하기에 무슨 일이 일어나고 있는지 유추할 수가 없었다. 조금 다른 일이 있었다면 혼잣말로 '안녕하세요', '사랑합니다', '감사합니다'하는 말들을 많이 한 것 같았다. 내가 반응이 없자 엄마 장롱 속을 뒤지며, 자기 방에 걸려 있는 옷걸이를 휘젓고 다닌다. 무슨 일이 있다 싶어 딸의 행동을 눈여겨보았다.
  "우림아, 학교에 가야지. 오늘은 입고 있는 옷 그대로 입고 가면

▲ 대만 사절단에게 꽃다발을 증정하다

좋겠다."
 그러자 고개 저으며 '아니다'라고 한다.
 "그럼, 선생님이 오늘 예쁜 옷 입고 오라고 하셨니?"
 "응, 예쁜 옷 입고 오라고 했어."
 "응 알았다, 알았어. 오늘 학교에 손님이 오시는구나."
 "맞아, 손님이 와요."
 "그럼, 이 옷을 입고 가면 어때?"하고 딸이 평상시 좋아한 세라복 투피스를 찾아주었다. 그때서야 딸아이의 얼굴이 활짝 펴진다.
 '그래서 어제 그렇게 인사말과 답례 말을 연습했구나.' 싶었다. 딸은 자신이 좋아하는 세라복 투피스를 입었다. 내 딸이라서 그런지 뚱보였지만 깜찍하게 보였다. 신발도 새로 사서 준 것으로 바꾸어 신었다. 딸은 '엄마, 고맙습니다'라는 말을 남기고 총총걸음으로 나갔다.

며칠이 지나 딸은 사진 한 장을 가지고 왔다.

"엄마, 예쁘지?"

"응, 참 예쁘구나!"하고 자세히 살펴보니, 바로 그때 입혀 보냈던 옷이다.

방문하신 손님들에게 꽃다발을 전하는 사진이었다. 그날 대만에서 교육 시찰단 손님이 오셨다는 것이다. 학교에 외부 손님이 오시는 날이면 딸아이가 항상 꽃다발을 전달하였다. 이곳 선명 학교에서의 딸은 하루하루를 즐겁게 생활하며, 친구들도 잘 도와주는 생활을 하고 있다고 들었다.

선생님과 부모의 사랑을 먹고 자란 아이의 마음에서 사랑도 기쁨도 행복이 나타난 것이다. 따뜻한 마음을 품고 밝게 자라주어서 참 감사하고 고마울 뿐이다.

재학생 대표

딸이 5학년에 재학하고 있는 그해 12월이다. 선생님으로부터 쪽지 편지 한 통을 받았다. 이번 졸업식 때에 우림이가 재학생 대표로 송사를 낭독했으면 좋겠다는 내용이었다. 정말 기뻐해야 하고 좋아해야 할 일이다. 그런데 마음으로부터 큰 무거움을 느꼈다. 딸의 구강에 문제가 있었기 때문이다. 혀가 짧고 두터우며, 입안 구조가 여느 아이들과는 다르다. 설소대가 혀를 너무 많이 잡아끌고 있어 혀가 짧아 언어를 바르게 만들지 못한다. 겨우 앞쪽 부분만 건드려주기 때문에 옹알이처럼 말이 형성되고 있다. 그런 딸에게 '송사를 낭독하라'라는 큰 자리를 주신 것이다. 일반학교 같으면 엄마 찬스를 사용할 자리며, 서로 그 자리다툼도 있을 수 있을 만한 자리인데 말이다.

편지에 동봉한 A4용지 한 장 분량의 송사는 나를 심히 압박해 왔다. 문장이 너무 길어서 딸이 읽기가 어렵다는 판단이 섰다. 또 하나는 분량이 너무 많은 것이다. 기쁘기는 하지만 딸이 읽을 소화력이 없어, 못한다는 말도 할 수가 없어 난감하였다. 그렇다고 단번에 '아닙니다'라고 거절할 수도 없고 '예, 고맙습니다', '잘 알았습니다'라고 말할 수도 없어, 정말 무거운 딜레마에 빠졌다.

내 생각도 전하고 딸의 언어전달 학습준비도를 생각하며, 의논을 드리고 싶어 선생님께 전화를 걸었다.

"선생님, 감사합니다. 그러나 아무래도 언어 전달에 문제가 클 것 같습니다. 어떻게 하죠?"

"학교에서도 다들 이해하고 있습니다. 우림이가 할 수 있도록 어머님께서 도와주셔요. 부탁드립니다."

"선생님, 죄송하지만 동봉해주신 송사를 제가 수정하여 동시 형태로 짧게 만들면 어떨까요? 문장이 길면 우림이가 읽지도, 표현하지 못할 것 같아서요."

"네, 좋습니다. 그렇게 하셔요."

그렇게 선생님의 허락을 받고 수정, 보완한 것이 송사 대본이 되었다. 딸의 속내를 나는 잘 안다. 딸은 욕심도, 책임감도 크다. 적극적인 성격으로 문제가 생길 때도 앞에 나서서 해결하려고 노력도 한다. 그래서 이번 일을 계기로 딸의 성장에 도움이 될 것 같아 도와주려는 맘이 컸다.

대본을 작성하여 연습시키면서 혀가 짧아 천장에 붙어 있는 자판기를 두드리지 못한 것을 절실히 느꼈다. 혀가 닫는 자리에서 자음과 모음이 모여 말을 만들어 내는 것이 어려운 작업이었다. 딸은 일단 혀가 뭉쳐있어 뭉실하며 아주 짧다. 혀가 짧아 언어를 만드는 구강에 문제가 있는 것이다. 어떻게 하면 혀를 길게 빼는 운동을 하며 천장의 자판기를 두드릴 수가 있을까 고민에 빠졌다.

딸은 열심히 송사 대본을 읽고 있지만, 밖으로 나오는 소리는 옹알이에 가깝게 들렸다. 그래서 구강 속 혀를 길게 빼는 연습을 하였다. 두껍던 혀가 길게 빠질 리가 없다. 혀를 빼는 연습을 하다가 구강 속을 자세히 살펴보았다. 그런데 그 두꺼운 혀를 잡은 새털보다 가느다란 막이 하나 더 숨어 있는 듯 붙어 있었다. 또 하나의 설소대를 발견한 것이다. 진짜 명주실보다 더 가느다란 또 하나의 설소대가 혀를 잡아당기고 있었다. 하나도 과분한데, 남이 갖지 않은 설소대를 두 개나 가지고 있었다. 그 설소대가 혀를 꼭 잡고 있어 혀가 움직이는 데 방해를 받고 있었다. '아니, 어떻게 설소대가 둘이란 말인가?' 내 눈을 의심까지 하며 또 관찰하고 관찰하다가 앞쪽에 붙어 있는 설소대 하나를 위생 가위로 잘라버렸다. 피가 나면 처치하고 병원에 가려고 살펴보았으나 말라버린 그것은 아무런 일 없다는 듯 조용하였다.

"우림아, 혀가 아파?"

"아니, 아프지 않네."

겁이 많이 났지만 어쩔 수 없는 상황이었다고 변명해본다. 언어 교정 학원을 찾아 훈련하며 선생님의 지시대로 며칠 동안은 혀 놀리는 교육만 반복하였다. 조금 부드럽고 길어진 소리의 느낌도 받았다. '이제 말을 만들 수 있겠지?' 하는 희망도 있었다. 구강에서 언어를 못 만들면 더 쉬운 새로운 단어로 구성해야 한다. 단어를 말하기 쉽게 만들기도 어렵지만, 만들어도 단어를 소리로 만들지 못한다는 것이 더 큰 문제였다. 송사 대본을 쉬운 언어를 찾아 만들고, 지우고, 만들고, 또 지우고를 수십 번 하였다. 만들어진 대본을 읽히고 또 읽히고를 반복하였다. 듣는 사람 위치로 돌아가 들어보니, 전보다는 언어가 부드럽게 전달되고, 의미 있는 언어로 전달되었다. 계속 혀를 길게 뽑는 훈련을 시켰다. 옹알이로 들리는 횟수가 점점 줄어들고, 힘이 없는 언어지만 언어가 바르게 조금씩 전달되기 시작한 것이다.

  내일이 졸업식이다. 리허설을 유치원 교사들 앞에서 하였다. 모두가 전보다 부드럽게 들린다며, 내 일처럼 기뻐해주었다. 말이 부드럽게 들리고 예전보다는 잘 전달되어 듣는 이에게 감동을 준단다. 재학생 대표로 송사하는 것은 딸에게 자신감을 심어주는 기회가 되었다. 추억의 그 송사를 여기에 담았다.

송사

사랑하는 언니, 오빠
졸업을 축하해요
서로서로 반겨주며
함께했던 날들이 즐거웠어요
즐거웠던 운동회,
언니, 오빠 박수 소리
엄마, 아빠 응원 소리
운동장을 덮었어요
사랑하는 선생님도
개구쟁이 동생도 잊지 말고
우리도 어서 커서
다시 만나요

1989년 2월 17일
재학생 대표 최우림

🌸 졸업생 대표

 텔레비전에서는 버들강아지 피어오르는 봄이 산 넘어 가까이 왔다고들 야단이다. 그러나 내 마음에는 아직도 북풍 설한에 찬 바람이 일고 있어 꽁꽁 얼어붙어 있다. 이제 며칠 있으면 딸은 특수학교인 광주선명학교 초등부를 졸업하게 되는데, 앞으로 어떻게 해야 할지 걱정이 너무 크기 때문이다. 여러 가지 생각에 너무 답답하여, 딸을 마중 삼아 학교 통학버스가 멈추는 곳으로 발걸음을 옮겼다. 딸이 자주 다니는 슈퍼를 돌아 미장원 앞에 이르렀을 때다. 멀리서 딸이 나를 보고 반가운 듯 달려왔다.
 "엄마, 편지. 선생님이 주셨어."
 "그래, 어디 좀 보자. 무슨 편지일까?"
 딸이 내 손에 꼭 쥐여 준 편지봉투는 담임선생님의 쪽지 편지였다.
 "어머님, 이번 졸업식에 우림이가 '답사'를 하게 됩니다. 작년에 송사를 너무 잘해서, 모든 선생님이 우림이가 하였으면 좋겠다고 하셔서 졸업식에서도 '답사'를 하도록 했습니다."
 딸은 아직도 혀의 놀림이 굳어 있어 언어 표현이 약하다. 언어교정 학원에서 훈련도 하고, 혀 놀림 훈련을 나름대로 계획을 세워 훈련하였지만, 아직도 의사전달에 어려움이 많다. 그러나 조금씩 부드러워지는 것이 표현으로 나타나기도 하였다. 이번에도 딸에게 좋은 기회라는 생각이 들었다. 조심스럽게 답사의 내용을 딸의 수준에 맞추어 만들기 시작하였다. 쓰고, 고치고, 지우고를 반복하였다. 그야말로 장애우들의 눈높이에 맞춘 것이다. 작년에는 송사를 언니, 오빠들에게 하였는데, 이번에는 아우들에게 추억이 되는 말들을 남겨 주어야 한다는 무거움도 있었다. 그러나 그들에게 형식이 얼마나 중요하겠는가? 쉬운 내용이면서 동시 형태로 작성하였다. 딸이 더 바르고 정확하게 읽을 수 있는 언어로 재구성한 것이다. 쓰고, 지우고, 쓰고, 지우고를 반복하면서 딸에게 읽어 보게 하였다. 내 귀에 들어온 단어들이 많이 쌓이기에 '전달이 잘 되어 가는구나'라며 대본인 '답사'를 탄생시켰다. 딸이 잘해주었으면 하는 기대도 있고, 욕심도 생겼다.

딸은 읽으면서 즐기며 책임감도 보였다. 어느 날 딸은 허락도 없이 대본을 학교에 가지고 가서 선생님 앞에서 읽었단다. 자랑하고 싶어서였을까? 선생님은 전화로 "우림이의 혀 놀림이 부드러워 옹알이 소리는 거의 없어 걱정 안 하셔도 좋을 거예요."라고 말씀하셨다. 그뿐 아니라, "부드러운 말솜씨는 듣는 이에게 전달이 잘 되어 감동을 줄 수 있어요."라며 칭찬도 하셨다. 교장선생님을 비롯한 여러 선생님께서 어머니의 수고가 크셨다고 전해 달라는 전언도 덧붙였다.

졸업식 날의 답사는 감동적이었다. 답사를 낭독하는 동안 딸의 울적한 마음은 졸업식장을 숙연하게 만들어버렸다. 나도, 학부모님들도 소리 없는 울음바다가 되어버렸다. 딸이 울면서 답사를 낭독하니, 그 눈물이 학부모님의 마음에 더욱 감동을 준 것 같다.
 졸업식은 격식을 갖추어 끝났고 기쁨도, 눈물도 남은 것은 모두 우리들의 몫이었다. 모든 이들의 큰 박수 소리와 울적 거리는 소리는 강당 천장을 들썩거렸다.

답사

사랑하는 아우들아
이제 우리는 너희 곁을 떠난단다
곱하기, 나누기는 잘 몰라도
동그라미, 세모, 네모 척척 그릴 수 있어
 한 자릿수 더하기에 6년이 걸려도
엄마, 아빠 이름은 한 번에 쓸 수 있단다
"청군, 백군 이겨라!" 외치던 운동회
즐거웠던 소풍도 잊지 못할 추억이 되었지
사랑으로 품어주신 선생님
사랑으로 안아주신 엄마, 아빠
감사 편지는 서툴게 써도
진심을 담아 마음으로 전할게요.
 잘 있어, 동생들아
고마우신 선생님도
강물이 바다에서 다시 만나듯
우리도 잘 자라서 다시 만나요.

1990년 2월 15일
졸업생 대표 최우림

명화학교

 딸은 정든 광주선명학교를 떠나 군산명화학교로 전학하였다. 그 동안 학교에서 잘 적응하고 친구들을 사귀며 지내었는데, 아버지의 직장 관계로 군산으로 이사한 것이다. 일반학교에서 특수학교로 전학 갈 때는 많은 속앓이가 있었다. 그래서 '어떨까?'하고 조금 걱정되었다.

 딸이 다닐 수 있는 특수학교 유무가 선결문제였기에 먼저 교육청을 방문하여 알아보았다. 담당자는 친절하게 안내해주었고, 학교에 전화도 해주어서 마음으로 고마움을 전하였다.

 소개를 받은 학교에서는 친절하게 안내해주었다. 중등부 교실을 한 곳 선택하여 참관 수업도 하였다. 선생님은 아이들 한 명, 한 명을 개별 지도하고, 다소 소란스러웠지만 제재하지 않으셨다. 절제된 자유스러움이 있어, 아이들은 자유 분망한 가운데 아이들만의 개성을 발산할 수 있도록 수업을 진행하고 있었다. 지도하고 계신 선생님은 아이들의 특성을 하나하나 이해하고 특성에 따라 개별교육을 하며, 기다림의 여유가 보여 믿음이 갔다.

 딸은 전학 간 첫날부터 염려와는 다르게 낯선 교실 문을 열고 손을 번쩍 들어 올리며, '하이! 반가워'하며 들어갔다. 전혀 기가 죽거나 움츠리는 모습이 보이지 않았다. 내가 교실에서 수업을 참

관하는 사이에 친구들을 챙기며 화장실 도우미를 하고 있었다. 수업 참관을 끝내고 집으로 돌아가려 하자 선생님은 "우림이는 염려하지 않아도 좋을 것 같습니다. 참 어른스러워 친구들을 잘 챙기고 자기 관리도 잘하네요."라며 칭찬해주셨다.

공중전화

 딸에게 처음으로 공중전화 거는 법을 가르쳐 주었을 때의 일이다. 키가 작은 딸은 까치발을 세우며 무거운 수화기를 끌어내렸다. 다행히 줄은 길어 내려오지만, 번호 누르기가 힘들었다. 겨우 외워 둔 번호를 까치발 들고 꾹꾹 찍으며 집으로 전화하였다. 아빠 목소리가 들리면 딸은 수화기를 놓은 채 손뼉을 치곤 하였다. 발등 위에서 아빠 목소리가 들리면 딸은 "아빠 빨리 와"라고 말한다. 키가 작은 딸을 위해 전화기 부스에 깔판 한 개 놓아두었다.
 군산은 딸에게 매우 낯선 곳이다. 밖에 나가거나 학교에 가는 길이 생소하고 낯선 곳이라 길을 잃어버릴 수도 있다. 동네 한 바퀴를 돌며 주변 길 익히기가 다시 시작되었다. 공중 전화기를 통해 '집이나 나에게' 전화하는 방법을 가르쳐 주었다.
 아파트 주변에는 공중전화기가 여러 곳에 설치되어 있었다. 전화기에서 직접 수화기를 들고 동전을 넣은 후 '댕그랑 소리'가 나면, 집의 번호를 누르도록 하였다. 광주에서도 계속 교육한 것이어서 공중전화기를 사용하는 것은 익숙하였다. 그러나 현 위치를 파악하여 알리는 것은 어려움이 따랐다. 그래서 딸이 있는 위치는 주위에 있는 커다란 간판이나 건물광고판, 지나가는 학생이나 여자분들에게 도움을 받고 물어서 대답하도록 하였다. 분별력이 부족하고 사람을 좋아하기에, 친절하고 정겹게 하는 사람을 따라가 버릴까 봐, 엄마의 노파심에 성별을 가려 도움을 받도록 교육한 것이다.

나는 곁에서 훈련을 위해 지켜보고 있다. 딸의 수화기 속 위치가 확인되면, 아빠는 "기다려, 지금 내가 간다. 그 자리에 꼭 있어."라고 말한 후, 딸이 있는 그곳으로 가서 집으로 데리고 돌아오는 것이다. 이번에도 딸은 큰 어려움 없이 매뉴얼 대로 익숙하기에 교육과 훈련을 마쳤다.

전학으로 속앓이

'다운증후군 아이들은 병치레가 심하다.'는 속설 때문에 항상 긴장하며 살고 있다. 그런데 어느 날부터 딸이 학교에 갈 생각을 하지 않는다. 아침이 되어도 잠자리에서 일어나지 않고 아프다며 병원을 자주 찾았다. 이곳으로 이사를 온 후 입원까지는 아니다 하더라도 병원을 찾는 횟수가 부쩍 많아진 것이다.

나는 아파하는 이유와 등교를 거부하는 이유를 알아보기 위해 관찰에 들어갔다. 2주 동안 일상생활과 그에 사용하는 언어를 주로 기록하고 문답식 언어로 받아서 기록도 하였다. 기록지에 많이 나타나는 언어는 광주중흥교회의 친구이며, 이웃에 살았던 '혜진이와 은정이 동생이었다. 오빠도, 피아노학원 선생님도 많았다.

전학으로 인한 속앓이가 있었는지 아픈 횟수도 많아서 어느 해보다 결석이 많았다. 가끔 친구를 부르며 보고 싶다고 말하였지만, 바쁘다는 핑계로 받아 주지 못하였다. 더 시간이 가기 전에 속앓이를 해결해 줌으로 스트레스를 덜어주고자 하는 마음에서 계획을 세웠다. 고향으로 매주 내려갈 수는 없고, 토요일이면 딸의 의사를 물어 가끔 내려가기로 하였다. 광주에는 항상 친구처럼 챙겨주던 오빠가 있다. 오빠는 고등학생으로 기숙사 생활을 하기에 평일에 간들 만날 수 없고, 우린 직장 관계로 가지 못한다. 그러나 딸에게는 중요한 사건이며, 중2병 중 향수병이다. 해결해주어야 할 문제였다.

이제는 딸이 아파하는 이유를 찾았으니, 해결책도 마련해야 하였다. 광주에 있는 교회 친구 혜진이와 이웃집 은정이 동생과 오빠, 그리고 피아노 선생님을 보고 싶어 하는 문제를 해결하기 위해, 몇 주 동안 주말을 통해 고향으로 내려가기로 하였다. 교회 친구들과 이웃에 살았던, 친구를 찾아보고 함께 지냈던 언니들도 만나보기로 한 것이다.

속앓이하는 딸을 위해 일반 호텔에서 숙식도 하고, 고향 교회에서 예배도 드렸다. 친구들을 만나고 향수를 달래주었다. 고향 둘레길도 한 번씩 돌아보고, 보고 싶은 곳 구경도 하고 다녀왔다. 그러면 병원에 가는 횟수가 줄어들었다. 가끔 고향에 내려가 오빠도 만나고, 교회 중등부에서 친구들도 만났다. 또한, 동생처럼 생각한 은정이도 만나 놀며 정을 나누고 돌아왔다. 그럴 때면 마음에 웃음꽃이 피어났다. 그러나 좋아하는 피아노 선생님을 만날 수 없어서 마음 아파하였다. 찾아봤지만 결혼하셨고, 이미 이곳을 떠나셨단다.

고향으로 자주 내려가 친구도 만나고, 또 보고 싶은 사람을 만나보니, 스트레스를 잘 이겨내어 정상적으로 수업을 이어 갔다. 선생님의 사랑과 관심으로 무서운 중2병의 봄은 지나고 시원한 가을이 찾아온 것이다. 딸의 얼굴이 밝아졌고 학교생활이 즐거워 보였다. 한 학기가 끝나고 2학기가 시작된 어느 날, 딸은 커다란 상장을 받아 왔다.

상 장

공예 부문 동상
성명 최우림

특수학교 및 특수학급 학생 예능 작품 전시회에서 위와 같이 우수한 성적으로 입상하였기에 상장과 상품을 수여함.

1991년 8월 30일

전라북도 교육감 홍태표

 그 후 선생님은 딸이 피아노를 잘 친다며, 음악 시간에는 선생님을 돕는 역할을 한다고 칭찬도 해주셨다. 선생님의 사랑을 먹으며 소녀의 꿈을 이어가고 있었다.

🎎 딸을 위한 두 번째 학습의 장을 열다

　학교교육에서의 부족한 부분을 보충해주기 위해, 나는 딸을 위한 제2교육의 장으로 다시 유치원을 설립, 운영하였다. 학교 교육에서 미처 받아들이지 못한 부분을 놀이 학습을 통해 보충해주자는 목적에서다. 다행히 환경이 좋고 넓은 공간을 마련할 수 있어, 열린 건축물로 마련하였다. 몬테소리교육 이론에 기반을 둔 교육프로그램으로, 지역 환경에 맞는 전인적 교육프로그램을 계발, 운영한 것이다.
　바깥 놀이 영역에는 꽃을 비롯한 각종 채소를 가꾸어 보는 텃밭과 동물을 기르고, 성장 과정을 관찰할 수 있는 사육장, 그리고 올챙이나 금붕어 등을 기르는 연못을 만들어 관찰하도록 해주었다. 자연 관찰장은 유치원 유아들에게나 딸에게 자연을 사랑하는 마음과 과학에 흥미를 크게 느끼게 하였다. 또한, 벽면에 햇볕을 이용한 물 그림판은 유아들에게나 딸에게 미술을 통한 과학에 대한 흥미와 창의성을 길러주었다.
　유치원 교육프로그램은 일선 유아 교육기관에서 시행하고 있는 유아 교육과정 운영 등 다양한 형태의 교육 활동 계획을 위한 예시를 하였다. 교육 활동의 조직망, 주제 접근, 통합교육 활동 계획 등 다양한 형태의 수준별 교육 활동을 소개한 것이다. 즉, 기본 생활습관 형성, 일상생활 훈련과 실제 해 보기 활동 등 유아들의 성

▲ 유치원에서 아이들과 함께

장 발달에 도움이 되는 교육 활동으로 안내하였다.

또한, 각 대학 유아교육과 미래 교사들의 현장 실습지로 제공하였고, 일선 유아교육을 담당한 유치원 원장님들의 견학 장소로도 제공되었다. 우리 유치원의 원아들에게 제공된 프로그램을 모아 『교사를 위한 통합유아교육과정』을 편찬하는 영광도 있었다.

🎒 수협마트 영수증

고등학교에 다니고 있는 딸이, 학교에서 돌아올 시간이 되었는데도 돌아오지 않으면, 내 마음은 걱정으로 쌓인다. 딸이 오는 길목을 한참 내다보며 여기저기 바라보고 있을 때, 딸이 저만큼 봉지를 무겁게 들고 걸어오고 있었다.

"엄마, 왜 여기 왔어요?"

"응, 너를 마중 나왔지. 그런데 왜 이제 와?"

딸은 엄마가 속 타는 줄도 모르고 천연덕스럽게 웃는다. 커다란 봉지를 식탁 위에 올려놓고 하나하나 꺼내 보인다. '어디에서 이렇게 많이 사 왔어?'라고 묻고 싶었지만, 혹여 마음 다칠까 봐 침을 꿀꺽 삼키며 기다려 보기로 하였다. 그런데 이상한 변화가 일어나고 있었다. 오늘은 시간의 변화도 있고, 물건을 사 오는 가지 수가 늘었다. 무엇보다도 물건을 사야 할 돈도, 그 자리에 그대로 놓여 있었다. 새롭게 변화가 일어난 것이다. 딸은 봉지에 든 물건들을 하나하나 식탁 위에 올려놓으며 자랑하였다.

"이것은 사이다, 저것은 콜라, 이것은 엄마가 좋아하는 껌, 저것은 내가 좋아하는 라면, 새우깡, 뽀빠이."

세어보고, 또 들어 보이며 한참을 자랑하더니, "두부와 콩나물은 엄마 것"하며 나에게 건넨다. 사이다와 콜라, 라면, 그리고 껌과

새우깡, 뽀빠이는 새로운 것들이다. 그때에야 조심스럽게 "무얼 이렇게 많이 가져왔어?"하며 물었다. 딸은 말 대신 영수증을 내게 내밀어 보였다. 수협 마트 영수증이다. 그곳은 딸이 한 번도 가 본 일이 없는 곳으로, 사전교육도 없었고 개인이 아닌 수협이 운영하는 곳이다. 딸에게 물건 사보기를 위한 체험교육 장소로는 매장이 크고 직원들을 두어 출퇴근하는 곳이라서 가 보지도 않았다. 개인이 운영하는 가게가 아니며, 손님들이 많아 분주한 곳이다. 언어 전달이 부족한 딸이 다니기에는 '어려운 곳'이라는 생각이 들어, 훈련 장소에서 제외하였다.

그런데 그곳의 영수증을 내어놓는 것이다. 그나마 돈도 없이 물건을 사 온 영수증이다. 딸은 약속했던 돈의 개념이 생각났던지 바구니에 담긴 5,000원을 꺼내어 "다녀올게요."라며 나가려고 하여, "우림아, 잠시 만"하고 말하자, 발걸음을 멈추며 뒤를 돌아보았다.

영수증에는 5,000원보다 더 큰 금액인 7,800원이라고 쓰여 있었다. 10,000원권 지폐 한 장을 주면서 "5,000원은 부족하니 만원을 가지고 가야 한다."라고 일러주었다. 딸은 "괜찮다"라며 항상 챙겼던 5,000원을 가지고 가겠다는 것이다. 딸은 이제까지 만 원권을 사용해본 경험이 없다. 돈의 가치와 개념을 이해하지 못하고 있기에 당연히 거부할 수 있었을 것이다.

500원에서 1,000원으로, 1,000원에서 5,000원으로 사용할 수 있는 기간이 16년이란 시간이 걸렸다. 7,800원을 만들어 봉투 안에 넣어주면 간편했을지 모르겠지만, 이렇게라도 해서 또 다른 지폐가 있다는 것을 가르쳐주고 싶었다.

10,000원권을 5,000원과 바꿔주며 함께 가자고 손을 내밀었다. 처음으로 사용하는 10,000원권 사용이 잘 이루어지기를 바라는 마음에서 손을 펴 보는 것이다. 딸은 아무 말도 없이 뒤도 돌아보지 않고 슈퍼로 들어갔다.

　　"언니, 엄마가 돈 없다고 이것."하며, 10,000원권을 계산대 위에 올려놓았다.

　　사실 물건값 7,800원은 그 계산대 언니 돈으로 대납을 해주고 영수증을 뽑아 보내준 것이다. 계산대 언니는 내가 잘 아는 이웃집 딸이었다. 그는 우림이가 내민 지폐를 받으며 "이렇게 큰돈을 엄마가 주셨구나." 하며 2,200원을 봉투에 담아 손에 꼭 쥐어 주었다.

　　"이 돈은 나머지 돈이야. 엄마한테 꼭 가져다드려야 해."

　　"엄마, 언니가 나머지 드리라 했어요."

　　딸은 '나머지'라는 단어를 수협 슈퍼 언니로부터 배웠다.

　　그 후부터 딸은 콩나물과 두부 한 모를 사려 해도, 그 수협 슈퍼로만 갔다. 슈퍼에는 사고 싶은 물건들이 많이 있다는 것을 터득한 것이다. 소통의 어려움으로 답답했을 그 시간이, 단숨에 해결되는 모양새가 되었다. 말하지 않아도 스스로 고르고 계산하면서 영수증으로 답하고, 부족한 돈은 가져다주면 된다는 것도 알아갔다.

　　딸은 물건을 사 오는 횟수도 늘었다. 심부름도 즐거운 마음으로 잘하였다. 한 사람의 배려로 일상생활을 위한 사회 교육의 장을 얻었고, 그곳 슈퍼는 좋은 교육의 장을 제공해주었다. 딸은 먹고 싶은 것도 사고, 사야 할 물건들의 명칭도 조금씩 더 익숙해졌다.
　주변에서 바르게 성장하도록 도와주는 배려에 감사드린다. 마냥 신기한 딸의 모습을 한가롭게 보고 있노라니 감사의 눈물, 고마움의 눈물들이 내 마음을 적시었다. 심부름도 스스로 하고, 사 먹는 방법도 조금씩 발전해 갔다. 딸이 지금처럼 조금만 더 알아가면 더 많은 것들을 배울 수 있을 것이다.

리더가 되다

딸은 고등부 1학년이 되자 또 실장이 되었다. 실장이 된 것은 처음이 아니다. 초, 중등학교 시절에도 있었다. 그러나 너무 좋아 혼자서 미소도 지었다. 이전에 아들이 이런 임명장을 받아오면 집안 잔칫상이 차려지곤 하였다. 아들 때와 똑같은 기분으로 멋지게 한 상을 차려 놓고, 남편이 집에 돌아오기를 기다렸다. 딸과 조금이라도 놀아주려고 정확한 시간에 퇴근하고 돌아온 남편은 겉옷을 벗으면서 내게 물었다.

"아이고, 이게 뭐야? 맛있는 냄새가 나네. 집에 무슨 좋은 일이 있었소?"

나는 이 시간까지, 딸이 학교에서 실장이 되었다는 소식을 말하지 않았다. 남편을 놀려주고 싶은 장난기가 들어서였다.

"아니요. 아무 일도 없어요. 그냥 함께 먹고 싶어서요."하고 방글방글 웃기만 하였다.

무슨 영문인지도 모른 채 저녁 식사 기도를 마치고 막 식사하려는 데, 딸이 임명장을 아빠 앞에 내어놓았다.

"아, 임명장이구나. 실장이 되었다는 임명장. 우리 딸 참 대단하네."라고 말하면서 안아주었다.

"우리 딸, 그런데 실장은 어떤 일을 해?"

"알지, 차렷 경례하는 거지."

"그래, 실장은 차렷, 경례하는 것뿐만 아니라 친구도 도와주고, 선생님도 도와드려야 한단다."

"예, 친구들 잘 도와줄게요."하면서 고개를 끄덕인다.

나는 대견스러운 딸이 분명 '명품의 삶을 지향하고, 그 길로 가고 있다'라고 생각하며, 그 고마움에 꼭 안아주었다.

한 학년이 다시 시작되자 또 임명장을 받아왔다. 실장이라는 자부심과 책임감 때문에 몸이 조금 아파도 학교에 갔다. 어떨 때는 감기로 열이 심하여 하루 쉬었으면 하고 권해도 실장이라서 학교에 가야 한다며 꾸역꾸역 일어나 가기도 하였다. 어릴 때 폐렴을 앓은 일이 있었기에 몹시 조심스럽게 대하지만 걱정이 될 때가 더러 있었다.

1995년, 고등부 3학년 때다. 오늘도 커다란 상장을 하나 받아왔다. '특수학교 및 특수학급학생 예능발표회에서 우수한 예술성을 발휘하였으므로 이에 상장을 수여한다.'라며, 금상으로 전라북도 임승례 교육감이 준 상이었다. 딸은 교육감상을 2번이나 받아 왔다. 꿈만 같아 하늘을 우러러보았다.

상 장

금 상

군산명화학교 최우림

위 학생은 제15회 특수학교 및 특수학급 학생 예능 발표회에서 두서와 같이 우수한 예술성을 발휘하였으므로 이에 상장을 수여함.

1995년 10월 10일

전라북도 교육감 임승례

   며칠이 지나자 또 상장과 상품을 받아왔다. 저축상이었다. 그 무렵 학교에서는 학생들에게 저축심과 절약하는 마음을 기르기 위해, 학생 개개인에게 통장을 만들어주어 자연히 저축하는 습관이 생활로 이어져 가게 하고 있었다. 딸도 용돈을 주면 아껴 써, 그 돈을 모아 저축한 것이다. 건강한 모습으로 열심히 학교생활을 하더니 졸업할 때는 3년 개근상도 받았다.
   딸은 올해도 성실하게 학교생활을 하였다. 뭣보다도 딸이 건강한 날들을 보내 학교생활을 즐겁게 해주어서 고맙다. 6학년 담임 선생님께서 딸의 생활기록부에, '무슨 일에나 자신감이 넘친다.'라고 기록해 놓으신 것을 본 일이 있다. 어설픈 저학년 때는 춤과 피아노로 리더가 되었다. 초·중·고 12년을 앞장서며 리더로 생활해서인지 친화력과 사회성이 바르게 형성되었다. 어디에서나 망설임 없이 지도력을 발휘하고 있다. 아마도 초·중·고 학교생활에서 봉사하며, 주도하던 습관들이 몸에 배어있었나 싶다. 틀림도, 서투름도, 그리고 부끄럽게 여기지 않고 당당한 자신감을 보이는 것을 보면 학교생활에서 많은 영향을 받은 것 같다. 참 자랑스럽고 장한 딸이다.

누가 이 딸을 바보라 했나요

🧒 수상 내역

유아원

에덴 유아원에서 소년한국일보사 주최 '82, 호남지구 미술서예 공모전 및 실기대회'에 입상하여, 동상과 부상을 받았다.

이 상은 소년한국일보사 주최 '82, 호남지구 미술서예공모전 및 실기대회'에서 두족 원 화법으로 표현하여 받은 상이며, 4~7세 전 도식 단계에서 나타나는 현상으로 하나밖에 없는 걸작품을 탄생시켰다.

상 장

동 상

에덴유아원 최우림

위 학생은 소년한국일보사 주최 '82, 호남지구 미술, 서예 공모전 및 실기 대회'에 참가하여 위와 같이 입상하였으므로 상장과 부상을 드립니다.

1982년 12월 5일

한국일보사, 소년한국일보 대표이사 장재구
대회장 : 한국일보 광주지사장 박상문

초등학교
- **4학년**
  - 학력평가 우수상으로 음악 부문 수상하다(1987.5).
  - 광주중흥교회 : 품행이 단정하고 성적이 남보다 뛰어나므로. 교회 학교에서 상장(2등)을 받다.

- **5학년**
  - 1988. 5. 5. 어린이날 선행상을 받다.
  - 1989. 2. 선행상을 받다.

- **6학년**
  - 1989. 6. 11. 한국 지체장애인연합회가 주최하고 한국방송공사, 주식회사 문화방송 및 경제 4단체가 후원하는 '다 함께 사는 사회' 건설을 위한 범국민 참여 제2회 전국 장애인 종합예술제 음악, 피아노 부문에서 우수한 성적으로 대회장(정무장관, 국회의원)상 수상.
  - 1989. 6. 19. 제1회 전국 심신장애자 음악대회 초등부 기악 부문에서 사단법인 한국어린이육영회, 이정환 회장으로부터 금상 수상.
  - 1989. 6. 26. 표창장, 학업성적이 양호하고 품행이 단정하여 다른 사람의 모범이 되었으므로 이에 표창함.
  - 1990. 2. 15. 학교장상, 교내 국기 그리기 대회에서 우수한 성적으로 입선하다.
  - 1990. 2. 15. 졸업 때 개근상, 선행상, 한국 특수교육 협회장상, 공로상을 받다.
  - 학교장이 주는 공로상 : 전국 장애인 음악 경연대회에서 우수한 성적으로 입상하여, 학교의 명예를 선양하였음으로, 이 상장을 줌(광주선명학교장).

중학교

- **1학년**
  - 1991. 2. 진보상 : 행동 및 기초 학습 능력이 현저하게 진보하여 주는 상, 광주선명학교장
  - 1991. 2. 1년 개근상.

- **2학년**
  - 1991. 8. 동상(공예 부문) 교육청에서 주최한 제11회 특수학교 및 특수학급 학생 예능 작품 전시회. 전라북도교육감.
  - 1991. 10. 상장(언어영역) 타 학생보다 우수하고 모범이 되므로 주는 상. 군산명화학교장.
  - 1992. 2. 상장(언어영역) 다른 학생보다 우수하고 모범이 되므로 주는 상. 군산명화학교장
  - 1992. 2. 1년 개근상 군산명화학교장

- **3학년**
  - 1992. 6. 상장(언어영역) : 다른 학생보다 우수하고 모범이 되어. 군산명화학교장.
  - 1993.2. 중학교 졸업 시에 받은 상-
  - 한국 특수교육협회장상 : 품행이 단정하고 학업성적이 우수하여 다른 사람의 모범이 되었으므로 줌.
  - 1993. 2. 대전 세계박람회조직위원회 위원장 상: 학업성적이 우수하고 품행이 바르며 남다른 열정과 봉사 정신으로 대전 엑스포 개최 준비에 이바지함.

고등학교
- **1학년**
  - 1993. 4. 상장 : 고등부 1학년 포스터 영역에서 다른 학생보다 우수하고 모범이 되므로 줌. 군산명화학교장,
  - 1993 .5. 상장, 그리기 영역 : 다른 학생보다 우수하고 모범이 되

므로 줌.군산명화학교장
- 1993. 7. 상장, 바른생활 부문 : 다른 학생보다 우수하고 모범이 되므로 줌. 군산명화학교장
- 1993. 8. 상장, 방학 과제 : 방학 책 영역 부문에서 다른 학생보다 우수하고 모범이되므로 줌. 군산명화학
- 1994. 2. 1년 개근상 : 군산명화학교장

- **2학년**
    - 1994. 4. 상장, 은상 : 그리기 부문, 다른 학생보다 우수하고 모범이 되므로 줌. 군산명화학교장
    - 1994. 5. 상장 : 바른생활 부문에서 다른 학생보다 우수하고 모범이 되므로 줌. 명화산명화학교장
    - 1994. 5. 상장 : 쓰기 부문에서 다른 학생보다 우수하고 모범이 되므로 줌. 군산명화학교장
    - 1994. 6. 상장 : 저축 부문에서 다른 학생보다 우수하고 모범이 되므로 줌. 군산명화학교장
    - 1994. 12. 상장 : 그리기 부문에서 다른 학생보다 우수하고 모범이 되므로 줌. 군산명화학교장
    - 1994. 12. 상장(은상) : 교내 학생 작품 전시회에서 다른 학생보다 우수하고 모범이 되므로 줌. 군산명화학교장
    - 1995. 2. 개근상 : 1년간 개근하여 다른 사람의 모범이 되어줌. 군산명화 학교장

- **3학년**
    - 1995. 5. 상장 : 예절 영역에서 다른 학생보다 우수하고 모범이 되어 줌. 군산명화학교장

- 1995. 8. 상장 : 방학 과제 일기 영역에서 다른 학생보다 우수하고 모범이 되어줌. 군산명화학교장
- 1995. 10. 상장, 금상 : 제15회 특수학교 예능 발표회에서 우수한 예술성을 발휘하여 줌. 전라북도 교육감
- 1996. 2. 고등학교 졸업 시 받은 상 -
- 1996. 2. 한국 특수교육협회장상 품행이 단정하고 학업성적이 우수하여 다른 사람의 모범이 되었으므로 줌.
- 1996. 2. 개근상 : 1년간 개근하였으므로 줌. 군산명화학교장
- 1996. 2. 개근상 : 3년간 개근하였으므로 줌. 군산명화학교장

🚶 임명장

- 고 1년
  - 실   장(5월 중) : 군산명화학교장(1993).
  - 부실장(10월 중) : 군산명화학교장(1993년).

- 고 2년
  - 실   장(6월 중) : 군산명화학교장(1994).
  - 부실장(11월 중) : 군산명화학교장(1994).

- 고 3년
  - 실   장(5월 중) : 군산명화학교장(1995년).
  - 부실장(11월 중) : 군산명화학교장(1995).
  - 임명장 : 제96-1, 교사 최우림
      위 사람은 본 유치원 피아노 교사로 임명합니다.
      1996년 3월 1일. 나운유치원장 박순이

임 명 장

제 06-124호   이름 최 우 림

위의 사람은 본 교회를 위하여 교사직으로 임명합니다.

2006년 1월 1일
중흥교회 주일학교장 김성원 목사

🐾 엄마의 생각 : 고등학교 생활을 하면서 여러모로 성장하는 모습이 보였다. 실장과 부실장이 되더니 리더십과 발표력, 친화력이 좋아졌다. 그뿐 아니라, 용의가 단정하고 품행이 단정하여 예의 바른 학생으로, 봉사 정신, 친구를 사랑하는 마음이 엿보였다.

🐦 생활통지표

- **초등학교 1학년**

  가. 교과 학습 발달
  - 도덕(미), 국어(가), 산수(미), 사회(미), 자연(가), 체육(미), 음악(양), 미술(가),
  - 특기사항 : 학습량을 처리하지 못하며 기억력도 약함.
  - 종합란 : 개근함

  나. 행동 발달 상황
  - 근면성(나), 책임감(나), 협동성(나), 자주성(나), 준법성(나)
  - 특기사항 : 무용 및 노래를 불러 항상 즐겁게 생활한다. 급우들과 사이좋게지내며 인정이 많다. 교사를 무척 잘 따른다. 온순하고 인정이 넘치나 행동이 느리다.

  다. 바른생활
  - 시설의 기능을 알고 안전하게 사용한다(가).
  - 여러 사람이 서로 도우며 살아감을 안다(가).
  - 가정과 이웃에 고마움을 안다(가).
  - 집단생활에 적응을 잘 한다(나).

  라. 음악
  - 예쁜 소리로 노래를 부를 수 있다(가).
  - 음정감이 바르고 리듬을 바르게 칠 수 있다(가).

  마. 체육

- 기초적인 신체 표현능력을 익혔다(가).
- 특기사항 : 무용 및 노래를 불러 항상 즐겁게 생활한다.
- 특별활동 사항 : 교실 관리, 교사 책상 관리 잘함.

🐾 엄마의 생각 : 위의 자료들은 앞으로 딸이 성장하고 발전해 가며 꿈이 있는 아이로 교육을 계획하고 수립하는 자료로 삼고자 한다.

딸의 정신연령은 3세 정도로 일상생활에 많은 어려움을 겪는다. 그렇지만 밥을 먹고, 옷 입고, 가방 챙기고, 신발 신는 기본 생활을 가르쳐 주었다. 조금 더디었지만 혼자서 먹고, 입고, 벗고, 신는 기본적인 일과들을 하도록 지켜보면서 기다리며 준비된 환경을 받들어주었다.

딸은 학령기에 입학하였으나, 특수반인 철쭉반을 드나들었으며, 받아쓰기에는 항상 커다란 보름달을 그린 그림을 받아 왔다. 그러나 사회면, 음악면, 체육 신체 표현 면은 여느 집 아이들과 다르지 않았고 자랑스러웠다.

- **초등학교 2학년**
  가. 교과 학습 발달 상황
  - 도덕(미), 국어(가), 사회(가), 산수(가), 자연(가), 체육(미), 음악(가), 미술(가).
  - 특기사항 : 글씨를 보고도 그대로 쓰지 못함. 의사전달이 안됨.
  나. 행동 발달 상황

- 근면성(나), 책임감(나), 협동성(나), 자주성(나), 준법성(나).
- 특기사항 : 표현과 의사소통이 안 됨.
- 특별활동 사항: 착실하게 참여하여 활동하고 있음.
- 종합란 : 인정이 많고 무슨 일이든지 하고 싶어함.

- **초등학교 3학년**

  가. 교과 학습 발달 상황
  - 도덕(미), 국어(가), 사회(가), 산수(가), 자연(가), 체육(양), 음악(미), 미술(가).
  - 특기사항 : 글자를 하나씩 이해하고 있으나 글을 읽지 못하고 있음.
  - 종합란 : 말을 조리 있게 하지 못하고 기억력이 부족함.

  나. 행동 발달 상황
  - 근면성(나), 책임감(나), 협동성(나), 자주성(나), 준법성(나).
  - 특기사항 : 단체놀이에 어울리지 않고 혼자서 놀기 좋아함.
  - 특별활동 : 그리기를 좋아함.

- **초등학교 4학년**

  가. 교과 학습 발달 상황
  - 도덕(미), 국어(가), 사회(가), 산수(가), 자연(가), 체육(양), 음악(미), 미술(가).
  - 특기사항 : 조금씩 쉬운 글자를 읽고 쓰기 시작함. 적극적인 성격으로 교사를 잘 따름.
  - 종합란: 철쭉반으로 배정함

나. 행동 발달 상황
- 근면성(나), 책임감(나), 협동성(나), 자주성(나), 준법성(나).
- 특별활동 : 철쭉반, 양호함.

- **초등학교 5학년**
  - 양육 태도 : 사랑과 헌신적인 노력으로 교육함.
  - 장래 희망 : 글을 읽고 바르게 쓰며 교회나 유치원에서 피아노 반주를 하고 싶다.
  - 장애 유형 : 다운증후군(장애 요인은 염색체 이상).
  - 특성 : 온순하고 지시에 따름.
  - 신병 처리: 양호함, 이동 능력: 평지 보행은 양호하나 경사진 곳은 연약함.
  - 의사 교환 능력 : 발음은 부정확하나 언어적 의사 표현은 정확함.
  - 집단 참가 능력 : 친구와 함께 어울리며 친절함.
  - 읽기와 쓰기 : 가능함.
  - 수 개념 : 50까지 이해.

  * 종합의견 : 문자 해독과 수의 개념이 싹틈으로써 기초적 학습의 가능성이 보이며, 집단 학습에서도 적극적이며 친절하다.

가. 특수아동 발달 상황
- 사회 : 인사성이 바르고 친구들과 사이좋게 지내며 누구에게나 친절하게 지냄.
- 언어 : 발음은 부정확하나 문자 해독으로 글을 읽으며, 자기 의

사를 글로 나타냄
- 인지 : 합이 10 이하의 덧셈이 가능하고 돈의 단위를 알고 있음.
- 건강 : 음악에 맞추어 율동 놀이를 잘하고 동작이 유연함.
- 예능 : 음악을 좋아한다. 춤추기를 즐기며, 작품 보고 색칠과 색종이 붙이기 잘함.
- 요육 활동 : 주 3회 요육 활동으로 신체 이동이 크게 향상됨.

- 나. 행동 발달 상황
- 근면성(나), 책임감(가), 협동심(가), 준법성(가), 자주성(가), 안정감(가)

☏ 의견 : 활발하고 항상 명랑한 표정으로 급우들과 친절하게 지냄.

- **초등학교 6학년**
  가. 학습 발달 상황
  - 사회면 : 용의가 단정하며 인사를 잘하고, 친구를 잘 보살펴주고 규칙을 잘 지킴.
  - 언어면 : 띄어서 글을 읽을 수 있으며 부르는 말을 글로 쓸 수 있음
  - 인지면 : 합이 10인 덧셈을 할 수 있으며 뺄셈을 이해함. 동식물이 구분이 가능함.
  - 건강면 : 메트로폴리탄, 뜀틀에서 앞구르기를 할 수 있고, 높은 곳의 두려움이 점차 줄어짐.
  - 예능면: 피아노 연주를 잘하며 음악에 맞추어 율동 잘함. 밑그림에 채색을 고르게 한다.

나. 행동 발달 상황
- 근면성(가), 책임감(나), 협동성(가), 자주성(나), 준법성(가), 안정성(가).
- 특기사항 : 항상 명랑하고 온유하며, 친구들을 잘 도와주고 자기 물건 정리 정돈을 잘함. 운동과 식이요법을 통해 비만 현상의 치료에 계속 노력해야 함.

☎ 종합 의견
2차례의 큰 대회에 출전하여 큰 상을 받은 후 매사에 더욱 자신감을 갖는다.

- **중학교 1학년**

가. 입학 당시의 상태
- 장애 유형 : 다운증후군으로 가벼운 언어장애.
- 장애요인 : 염색체 이상. 행동 특성: 온순함, 고집이 셈.
- 사회생활 적응 능력 : 양호함.

☎ 종합기록
  사회적응 능력은 양호한 편이나 지적 능력이 열악하여 특수교육이 요구됨.
- 종합란 : 항상 밝고 맑은 성품으로 즐겁게 생활하며 정직함.
- 특기사항 : 장애자 예술제 참여함. 명랑하고 친절하며 친구들과 잘 어울림.

나. 행동 발달 상황
- 근면성(가), 책임감(가), 협동성(가), 자주성(가), 준법성(가).

다. 아동 발달 상황
- 사회 : 장소에 따라 맞게 질서를 지킴.
- 언어 : 상대방이 이야기할 때 바르게 듣고 있음.
- 수량 : 삼각형, 사각형 원의 이름을 말할 수 있음.
- 자연 : 눈코 귀가 입이 있음을 말할 수가 있음.
- 건강 : 깨끗하게 몸단장을 할 수 있음
- 예능 : 배운 노래를 리듬에 맞추어 바르게 끝까지 부를 수 있음.
- 직업 : 나를 포인트로 직선 무늬 수법을 할 수 있음.
- 요육 : 20센티 그물망을 도움받아 오르내릴 수 있음.

☏ 종합란 : 항상 밝고 맑은 성품으로 즐겁게 생활하며 정직함.

- **중학교 2학년**
  가. 행동 발달 상황: 명랑하고 인정이 많아 교우 관계가 원만함.
  - 특기 및 취미 : 피아노.
  - 특별활동 상황 : 재봉부.
  - 특기사항 : 지점토로 화병을 만들 수 있음.
  나. 아동 발달 상황
  - 사회생활 능력 : 농어촌, 산촌, 도시 사람들의 하는 일을 구별함.
  - 언어생활 능력 : 글을 잘 읽으며 표현력이 좋음.
  - 인지 생활 능력 : 합이 10 이하인 덧셈이 가능함.
  - 예능 생활 능력 : 색상 표현을 잘하며 혼자서 노래 부를 수 있음.

- 건강 생활 능력 : 바른 자세로 일정 거리를 행진할 수 있음.
- 작업 : 자신이 좋아하는 음식을 몇 종류 말할 수 있음.

- **중학교 3학년**

  가. 행동 발달 상황 : 명랑 쾌활하여 급우간에 인기가 있음.
  - 특별활동 상황 : 수예부.
  - 특기사항 : 지점토로 화병을 만듦.

  ☎ 종합 기록

  사회 적응 능력은 양호한 편이나 적응 능력이 열악하여 특수교육이 요구됨. 명랑하고 친절하며 친구들과 잘 어울림.

  나. 아동 발달 상황
  - 사회생활 능력 : 공공시설을 이용할 수 있으며 농어촌, 산촌의 산물을 구별함.
  - 언어생활 능력 : 쓰고 읽는 능력이 우수함.
  - 인지생활 능력 : 양달, 응달의 특징을 알고, 두 자릿수의 덧셈이 가능함.
  - 예능생활 능력 : 그리기와 부르기를 잘하며 몸짓 표현능력과 피아노에 소질이 많음.
  - 건강생활 능력 : 여러 가지 무용을 바로 표현할 수 있음.
  - 특별활동 상황 : 수예부.
  - 특기사항 : 지점토로 인형을 만듦.
  - 특기 및 취미 : 피아노.

- **고등학교 1학년**

  가. 교과 학습 발달 상황

- 사회(우), 언어(미), 수량 (미), 자연(미), 건강(우), 예능(수), 직업(미).
☏ 종합란 : '다장조' 곡을 피아노로 연주할 수 있고, 자석에 붙은 물체가 못, 칼임을 알고 있다.

나. 행동 발달 상황: 인사를 잘하고 웃는 얼굴로 즐겁게 생활한다

- **고등학교 2학년**
  A. 1학기
  가. 교과 학습 발달 상황
  - 사회(미), 언어(미), 수량(미), 자연(양), 건강(우), 예능(수), 직업(우), 요육(수).
  - 특별활동 상황 : 급우의 놀이를 잘 도와준다.
  ☏ 종합란 : 한 자릿수 뺄셈을 할 수 있고, 여러 가지 요리 기구 중 냄비, 프라이팬을 고를 수 있다.
  나. 행동 발달 상황 : 웃는 얼굴로 즐겁게 생활한다.

  B. 2학기
  가. 교과 학습 발달 상황
  - 사회(양), 언어(수), 수량(미), 자연(양), 건강(우), 예능(우), 직업(미), 요육(수).
  - 특별활동 상황 : 급우의 놀이를 잘 도와준다.
  ☏ 종합 : 연필을 파는 곳이 문구점인 것을 알고 있다. 받아 올림 없는 두 자릿수 덧셈을 할 수 있다.
  나. 행동 발달 상황 : 즐겁게 생활한다.

- **고등학교 3학년**
  가. 교과 학습 발달 상황
  - 사회(우), 언어(우), 수량(우), 자연(우), 건강(우), 예능(우), 직업(우), 요육(수)

  ☎ 종합란
  그림을 보고 '도자기가 아름답습니다'를 완성할 수 있으며, 2/4, 3/4, 4/4, 6/8 박자에서 2/4박자 리듬을 찾을 수 있다.
  나. 행동 발달 상황 : 교실 청소를 잘하며 웃는 얼굴로 즐겁게 생활 한다. 3년 개근한 성실함과 건강한 생활을 할 수 있다.

딸, '우림'이의 언어 발달 과정

- **학교에서**

  딸의 언어 발달 과정은 학교에서의 생활과 수업 과정을 중심으로 살펴보려고 한다. 일정한 기준이 없어 학교 담임선생님이 평가하여 제시한 생활통지표를 중심으로 살펴보고자 한다.

- **초등 1학년**

  교수 목표에 국어과는 하위 그룹이다. 60% 이하 수준, 밀린 학습량을 처리하지 못하며 기억력 또한 약하다.
  - 일을 차례대로 말하고, 남의 말을 조용히 듣는다(나).
  - 배운 낱말을 이해하고 쓴다(가).
  - 바른 자세로 글씨를 쓴다(가).
  - 책 읽기를 잘하고 흥미 있어 한다(다).

- **초등 2학년**

  글씨를 보고도 그대로 못 베껴 씀. 확실한 의사 표현이 안 됨.
  - 국어(가)

- **초등 3학년**

  글자를 하나씩 이해하고 있으나 글을 읽지 못하고 있음. 말을 조리 있게 하지 못하며, 기억력이 부족함.

- **초등 4학년**
조금씩 쉬운 글자를 읽고 쓰기 시작함.
(일반학교에서 4학년 1학기를 마치고, 2학기에는 특수학교로 전학하였다)

- **초등 5학년**
의사 교환 능력에서 발음은 부정확 하나 언어적 의사 표현함.
  - 문자 해독으로 글을 읽으며, 자기 의사 표현을 글로 나타낼 수 있음.
  - 읽기 분야 : 문자 해독 발음 부정확.
  - 쓰기 분야 : 보고 쓰기 가능.
  - 문자 해독과 수 개념이 싹틈으로 기초적 학습의 가능성이 보이며, 집단 활동에서도 적극적이며 친절함.
  - 발음이 부정확하고 문자 해독으로 글을 읽으며, 자기 의사를 글로 써보려고 노력함.

- **초등 6학년**
글을 읽고 쓸 수 있으며, 생각을 글로 나타낼 수 있다.

> 🐾 엄마의 생각 : 다운증후군, 너 누구니? 너 때문에 친구들이 '바보'라고 달아준 날개를 달고 4학년 2학기에 특수학교로 전학하였다. 딸은 전두엽 발달이 늦어 기억력, 사고력, 추리력, 문제해결력 등이 미약하다. 내가 마음 아파했던 것은 선생님

으로부터 송사 원고를 받았을 때, 2개의 설소대를 발견하고, 이를 제거할 때다. 불필요한 설소대 하나를 자른 후, 지속적인 혀 빼내는 운동으로, 의사전달이 조금씩 싹트기 시작하였다. 굳은 혀가 풀리는 운동으로 말이 조금씩 맑게 들리기 시작한 것이다. 5학년이 되기까지 2개의 설소대로 인해 혀끝이 굳었고 짧았다. 늦게 발견하였지만, 꾸준한 훈련과 노력으로 5학년 때는 송사를, 6학년 때는 답사를 낭독할 수 있었다. 바른 음성으로 또박또박 읽어 갈 수 있었으면 더욱 좋겠다.

- **중 1년**

  쉬운 글을 읽을 수 있음. 대강 쓸 수 있음. 상대방이 이야기할 때 바르게 듣고 있음. 병명은 '다운증후군이며 지능지수 58이다.'

  🐾 엄마의 생각 : 의사 선생님이 5살 때 검사 결과를 말씀하면서 "어머님, 이 아이는 다운증후군입니다. 정신연령은 3세 미만으로 지능지수는 57로 낮지만, '교육 가능아 입니다.'"
  나는 이 말을 잊지 않고 교육과 훈련으로 쉼 없이 달리고 있다. 그런데 중학교 1학년 때의 병명이 '다운증후군'이라 하였고, 지능지수 58이라는 기록으로 나를 확인시켰다.

- **중 2년**

  글을 잘 읽으며 표현력이 좋음. 쓰고 읽는 능력이 우수함.

- **중 3년**

  글을 읽고 쓸 수 있으며, 편지 쓰기를 즐긴다.

  🐶 엄마의 생각 : 이 무렵, 딸에게는 환경이 바뀌고 전학으로 인해 불안전한 학교생활로 속앓이가 발생하여 어려움이 많았다. 불안한 환경으로 인해 중2병이 오고 있었다. 그러나 사랑으로 안고 제2 교육의 장도 준비되어 빠른 회복과 적응을 찾았다. 언어 전달이 어려웠지만, 동요 부르기와 노래방 기계 활용 때문인지 혀가 부드러워지고 연습량이 많아 동요는 물론 유행가 가사를 하나, 둘 익혀 가고 있었다.

• 고등학교

생활기능 회복 상황

(군산명화고등학교)

항목	내 용	1학년 6월	1학년 12월	2학년 6월	2학년 12월	3학년 6월	3학년 12월
1	흐르는 물을 처리하기	O	O	O	O	O	O
2	단추, 자크 채우고 풀기	O	O	O	O	O	O
3	이 닦고 헹구기	O	O	O	O	O	O
4	식사하기	O	O	O	O	O	O
5	세수하고 닦기	O	O	O	O	O	O
6	머리 빗고 모양내기	O	O	O	O	O	O
7	버스 오르내리기	O	O	O	O	O	O
8	수도꼭지 틀고 잠그기	O	O	O	O	O	O
9	화장실 사용하기	O	O	O	O	O	O
10	웃어른께 인사하기	O	O	O	O	O	O
11	자기 이름 쓰기	O	O	O	O	O	O
12	간단한 대화하기	O	O	O	O	O	O
13	학교 이름 말하기.	O	O	O	O	O	O
14	자기 나이 말하기	O	O	O	O	O	O
15	자기 집 주소 말하기	O	O	O	O	O	O
16	전화를 걸기	O	O	O	O	O	O
17	간단한 편지쓰기	O	O	O	O	O	O
18	스위치 켜고 끄기	O	O	O	O	O	O
19	간단한 심부름하기	O	O	O	O	O	O
20	횡단 보도 건너기	O	O	O	O	O	O
21	9 이하의 수로 덧셈하기	O	O	O	O	O	O
22	9 이하의 수로 뺄셈하기	O	O	O	O	O	O
23	받아올림이 있는 2위 수와 1위 수의 덧셈하기						
24	받아올림이 있는 2위 수와 1위 수의 뺄셈하기						
25	시간 읽기 몇 시 몇 분	O	O	O	O	O	O
	계	23	23	23	23	23	23

* 혼자 할 수 있는 것에 O표를 한 내용이다.

- **고등학교 1학년, 2학년, 3학년 : 언어 교과 학습 발달 상황**
 -1학년(미), 2학년(수), 3학년(우).

가정에서 : 어린 시절 언어 획득 과정에서 갖는 언어적 경험, 또는 사회적 경험은 각자 다름에도 불구하고 일정 시기에 습득하게 되는 언어적 능력은 비슷하다. 따라서 가정에서는 딸에게 다음과 같은 과정을 거치면서, 쉼 없이 언어 발달을 도왔다.

첫째, 딸이 귀를 기울일 때 말해주었다. 딸은 주고받는 언어 소통의 전달이 어렵다. 딸에게 전달하고자 하는 말이 있으면 귀를 기울일 때 조용히 말해주었다. 의사소통을 위해 조용한 분위기에서 딸의 키에 맞추어 두 손을 잡고 눈을 맞추며, 이야기해주곤 하였다.

둘째, 끝말 이어가기를 통해 많은 어휘를 확충시켜 주었다. 예를 들면, 내가 먼저 '기러기'하면 딸은 '기차'하고, '차고'하면 '고추'하고, '추석'하면 '석유'하고, '유치원' 하면 '원장'하고, '장구'하였더니 '구두'라고 하는 게임이다. 내가 조금 머뭇거리며 딸의 승리를 안겨줄지 말지를 생각하고 있는데, 딸은 '이겼다'라고 손뼉을 치며, 좋아하였다. 딸이 연결할 수 있는 끝 단어를 잘 이어가도록 생각하여 도와주면, 10단어 이상 이어가곤 하였다. 딸이 먼저 시작하기도 하고, 내가 시작하기도 하고 끝말 이어가는 훈련을 계속하며, 관심을 가지도록 하였다.

셋째, 감각을 통하여 교육과 훈련을 하였다. 전원생활을 하면서 산과 들에 나가 동식물에 대한 명칭과 생김새를 관찰하고, 모양이

나 색깔 등을 알려주어 어휘를 확장시켜 주었다.

넷째, 동화책을 함께 보면서 이야기해주고 질문도 하면서 언어 확장에 노력하였다. 동화책을 보면서 이야기해주면, 많은 것을 연상하며 배우리라는 생각 때문이다.

다섯째, 비언어적인 표현을 사용할 기회를 제한하였다. 어릴 적엔, 소리를 들으며, 눈을 맞추고 입술이 움직이는 모양을 보며 언어를 익혀 가도록 한 것이다. 손짓이나 행동 같은 비언어적 표현으로 의사를 표현하기도 하여, 비언어를 사용할 기회를 주지 않기 위해 올바른 단어나, 그에 맞는 문장으로 수정하여 다시 읽어 주었다. 또한, 그날에 일어난 재미나는 일들을 생각나는 대로 이야기하도록 그림일기를 써보도록 하였다.

여섯째, 주변 가게 간판들을 읽어 보도록 하고, 길가에 핀 꽃들이나 새로운 것들을 찍어 전송하도록 하였다. 혼자서 주변을 돌아볼 때나, 운동할 때 가끔 엄마 걱정이 없도록 서 있는 위치를 찍어서 전송하도록 스마트폰 활용법을 가르쳐 주었다. 또한, 스마트폰을 통하여 엄마는 물론 아빠나 오빠, 언니 조카들까지 인사 편지를 발송하게 하였다. 딸은 고등학교 때부터는 간단한 편지쓰기, 집 주소 알기, 시간 읽기에 변화가 왔다. 휴대폰으로 받침이나 어휘는 틀려도 문자를 전달하고, 엄마가 나들이 한 날에는 메시지로 나에게 마음을 전하여 주기도 하였다. 딸은 주위 사람들의 이름을 정확히 기억하고 있다. 그러나 짧은 문장이라도 쓰거나 표현하기에는 어려움을 겪는다.

일곱째, 나들이 나갈 곳을 정하게 하고 일정표를 세워 보도록 하였다. 먹을 것이나 사고 싶은 것들의 명칭들을 메모하도록 하며, 메모지를 들고 실제로 마트나 시장을 함께 가서, 사 보는 훈련을 지속적으로 하였다. 특이한 것은 노랫말 가사나 멜로디는 잘 기억한다. 오래도록 기억에 남은 사람들 이름이 메모리 되어있다. 메모장 일과를 시행착오 없이 하나하나 줄을 그어가며 이행하였다.

- **제2교육의 장에서**

  유치원프로그램을 활용하였다. 선생님들은 물론이지만, 취학 반 아이들과도 함께함으로 동시 만들기를 통하여, 언어의 상호작용에 도움을 받아 어휘력이 크게 향상되었다.

3부
딸, 스무 살의 문턱에서

딸, 스무 살의 문턱에서

🚶 딸과 함께 간 제주 졸업여행

딸의 일반학교 친구들은 수학여행도 가고, 졸업 여행도 '다녀왔다.'라며, 추억에 남는 이야기들을 하고 있다. 그러나 딸이 다니고 있는 특수학교에서는 수학여행도 졸업 여행도 가지 않았다. 생각 끝에 딸에게 추억을 만들어주고 싶어, 고등학교를 졸업한 그해 3월, 3박4일 일정으로 졸업 기념 여행을 제주로 갔다. 딸에게는 처음으로 타보는 비행기 여행이 될 것이다.

우리는 공항에서 간단하게 수속을 마치고 비행기에 탑승하였다. 내 좌석이 본래 창문 쪽이었지만 일부러 딸에게 앉게 하고, 나는 그 옆자리에 앉았다. 비행기가 활주로에서 힘차게 이륙하자 딸은 조금 무서워하더니, 이내 창밖을 바라보며 신기한 듯 한동안 눈을 떼지 못하고 있었다. 비행기는 순식간에 구름 위를 날고 있었다.

▲ 딸과 함께한 제주 여행

구름 속을 빠져나가 푸른 하늘을 비행할 때면 아래를 내려다보면서, "저기 우리 아파트가 보이네. 저만큼 바다도 보이고 배도 있어요."하면서 신기한 듯 좋아하였다.

"엄마, 비행기 안에서는 조용히 해야지?"

"그럼, 조용히 해야지."

조금 전에 밖을 내다보면서 떠들었던 일이 문득 생각난 듯 말하였다.

"엄마, 먹을 것 없어요? 먹고 싶네."

"그래, 조금만 기다려. 비행기가 공항에 도착하면 사줄게."

그때다. 스튜어디스의 서빙이 시작되었다. 우리는 음료수 한 잔씩을 받아 마시고 창밖을 바라보고 있었을 뿐인데, 비행기는 어느덧 제주공항에 도착하였다. 짐을 챙겨 공항을 천천히 빠져나왔다.

처음 보는 낯선 길, 낯선 곳이라, 딸이 내 손을 세게 잡아끌었다. 나는 딸의 손을 꼭 잡아주었다.

우리는 제일 먼저 한라산 국립공원을 찾았다. 한라산은 TV를 통해 딸이 잘 알고 있어서 첫 코스로 선택한 것이다. 점심을 먹고, 시간이 많지 않아 전세 낸 택시로 한라산 구석구석을 둘러보았다. 한라산을 돌아보는 동안, 나는 한라산에 대해 아는 대로 설명해주었다.

"우림아, 한라산은 제주도 중심부에 솟아 있는 가장 높은 산이다. 용암이 분출하여 생긴 산으로 위에까지 올라가면 백록담이 있다. 독특한 지형과 지질적 가치로, 유네스코 세계자연유산에 등재된 산이란다. 구석구석이 참 아름답지?"

"응, 그러네."

차를 타고 돌아본 한라산 국립공원은 아름다움, 그 자체였다. 오늘은 시간이 허락하지 않아 백록담에 올라가지 못하였지만, 언젠가 딸과 함께 백록담에 올라가 보았으면 하는 생각에 젖어 보기도 하였다.

딸은 피곤하였는지 계획대로 여행하기가 쉽지 않았다. 걸어 다닌 것에 다소 어려움이 있었다.

"엄마, 쉬어 가자. 엄마, 음료수 마시고 싶어."

딸은 자꾸 주저앉으려고 하였다. 아무래도 낯선 길이라 힘들었을 것이다.

"그래, 쉬어 가자."

음료수를 파는 가게 부근에 딸보다 더 큰 하르방이 빙그레 웃으면서 쉬어가라고 반기는 듯하였다. 제주의 상징 하르방과 함께 한 컷을 찍고, 딸에게 음료수를 사 오도록 하였다. 캔으로 된 음료수를 3개 사 오더니 "엄마, 드셔요. 아빠도 드셔요."하면서 시원한 음료수를 하나씩 나누어 주었다.

둘째 날부터는 딸의 걸음과 상태에 맞추기로 하고, 마음을 내려놓았다. 일출봉 가까운 곳에서 쉬기도 할 겸 딸과 함께 해가 뜨는 모습도 보고 싶어, 성산에 민박집을 잡았다. 우리는 일출봉에 올라가 직접 태양이 떠오르는 모습을 보았지만, 딸은 처음으로 보는 광경이 될 것이다.

"우림아, 저기 보이는 산이 있지. 일출봉이란다. 일출봉은 서귀포시에 있는 산인데 제주도의 명소 중의 명소로, 유명한 관광지이지."

"그런데 아빠, 왜 오늘은 우리가 여기에서 잠을 자는 거야?"

"응, 여기에서 해가 떠오르는 모습을 너에게 보여 주고 싶어서야. 그리고 바닷가에 나가면 '해녀의집'이 있는데, '해녀 물질 공연'이 있대. 그것도 구경하자."

"해녀들이 어떻게 물속에 들어가? 그리고 뭘 하는데?"

"글쎄, 내일 한번 가 보자. 해녀들이 뭘 잡는지 보게."

내일은 해녀들이 있는 바닷가로 가기로 하고, 우리는 일찍 잠자리에 들었다.

이른 아침, 바닷가로 나갔다. 철썩거리는 바다의 소리를 들으면서 구경하고 있는데, 동편에서 찬란하게 떠오른 태양의 모습이 보이기 시작하였다. 딸이 손뼉 치는 소리와 아빠의 손뼉 치는 소리가 아침을 깨우는 합주곡처럼 들렸다.

"엄마, 봐 봐. 둥근 해가 커다랗게 떠오르네."

"그래, 둥근 해가 떠오르는구나. 아름답지?"

해돋이의 아름다운 광경은 딸에게 오랜 추억의 한 장으로 남을 것이다. 오늘도 딸의 걸음걸이에 문제가 일어나고 있었다. 그래서 딸이 걷자면 걷고, 쉬자면 쉬면서 천천히 진행하는 일정이 되었다. 해녀 물질 공연도 놓치지 않기 위해, 해산물 종류로 이른 점심을 먹었다. 흥겨운 해녀들의 한마당에 딸도 즐거워하며 힘을 내었다. 딸은 제주에서 아름다운 추억을 만들어가고 있었다.

성산에서 배를 타고 15분 정도 이동하여, 잠수함을 타는 그곳으로 갔다. 딸에게 바닷속을 보여주고 싶어 우도 잠수함을 타보기로 한 것이다.

"우림아, 우리는 조금 후에 잠수함을 타보려고 해. 그리고 바닷속에서 물고기가 놀고 있는 모습도 보려고 한다. 저기 좀 봐. 섬이 꼭 소가 누워있는 것처럼 보이지. 섬의 모습이 소가 누워있는 것 같다고 해서 '우도'라는 이름을 붙였단다. 우습지?"

딸은 무서웠는지 배를 타는 동안 별말이 없었다. 딸의 침묵을 깨고자 말을 걸었다.

"우림아, 바닷속에는 어떤 고기들이 살고 있을까?"

"그것도 몰라? 갈치, 도미, 문어, 낙지, 새우, 명태, 고등어, 꽁치 같은 예쁜 물고기들이 살고 있지."

"그렇구나. 조금 후에 잠수함이 물속에 들어가면, 우리 한번 구경하자. 어떤 물고기들이 사는지?"

우리는 바다를 조금 무서워하는 딸을 앞세우고 천천히 잠수함에 승선하였다. 사다리를 타고 아래로 내려가는데, 딸의 발이 좀처럼 바닥에서 떨어지지 않는다. 사람들의 도움으로 잠수함에 들어서자 좋은 자리는 이미 다른 관광객들이 차지하고 있었다. 그래도 좋은 자리가 서쪽에 남아있었다. 딸이 무서워할까 봐 나와 아빠 가운데 딸을 두고 몸으로 감싸 주었다. 커다란 유리창으로 바닷속 풍경과 물고기가 잘 보인 자리다.

오늘따라 물도 너무 맑아 거울처럼 맑게 보여, 바닷속의 예쁜 물고기들을 한눈에 볼 수 있었다. 크리스마스트리처럼 산호초가 참 아름다웠다. 딸은 처음 보는 바닷속으로 푹 빠져들어 갔다.

다음날은 만장굴로 갔다. 만장굴에 들어서자, 딸은 갑작스럽게 우뚝 서더니 겁에 질린 표정을 하였다.

"엄마, 무서워, 가지 마!"

딸은 막힌 곳이나 어두운 곳은 두려워하고 싫어하였다. 처음 보는 웅장하고 뾰쪽하며, 칼날처럼 보이는 용암 석순이 무서운 모양이었다. 급기야 울음을 터뜨렸다. 한 발짝도 옮기지 않으려 하였다. 우리는 가던 길을 멈추고 만장굴을 나와 딸이 좋아하는 저녁으로 싱싱한 회를 먹고 호텔로 들어갔다.

마지막 코스로 용두암으로 향하였다. 용두암은 제주 상징물 중 하나로, 이름 그대로 용의 머리를 닮은 바위라고 설명해주었다. 특이한 형태여서 보기에 좋고, 특별히 복잡하지 않으며 입장료도 없었다. 용두암은 한라산과 더불어 제주의 특징을 잘 보여주는 곳이었다.

제주 순환 도로를 신나게 달리며, 맑은 공기 한 동이를 마셨다. 노란 물결을 이룬 유채꽃밭에 서 있는 딸의 미소 띤 모습을 추억 속에 채워 넣었다.

딸과 함께 만들어 간 추억의 졸업 여행, 3박4일 동안의 제주 여행은 한라산, 성산 일출봉, 우도, 만장굴, 용두암, 그리고 바닷바람 한 동이까지 기억 속에 꼭꼭 담아왔다.

"딸아, 오늘처럼 항상 너의 곁에서 아빠, 엄마는 든든한 버팀목이 될 것이다. 꿈이 있는 사람으로 한 걸음 더 걸어 나가면 좋겠다. 힘들거나 어려울 때면 '아빠, 엄마 도와줘.'라고 말할 수 있겠지?"

딸과 함께 간 제주 졸업 여행의 모든 일정을 마치었다. 공항 수속을 마치고 기내 의자에 잠시 기대고 있었다. 창밖 석양은 유독 붉어 보였다. 비행기 속에서 음료수 한 잔을 마신 것뿐인데, 어느덧 비행기는 공항에 도착하였다. 지친 몸을 이끌고 집으로 돌아왔다. 거실에 들어선 딸은 이제부터 신이 났다. 자기만이 아는 길 위에서 어항 속 예쁜 물고기와 산호초를 바라보고 서 있었다.

🧍 가족 찬양

"집사님, 주일 낮 예배에 가족 찬양을 해주셨으면 합니다. 준비되는 대로 전화 주세요."

"예? 가족 찬양을요. 목사님, 감사합니다. 준비하겠습니다."

나는 얼떨결의 반가운 마음에 '준비하겠습니다'라고 대답해 버렸다. 우리 가족은 '가족 찬양'이라는 이름을 묻어둔 채, 20여 년을 부러움 속에서 그냥 꾹 참고 기다려왔다. 어느 가족은 할아버지와 할머니, 아버지와 어머니, 그리고 자녀들과 함께 특별 가족 찬양으로 헌신한 그 모습이 너무 부러워 나도 그렇게 하고 싶었다. 그런데 우리 딸은 저음 중으로 언어 전달이 잘되지 않는다.

20년 동안을 불러세워 주실 때까지 기다리겠다며, 딸이 조금 철이 들어갈 때부터 찬송가 '예수 사랑하심을' 연습하고, 또 연습하였다.

이제 기회가 왔다. 그러나 준비하는 과정은 그렇게 쉽지 않았다. 다른 가족은 몇 번을 연습하면 다 소화되겠지만, 우리 가족은 그렇지 않았다. 딸의 인지장애도 문제지만, 특히 언어 전달에 어려움이 많았기 때문이다. 그래서 연습에 연습을 거듭하였다. 연습하는 과정에서 성스러운 리듬을 타고 있는 딸을 발견하고는 연습 과정이 너무 기쁘고 은혜로웠다. 가족 찬양은 주로 수요일 예배 때 하지만, 목사님은 우리에게 주일 낮 예배 시간으로 특별한 시간까지 마련해주셨다.

딸과 함께 온 가족이 찬양할 수만 있다면 좋겠다고 두 손 모은 지 20년의 지난날들을 생각하니, 준비하는 과정에서부터 감사의 눈물이 쏟아져나왔다. 가족 찬양을 드리는 하루 전날, 멀리서 학업 중이던 아들까지 불렀다. 우리 가족은 찬송가 '예수 사랑하심을' 다시 연습 삼아 점검하였다. 1절과 2절은 우리 가족이 함께 부르고, 3절 후반 절 '날 사랑하심, 날 사랑하심, 날 사랑하심, 성경에 쓰였네' 부분은 딸 혼자서 부르도록 하였다. 마지막은 온 가족이 함께 부르기로 약속하였다. 아빠는 베이스, 아들은 테너, 딸은 알토, 나는 소프라노 4중주 연합 중창단을 이루었다. 딸 우림이가 저음 중이지만 가족 찬양을 할 수 있었던 것은, 태내에서 감각을 통해 엄마의 찬양을 들으며 자라서일 것이다.

그날처럼 기쁜 날이 또 있었을까? 찬양이 끝나자, 예배에 참여한 분들의 박수 소리가 내 눈과 귀에 들어왔다. 딸의 형편을 아시는 성도님들은 너나 할 것 없이 딸의 입만 바라보고 계셨단다. 입술에 주렁주렁 천국어 열매가 달렸다는 것이다. 그 뒤 제2차, 3차의 가족 찬양에서 딸은 피아노를 치고, 우리는 입술을 열어 찬양을 드리며 함께 하였다.

뒷이야기들이 내 귓가에 날아들었다. 새벽 무릎을 드리던 어느 날, 사모님께서 들려오는 나의 소원 기도를 엿들으셨단다. 그 이야기를 목사님께 전달하셨고, 목사님은 커다란 선물을 딸의 스무 살 때 우리 가족에게 주신 것이다.

그 커다란 선물을 우리에게 주신 목사님은 서해대학 총장님이셨다. 또한, 성원교회 담임목사님이시다. 목사님은 선교의 일과 집안일로 일본에 다녀오신 일이 있었다. 예쁜 부엌칼 한 세트를 사다 주시면서 "최 집사, 부인을 사랑하면 칼을 잘 들도록 칼날 세워 갈아 주어야 해요."라고 말씀하시며 크게 웃으셨다. 언제나 자상하시며, 우리 가족에게 몽땅 사랑을 부어주신 목사님이시다.

멋을 지닌 청년들

딸은 나이 스물에 많은 친구를 만났다. 우리 집 가족 찬양이 있었던 날, 그 후부터 멋을 지닌 교회 청년들과 함께하는 시간이 많아졌다. 이제 딸은 교회 안에서 혼자가 아니었다.

점심시간이 끝나면 1시부터 청년들의 모임이 있다. 그때 청년들이 와서 딸과 함께 간다. 친구가 되어주는 것이다. 함께 성경 공부도 하고 기도회며 야유회도 갔다. 집의 전화벨 소리가 가끔 들리며, 즐거운 생활이 엿보였다.

어느 날이다. 딸이 교회 행사에서 청년들과 함께하며 찬양하였다. 찬양대에 서 있는 딸을 바라보았다. '입은 벌릴 수 있을까?', '소리는 낼 수 있을까?', '도돌이표는? 다음 장을 넘길 수 있을까?' 하는 생각에 숨이 막힐 지경이었다. 그런데 깜짝 놀랐다. 입이 열리고, 찬양 소리가 아름답게 들리고, 테크노댄스가 있었다. 은혜의 시간이요, 감사의 시간이었다.

어느 날 유치부 부장님이 우리 집을 방문하셨다. 유치부의 피아노 선생님이 필요하단다. '우림 자매와 함께하고 싶다'라고 하셨다. 부장님의 발탁으로 딸은 교회학교 유치부 교사가 된 것이다. 딸이 활동할 수 있어서 좋았다. 무엇보다도 엄마의 손을 조금 놓고 끼리끼리 생활하는 가운데, 더 넓은 사회를 볼 수 있지 않겠는가? 이야깃거리가 생기고, 친구들이 생기고, 딸을 가두어놓은 가두리장에서 한 발 나서게 하는 것 같아서 너무나 좋았다. 새장의 문을 활짝 열어젖힌 것이다. 훨훨 날아라, 양지를 향하여….

 딸의 교회학교 시간에 맞추어 나가려고 준비하고 있는데, 초인종 소리가 들렸다. 유치부 부장님이 딸과 함께하려고 오신 것이다. 내가 데리고 갈 수도 있는데 '미안하다'라고 하였다. '괜찮다'라며 손사래 치시었다. 딸과 함께 가신 뒷모습이 참 아름다웠다. 그런 열정의 멋을 지닌 유치부 부장님 때문에, 딸은 한 걸음 양지로 나아가는 사회화가 이루어지고 있었다.

 젊은이들의 모임은 아름다웠다. 부족한 것들을 서로서로 채워가고, 한 사람 한 사람의 인격을 존중하며, 곁에 두고 활동하는 그 모습들이 활성화의 길이 되어가나 싶다. 찬양대원이 되고, 유치부 피아노 교사가 되고, 멋진 하루가 열어지는 딸의 모습이 나는 마냥 어린아이처럼 기뻤다. 멋진 교회 안에는 멋을 지닌 청년들이 가득하였다.

유치원 피아노 교사

지인들은 자녀들이 고등학교를 졸업하게 되자 '대학에 진학한다', '취업을 한다'라며 야단들이다. 그런데 딸은 고등학교를 졸업하여도 더 갈 곳이 없다. 그리하여 딸의 학습을 보완하기 위해 설립한 유치원에 피아노를 담당하는 보조교사로 임명하였다.

고등학교를 졸업하였지만, 정신연령과 지능지수는 낮다. 그러나 딸은 피아노의 달인이다. 찬송가나 유아들이 부르는 동요는 악보 없이도 노래나 곡만 나오면 반주한다. 아이들은 딸을 피아노 선생님이라고 부른다. 교사로서 책임감과 사명감은 칭찬해주어도 손색이 없을 만큼 크고 높았다.

딸에게 필요한 것은 직장도 학습도 중요하지만, 일상생활의 사회화이다. 처음에는 5세 취학반의 보조교사로서 활동하게 하였다. 그 아이들의 생활을 이해하면서 일상생활을 배워 익히도록 하고 싶었기 때문이다. 하나라도 더 익히며, 미래를 준비해 나갔으면 하는 엄마의 욕심에서 5세반을 선택하였다.

아이들의 노는 모습을 관찰하고 있는데, 한 아이가 내 손을 가만히 끌고 쉼터로 가는 것이 아닌가? '귀를 빌려 달라'고 하더니, 뜻밖의 말을 전하였다.

"우림 선생님은 왜 말을 못해요? 원장님 딸 맞아요?"

'답답하다'라고 말하는 것이다. 상호작용을 할 때 언어의 답답함을 느꼈는지 자연스럽게 물어 온 것이다. 나는 깜짝 놀랐지만 잠시 정신을 가다듬고 대답해주었다.

"고마워, 그래도 피아노 샘을 도와주어야 해요."

하고 꼭 껴안아주면서 등을 토닥토닥 두드려 주며, 나도 모르게 부탁까지 하였다.

며칠 동안 딸의 모습을 관찰하였다. 언어 소통에 문제가 일어났고, 아이들이 물어 온 말에 다른 대답을 하고 있었다. 아이들의 바깥 놀이 시간도 5세 취학반 아이들보다 3세반 아이들과 더 잘 어울리며 지낸다. 그래서 딸에게 은근슬쩍 3세반 선생님을 도와달라고 부탁하였으나 고개를 저으며, '다음에, 다음에' 하고 거부하는 것이다. 3세반 선생님에게 자초지종을 이야기하고, 도와달라고 설득해 보도록 부탁하였다.

딸은 엄마보다도 선생님의 간곡한 부탁을 받아들여, 3세 반에서 아이들과 함께하며 잘 지내었다. 1년이 지나자, 이들을 데리고 4세반으로, 다시 1년이 지난 후에 그 아이들과 함께 취학 반으로 자연스럽게 올라가게 되었다. 취학반으로 가기까지 꼭 2년이 걸린 셈이다. 3년 차에 함께 올라간 원아들과 함께하다 보니 원아들과 대화도 잘 통하고, 거부감이 사라졌다. 유치원 생활은 안정이 되어가고 학부모들도 긍정적인 반응을 보였다.

딸은 아이들과 생활이 즐거운지 항상 싱글벙글하며 지냈다. '피아노 선생님'이라는 호칭도 해주고, 부모님들도 '피아노 선생님'이라고 불러 주니 참으로 행복한 것 같았다. 나는 딸에게 교사로서 역할을 하도록, 교구 다루는 방법과 요리 기구 다루는 법, 그리고 요리하는 순서를, 틈나는 대로 가르쳐 주었다. 아이들과 상호작용을 할 수 있도록 미리 정보를 주는 것이다.

취학 반 생활에 적응이 되어가면서 5월 초가 되자, 이제는 반 아이들에 대한 관찰기록까지 쓰기 시작하였다. 담임이 하는 것을 보며 따라 한 것이다. 어머니를 만나면 아이들 자랑을 많이 해 준다. 이것도 잘하고, 저것도 잘한다고 알려주기도 하였다. 딸의 순수성과 진실을 알고 계시기에 어머님들은 딸의 말을 신뢰하시며 만족하게 생각하셨다. 어머님들을 대하는 방법이나 유치원생들을 배려하는 마음도 익숙해졌다.

때로 원아들의 어머니가 방문할 때면, 큰 쉼터에 앉아 상담하는 모습도 보였다. '은진이는 울었다', '밥을 잘 먹지 않는다' 등을 말해주며 속상하다고 하였다. 어머님은 빙그레 웃으시며 "오늘 매우 아파서 울었을 거예요. 밥 먹기가 어려웠을 거예요. 입안이 부었거든요, 여기 약 가져왔으니 피아노 샘이 먹여줘요."

하시며 우유와 약봉지를 건네주고 돌아가시는 어머님도 계셨다.

아침에 일어나 유치원 일터로 출근하는 딸을 볼 때마다 너무나 흐뭇하였다. 딸이 홀로 서가는 모습을 보면서 잠시 빙그레 웃어본다. 뒤돌아보니, 엄마라는 이름으로 자신만의 삶의 무게를 이고 지고 살아가는 듯하다.

🚶 대학 청강생

고등학교를 졸업할 시기가 가까워지면, 학생들은 진학 상담도 하고, 사회진출을 위해서 취업 상담도 한다. 그런데 딸 우림이는 고등학교 졸업반이 되어도 학교에서 상담한다는 소식이 없다.

마음이 아프고 울적하며 괜히 심통이 났다. 그 심통의 화살이 날아가는 곳은 우림이 아빠다. 죄없이 날벼락 맞은 게 한두 번이 아니다. 그날도 진학 문제로 나는 또 심통을 부렸다. 며칠 전 신문에 난 기사 때문이다. 우림이 아빠가 재직한 대학에 딸처럼 장애를 입은 한 청년이 몇 년 동안 등교하는 것처럼 날마다 교정에서 놀았단다. 그 청년은 교실에만 못 들어갔을 뿐, 동네 친구들이 그 학교에 다니고 있어서 함께 오가는 것이다. 함께 등교한 친구들과 자연스럽게 축구도 하며, 얼굴도 익혀 운동장에서 활동할 때는 함께하였다고 한다. 교수님도 학생들도 보고 들어 알고 있는 청년이란다. 비가 오나 눈이 오나 날마다 등교의 눈도장을 찍은 것은, 학교 수위실에 근무하는 직원들까지도 학생으로 알고 있었다고 한다.

어느 날 바람을 타고, 이 청년의 소식이 총장실에까지 들어갔다. 그런 사실을 아신 총장님은, 그 청년을 명예 재학생으로 인정하고, 그 학교 명예 졸업생으로 졸업식에서 사각모를 씌워 주었다고 한다. 나는 그 말을 듣고 다시 심통을 부렸다. 더구나 교직원들의 자녀는 학교에 입학하면, 매 학기 장학금을 주어 수업료의 일부만 내어도 된다는 이야기를 들었다.

"여보, 우림이는 우리 유치원이 있으니, 취업 상관하지 말고 유아교육과에 한 번 보내봅시다."라고 울고불고하며 애원해 보았지만, 아빠는 아무런 대답이 없었다.

이런 일은 우림이가 고등학교를 졸업한 후에 늘 있어 온 가정 풍경이다.

그러던 어느 날, 내가 그 학교 겸임 교수로 임용이 되었다. 나는 속으로 미소를 지었다. 쾌재를 올린 것이다. 봄날처럼 찾아오신 주님께서 이제 '내 소원을 들어주셨구나' 하며 위로받기도 하였다. 벌써 마음은 콩닥콩닥 뛰고 얼굴에 미소 가득히 꽃을 피웠다.

강의는 주로 야간 시간을 선택하였다. 야간은 주부들과 현장에 근무하는 직장인이 많다. 일하며 배우는 학생들이 주를 이루기 때문에 이해 심도 있고 학구열도 불탔다. 그들은 이론보다는 교육 현장의 정보와 실제로 적용할 수 있는 수업 패턴을 더 원하고 있었다. 따라서 피아니스트 딸을 수업에 참여시키는 기회를 준다 해도 이해하여 주리라는 계산이 먼저 찾아들었다. 나는 첫 시간에 딸을 소개하여 양해를 구하였고, 함께 하자는 허락을 받았다.

두 번째 강의 시간이 되어 전자키보드를 들고 딸과 함께 강의실에 들어섰다. 수업을 받는 학생 중에는 학부모로서 딸을 아시는 분도 계셨다. 유치원에서 부모 모임 때도 딸은 피아노를 담당하기 때문이다. 딸의 피아노 반주는 유치원 현장에서 필요한 동요나 손

유희들을 배우는 데 도움을 주었다. 유치원에서 아이들과 함께 수업하듯, 10여 분을 수업 도입 시간에 도움을 주었다.

유치원 교사로서 실제로 알아야 할 손 유희 몇 개와 동요들을 전자키보드 리듬에 맞추어 가르쳐줄 때, 하루 동안에 쌓인 피곤한 일과를 날려버리고, 웃음꽃 피우는 시간으로 변화되어 갔다. 학생들의 호응도가 참 좋았다. 미래의 교사들에게 이 시간은 참으로 유익한 시간이었다.

딸은 나만 인정하는 대학생이다. 제도가 바뀌고 적응할 수 있을 때, 사각모를 꼭 쓰게 할 것이다. 그래서 꿈이 있는 사람으로 꿈을 가꾸어가며, 명품의 삶으로 살아가게 할 것이다. 딸의 스무 살, 깊은 생각에 잠기게 하였다.

다운증후군(Down syndrome), 너 누구니?

🦋 내 딸은 환경 요인이다

　다운증후군 너 누구니? 누구길래, 내 마음을 이렇게 무겁게 하는 거니? 딸과 건강하게 만났다면 미안함도 빚진 것도 없었을 터인데, 너 때문에 딸에게 무거운 빚을 더 지게 되었다.
　의사 선생님은 딸을 염색체 이상으로 인해 발생하는 유전적 질환으로 다운증후군(Dow syndrome)이라 하면서, 그 원인을 유전적인 요인이라고 하셨다. 그러나 나는 노산도 아닌 27세로 건강하고, 가정환경 또한 건실하다. 친정이나 친가를 두루 살펴보아도 유전적인 요인을 찾아볼 수가 없었다. 친가는 교육자 집안이고 외가 또한, 모두 건강한 삶을 살아가고 있다. 친정, 친가 어디에서도 유전적인 요인을 엿볼 수가 없었다.
　양수가 1주일 전에 터졌는데도 병원을 찾지 못한 나의 출산 전

▲ 복지관에서 어르신들 위로 공연

의 어리석음 때문에 얻은 병이라는 자책감이 들었다. 내가 너를 이런 모습으로 태어나게 한 것 같아서 미안하다. 양수가 터진 즉시 병원에서 너를 만났더라면, 어떠하였을까? 그런데 바보스럽게 자연 출산한다며, 1주일을 시름시름하며 기다리고만 있었다. 너의 놀이터인 양수가 다 말라 영양과 산소 공급 줄인 탯줄이 점점 약해져, 네게 가야 할 영양공급이 어려웠을 것이다. 너는 배꼽에서 새로운 탯줄이 만들어져 죽순 모양처럼 돋아나고 있었다. 나는 배꼽에서 돋아난 탯줄을 네가 태어난 후에야 보았단다. 네가 태어난 지 1주 일밖에 되지 않았는데도, 어찌할 수 없어서 수술대 위에 올렸다. 너의 배꼽에서 말라버린 탯줄 곁에 돋아난 또 하나의 탯줄 모양을 수술할 때, 이를 보고 있는 엄마는 어떤 생각이 들었겠니?

너의 염색체를 검사한 의사 선생님은 23쌍 염색체의 모양을 사진으로 보여주는데, "21번 염색체가 같은 모습으로 건강하게 나란히 2개가 있어야 발달이 정상적으로 이루어진다."라고 하셨다. 그런데 한 개는 좁쌀만 한 구멍이 파여 있고, 다른 한 개는 그 파인 좁쌀만 한 크기가 혹처럼 붙어 있었다. 이런 모습의 한 쌍이 문제가 된다는데, 나는 이런 염색체 모양을 지금껏 보지도 듣지도 못했을 뿐만 아니라, 이런 논문을 읽지 못하였다.

내 딸은 주위로부터 '분위기 메이커'라는 말을 들으며, 명랑하고 유쾌한 성격의 소유자다. 피아니스트이며, 교회 예배 피아노 반주와 교회 중창단 싱어로 활동하면서 밝게 생활하고 있다. 언어 전달에 다소 어려움이 있고, 정상아와 비교할 때 발달이 늦을 뿐이다.

딸은 마흔에 '약시'라 하였고, 마흔일곱부터 콜레스테롤 수치가 높다 하여 하루 한 정의 약을 먹고 있다. 다섯 살 때 폐렴으로 입원하였으나, 그 후로는 입원한 병력이 없다. 장애인 일자리에도 참여하며, 담양군 향촌노인종합복지관 어르신들과 소통이 비교적 잘 되고 책임감도 높다. 친화력이 좋아 사랑을 주고받으며, 난타, 하모니카 연주하는 것을 즐기며 생활하고 있다.

딸은 심각한 난산이었다. 태내에서도 출산 과정에서도 산소결핍과 그 합병증으로 인한 환경적인 요인 비중이 더 컸으리라는 생각이 자꾸 든다. 다운증후군에서 나타나는 발달장애는 "감염에 대한 노출이나 출산 중 합병증 등에 의해서도 발생할 수 있다."라는 주장이 이를 뒷받침해주고 있기 때문이다.

🐦 홀로 남겨진 딸

 수술실에 들어가야 할 시간이 점점 다가왔다. 아침 7시가 되면 딸을 홀로 병실에 남겨 두고 수술실로 들어가야 한다. '세상에서의 삶이 마지막 날이 될 수도 있고, 딸과의 이별이 될 수도 있는데….'하는 생각이 엄습해온 순간 갑작스럽게 전율이 흐르며 두려움이 찾아들었다.
 만약 돌아오지 못한 채, 저 천국 강을 건너간다면 딸은 어떻게 될 것인가? 딸은 종종 길을 잃어버렸다. 집을 찾지 못하고 "엄마, 어디야, 빨리 와."하며 서러운 눈물을 보이기도 하였다. 그래서 나는 딸보다 딱 3일만 더 살아야 한다. 그래야 딸에 대한 장례 절차를 아름답게 마무리할 수 있고, 길을 잃어버리고 "엄마, 어디야, 빨리 와."라는 서러움을 주지 않아도 되기 때문이다.
 곤히 잠들어 있는 딸을 내려다보니, 모든 것이 다 미안함뿐이었다. 더 잘해 줄 것을 하는 생각에 아쉬움도 남지만, 그래도 다시 만나야 한다는 책임과 의무가 더 크게 생겼다. 그래서 나에게 딸을 선물로 부르신 주님을 찾았다.
 "주님, 딸을 슬프게 해서는 안 됩니다. 이 자리가 마지막 자리가 되어서도 안 됩니다."라고 두 손 모으며, 떼를 썼을 때는 고요가 내 마음을 적시고 있었다.

병실 침대 위에 성경책 한 권이 놓여있다. 잠시 성경책을 뒤척이고 있는데, 딸이 부스스 잠자리에서 일어났다. 근심 어린 눈으로 바라보고 있는 나를 꼭 안아주고, "엄마, 사랑해"하고 인사하며, 볼에 뽀뽀해주었다. 병원에 와 있는 동안 어제와도 다른 모습으로 다가왔다. 딸은 나를 바라보며 웃었고, 나도 딸을 바라보며 환히 웃었다. 내가 보던 성경책을 마지막 남긴 선물처럼 조용히 딸에게 주었다.

"우림아, 이 책에 있는 창세기부터 요한 계시록까지 '예수'라고 쓰인 곳을 찾아 동그라미를 쳐놓으면 엄마가 돌아올 거야. 동그라미 칠 수 있지?"

딸은 무엇인가 아는 것처럼 고개를 끄덕이면서, 두 손으로 성경책을 공손히 받았다. 연필을 주면서 다시 부탁하였다. 그때 옆 침대에 계신 환우 한 분이 "걱정하지 말고, 다녀오세요. 저도 집사인데요."하면서 위안을 주셨다. '당분간 잘 챙기겠다'라고 하셨다. 조금은 위로가 되었지만 결국은 딸 혼자가 아니겠는가? 병실에서 기다리고 있을 딸이, 엄마가 어디에 갔는지도 모르고 '엄마, 얼른 와. 어디야?' 할 것 같았다. '엄마 찾아 나서다가 도와줄 사람 없어, 길 잃어버리면 어떡하지?'하는 생각이 복잡하여 머리에 가득 채워졌다.

딸은 인지력이 부족하다. 길눈이 유독 어두워 길을 자주 잃어버리곤 하였다. 그래서 혹여 엄마 찾아 나서다가 길이라도 잃으면 큰일이기 때문이다. 두 무릎을 드려 '딸을 어떻게 할까요? 지혜를 주시기 원합니다.'라고 마른 눈물 흘리며 울고 울었다. 그랬더니 아름다운 방법으로 딸을 병실 안에서 안전하게 '예수 찾기 놀이 방법'을 가르쳐 주셨다.

창세기부터 요한 계시록까지 '예수'를 찾아 연필로 동그라미를 치고 있으면, '엄마가 돌아온다'라고 약속을 할 수 있었다. 그렇지만 홀로 남겨진 시간을 계산하면 답답할 뿐이다. 4~5시간 걸린 '대수술이다'라고 선생님께서 말씀하셨기에 걱정이 앞섰다. 수술하기로 계획한 전날, 남편과 아들에게 딸이 걱정되니 부탁한다고 말하였다. 아들은 "네"하며 걱정하지 말라 하였다. 남편은 "산자는 산자에게 맡기고 편히 수술이나 잘 받고 오라."고 하였다. 틀린 말은 아니지만, 왠지 냉혹하게 들렸다.

예상 시간보다 조금 더 걸린 수술이 끝나고 회복실에 있는데 딸이 '엄마, 일어나요'하고 부른다. 오른손을 내밀기에 내 왼손을 붙잡으라며 내어주었다. 참 따뜻한 손이었다. 깨어나 보니, 내 곁에 있어야 할 딸이 보이지 않는다. 딸의 손을 잡고 분명 일어났는데, 딸이 아니라 아들의 손을 잡고 있었다. 나의 깨어남을 지켜보고 있는 사람은 아들과 남편이었다.

"우림이는 어디에 있느냐?"라고 아들에게 물었더니 병실에서 엄마를 기다리고 있단다. 병실에 들어서자 나를 반기는 딸은 태연스럽게 "왜 이제 와, 엄마 배고프겠다."라며 김밥을 내놓는다. 김밥은 점심때 그 환우분이 사주신 것이란다. 그것을 먹지 않고 엄마가 오면 주려고 기다리고 있었다는 것이다. 몇 시간밖에 걸리지 않았지만 몇십 년만큼 긴 시간처럼 느껴진 이유는 무엇일까?

힘이 들어 침대에 누우려고 하자, 숙제를 제출한 학생처럼 성경책을 보라며 내민다. 창세기부터 요한 계시록까지 동그라미를 치라고 하였는데, 모두 다 동그라미를 친 것이다. '100 점'하고 말하자, 좋아하며 웃었다. 그뿐 아니라, 찬송가 650장까지도 동그라미가 그어져 있었다. 성경책에 나온 '예수'만 동그라미를 치라고 하였는데, 찬송가는 '순' 자를 다 찾아 동그라미를 쳤다. 엄마 보고 싶어서 엄마 이름 앞에 나온 '순' 자를 찾아 동그라미를 쳤단다. 기특한 딸을 생각하니 눈물이 저절로 나왔다.

가슴에 꼭 안은 딸의 곁으로 돌아올 수 있어서 감사했다. 잠시 홀로선 딸이 대견스러웠다. 딸과 떨어진 시간은 5~6시간인데 몇십 년 후에 만나는 기분이었다. 따뜻한 마음으로 도와주신 환우에게 감사드린다.

너는 피아니스트

🖋 광주시 장애우 학교 종합예술제

초등학교 5학년 때다. '광주시 장애인 학교 종합예술제'를 하던 날, 우리 가족은 초청장을 받고 학생회관으로 갔다. 딸이 피아노 연주자로서 큰 무대에 서는 날이기 때문이다. 지정된 자리에 앉아 무대를 바라보니 마음이 몹시 설레었다. 딸이 무대에 오르기에 두 손 모아 드리는 마음으로 한 장면 한 장면을 유심히 뜯어 보았다. 딸이 피아노 연주를 마치고 돌아오자, MBC 방송 TV 기자의 인터뷰가 있었다.

"먼 훗날 어떤 사람이 되고 싶어요?"라고 물을 때에 딸은 주저함 없이 "피아노 잘해요."라고 말하였다. 어이없는 대답이었지만, 그래도 엄마는 포기하지 않을 것이다. 봄날 같은 주님이 너의 편이시니, 필요하신 대로 사용하실 것을 나는 믿고 있었기 때문이다. 장애우들의 모든 잔치가 끝나자, 기자의 인터뷰가 또 있었다.

"우림 씨는 피아노를 잘 치던데요. 언제부터 배우셨어요? 노래도 잘 부르고 춤도 잘 추며, 흥이 참 많던데요."

"앞으로 어떤 사람이 되고 싶어요? 꿈은 무엇인가요?"

기자의 질문에 딸이 웃고만 있었다. 이번에는 또 다른 기자가 물어왔다.

"정말 피아노를 잘 치던데, 앞으로 어떤 사람이 되겠어요?"

"춤도 잘 추며 즐겁게 노는 것을 봤어요. 무엇이 재미있었어요?" 라는 기자들의 질문이 여기저기서 쏟아졌다.

그러나 딸은 "나는 피아노 잘해요."라는 대답으로 마무리하였다.

그렇게라도 대답하는 딸이 자랑스러웠다. 엉뚱한 대답을 해도, 앞뒤의 문맥이 틀려도 좋다. '피아노 잘해요'라고 대답하는 그 마음이 고마웠다. 언젠가는 기자들의 질문에 적절하고 고운 말로 대답하리라는 믿음이 자리 잡고 있기 때문이다.

나에게도 딸을 어떻게 키우셨으며, 피아노는 언제부터 가르치셨느냐고 물어왔다.

"제가 가르친 것이 아닙니다. 스스로 했습니다. 가르치신 분은 재능을 주신 그분이시지요."라고 겸손히 대답하였다.

🚶 제2회 전국장애인종합예술제

딸이 6학년 때인 1989년 6월 11일, '제2회 전국장애인종합예술제' 피아노경연대회가 서울 롯데월드에서 열렸다. 피아노경연대회 순서를 기다리며 딸을 바라보니, 여느 아이들과 하나도 다름없는 소녀였다. 예쁘게 앉아 있는 모습은 참 아름다워 보였다. 딸의 출전 번호가 호명되었다. 그러나 딸아이는 또래들과 장난만 치고 있었다. 또다시 호명하는 마이크 소리가 들려왔다.

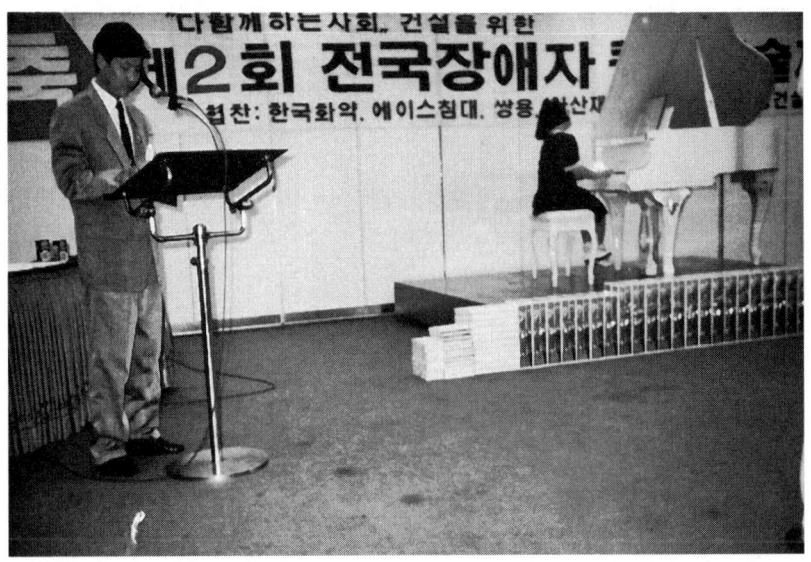

▲ 제2회 전국장애인종합예술제에 참가하여 피아노를 연주하다

"12번, 최우림 어디 있나요? 잠자고 있나요?"

"아니요, 나가요."하며 사회자의 넉살스러운 말에 딸은 벌떡 일어나 무대로 향하였다.

"어서 오세요. 예쁜 공주님이 나오십니다. 박수로 환영해주세요." 하며 큰 박수를 유도하는 사회자의 말에 가슴이 찡하였다.

박수 소리에 손을 들고 화답하며, 무대 위로 올라 연주하는 모습은 의젓하기까지 하였다.

한국지체장애인연합회가 주최하고 한국방송공사, 주식회사 문화방송 및 경제 4단체가 후원하는 '다 함께 사는 사회' 건설을 위한 범국민 참여 제2회 전국 장애인 종합예술제 음악, 피아노부문에서 우수한 성적으로 대회장상을 받았다. 아름다운 연주 소리가 지금도 내 귓전에서 울려 퍼져나가고 있다.

🎵 제1회 전국심신장애자음악대회

　제1회 전국심신장애자음악대회에 참가하였다. 이번 기악 부문에서도 피아노뿐만 아니라, 바이올린, 첼로 등 여러 분야가 다 출연하였다. 독창과 댄스는 물론 고전무용까지 분야별로 수많은 팀이 출전하여, 자기만의 재능을 자랑하고 있었다.

　딸은 기악 부문에서 피아노 연주로 출연하였다. 1주 전에도 딸이 큰 대회에 참가해서 눈에 익은 분들이 더러 있었다. 그중에서도 대구 광명학교 선생님께서 특별하게 관심을 보여주셨다. 딸의 목소리는 물론 내 목소리를 듣고서 먼저 알아보셨다. 1주 일 전에 그분을 뵈었는데, 그분은 "딸의 피아노 음감은 남다르다."라며, "잘 가르쳐 주시라."고 부탁하신 분이셨다. 또한, "장애우 세계에서 재능 자로, 모범적으로 살아가며, 귀감이 되어 달라."고 축복의 말씀도 해주셨던 그 선생님을 다시 만난 것이다. 딸이 예술제에 출연한 모습에 내 일처럼 기뻐하셨다.

　딸은 1주일 동안 많은 시간을 할애하여 소나타 7번을 집중적으로 연습하였다. 이는 피아노를 지도하는 선생님의 격려와 칭찬의 열매들이었다. 행사장에서 순서를 기다리고 있는 딸의 모습은 청순한 소녀의 아름다운 모습 같아 천사가 하늘에서 내려와 미소 짓고 있는 모습처럼 보였다. 지난번에는 조금 긴장된 모습도 보였었는

▲ 제1회 전국심신장애자음악대회

데, 이번에는 자신감이 넘치고 긴장된 모습이 보이지 않는다. 지난 대회에 경험이 있어서, 연주를 마치고 내려오는 모습도 의연하였다. 나비처럼 사뿐사뿐 미소를 머금고 내려왔다.

　마침내 시상식 시간이 되었다. 여러 분야의 시상과 대상자를 부른다. 피아노 부문도 동상과 은상을 받을 대상자를 불렀다. 그런데 딸은 호명 명단 안에 없었다. '수상자 명단에 없는 게 아닌가?'하고 조바심도 들었다. 두 손을 가슴에 모으고 긴장된 모습으로 기다리고 있을 때, 사회자의 멘토만 길게 이어졌다.

　"이제 최고의 상 피아노 부문 금상 받으실 분을 호명하겠습니다. 호명하면 크게 대답하고 앞으로 나와 무대 위로 올라오면 됩니다." 라고 말하더니, 또 멘트가 시작되었다.

"이제 정말로 호명하겠습니다. 금상을 받을 학생은 광주선명학교 6학년 최우림입니다."하며 이름을 부르자, 딸은 "여기요"하며 손을 번쩍 들고 무대 위로 올라갔다.

1989. 6. 19. 제1회 전국심신장애자음악대회 초등부 기악부문에서 사단법인 한국어린이육영회의 이정환 회장으로부터 금상을 받은 것이다. 상장을 받은 딸은 어찌나 좋아서 그 자리에서 방방 뛰고 있었다. 나에게도 눈물이 뚝뚝 떨어지고 있었다. 앙코르 순서가 있었다. 본선 때보다 더 신나게 몸짓까지 하며 연주하였다. 딸은 감정의 표현을 피아노 건반 위에서 손가락으로 말하고 있다. 많은 박수를 받으며 인사를 하고, 또 하고, 박수 소리가 끝날 때까지 인사를 하였다. 누가 그렇게 하라고 가르쳐 준 것도 아닌데 말이다. 스타 근성이 있는 것 같다.

인터뷰 시간이다. 많은 기자가 모여들었다. 신문사, 잡지사, 그리고 방송사 등 문화부 기자들이다. 한결같이 여기저기서 물어왔다.

"우림 양의 장래 꿈은 뭐예요?"

"어떤 사람이 되겠어요?"

장래 희망을 묻는 것과 앞으로 어떤 사람이 되겠느냐?라는 질문이 쇄도하였다. 사진 기자는 멋진 모습을 요구도 하였다. 그러나 대답은 간단했다.

"나는 피아노 잘해요."

나는 딸의 속내를 다 알고 있다. 피아니스트가 되는 것이 꿈이며 희망이다. 나에게는 엄마라는 이름으로 '고생 많으셨습니다.'라고 하더니, 딸에게 질문한 것처럼 똑같은 질문을 해왔다.

"어떤 딸로 기르시겠습니까?"

"예, 작은 교회의 반주자라도 되었으면 합니다."라고 대답하며 뒤돌아서서, 아무도 보지 않은 사이 그만 큰 울음을 터뜨리고 말았다.

피아니스트로 초대 받다

고등학교 2학년 때다. 딸은 장애우의 날 기념행사를 위한 축하 피아노 연주를 해달라는 초대를 받았다. 기념행사까지는 한 달여의 기간이 있어, 딸의 허락도 없이 그냥 승낙해 버렸다.

"우림아, '장애우의 날 기념행사'를 위한 피아노 연주 초청이 있었다. 너무 기뻐서 묻지도 않고 '가겠다'라고 대답해 버렸네."

"응, 엄마, 괜찮아."

"고맙구나. 그럼 열심히 연습할 거지?"

"응, 열심히 연습할게요."라면서 고개를 끄덕였다.

광주에서 피아노학원에 다닐 때는 즐거운 마음으로 연습도 많이 하고, 대회에 출전할 때면 '스스로 해야 한다'라는 선생님의 말씀에 잘 따랐다. 혼자서 열심히 연습하는 모습이 좋기도 하였지만 애처롭기도 하였다.

초청 행사가 있는 날, 우리는 40여 분을 달려 행사장에 도착하였다. 분명 장애우를 위한 기관에서 행사를 개최하였음에도, 출연자의 지정된 자리는 찾아볼 수가 없었다. 그래도 딸을 무대에 세워 보고 싶은 엄마의 마음으로 불평 한마디 없이 숨죽이며, 앞 빈자리를 찾아 순서를 기다리고 있었다.

딸은 처음에는 '자신이 피아노를 연주하는 연주자다'라는 마음이 있었는지 상기된 모습으로 기다리더니, 지루함에 못 이겨 그만 졸고 있었다. 새벽부터 잠을 깨워 부산을 떨었고, 아침도 제대로 먹이지 못해 그러려니 하면서도, 한편으로는 '잘해야 할 텐데', '실수는 없어야 할 텐데…'하는 걱정스러움이 앞섰다.

딸이 순서가 되어 무대 위로 올라갔다. 딸에게는 '엄마가 신호하면 그때부터 연주하라'라고 약속이 되어있었다. 자리가 정돈된 듯하여 막 신호하려 하는데, 내빈석과 방청객 자리에 앉아 있던 사람들이 우르르 행사장을 빠져나갔다. 어떤 높으신 분이 왔다가, 그분이 나가시니 행사를 준비했던 분들이나, 체면치레로 오셨던 분들이 나간 것이다. '나가지 마십시오. 우리 딸이 지금부터 멋진 연주합니다. 듣고 가세요'라고 큰소리 내어 외치고도 싶었다. 그러나 소리가 터져 나오지 않는 것은, 무슨 이유 때문일까? 무대 위에서 나를 바라보며 미소 짓고 있는 딸에게 신호를 보냈다. "쾅, 쾅, 쾅" 하고 연주는 시작되었지만, 주위를 둘러보니 자리는 텅텅 비어 있었다. 딸에게 미안한 마음뿐이었다.

신나게 연주하는 딸의 손끝을 보면서 하염없이 눈물을 흘렸다. 연주가 끝난 뒤, 얼마 남지 않은 청중께 곱게 인사하는 순간, 청중은 일제히 일어나 일당백의 마음으로 함성과 함께 손뼉을 쳐주었다. 딸은 손을 흔들어 주고 감사함에 답례까지 하였다. 비록 높은 사람들은 없었다 하더라도, 그래도 딸에게는 행복한 시간이었을 것이다.

주최한 측에서 '오라'고 초대했으면, '잘하였다. 잘 가라.'하고 한마디는 해주어야 하지 않겠는가? 어찌 이럴 수가 있는가? 누구를 위한 행사이며, 무엇을 위해 연주해 달라고 부탁하였단 말인가?

딸의 행복한 미소에 모든 시름 다 잊기로 하고 '너만 행복해하면 그만이지'라고 생각하며 스스로 위로받았다. 주최 측 인사들의 '잘 하였다. 수고하였다'라는 말 한마디 들을 수 없고, 얼굴 한 번 내밀어 본 사람도 없었다. 그러나 세태가 그런 걸 어떻게 하겠는가?

환영도, 환송도 없는 장애우의 날, 누구에게 보이려는 행사인가? 밀물처럼 빠져나가 버린 썰렁한 행사장을 나왔다. 따사로운 햇살은 기다렸다는 듯이 살갑게 우리를 비춰 주었다. 사랑스러운 손 내밀며 정겨운 아이가 '축하해요'하며 건네준 솜사탕 하나에 마음 빼앗긴 소녀 피아니스트, 엄마 아빠의 마음을 아는지 모르는지 마냥 즐겁기만 하다.

딸은 입은 있지만, 말을 잘 전달하지 못한다. 그러나 피아노 건반 위에 손가락을 얹어 놓으면 무슨 소리든지 다 한다. 마음으로 하고 싶은 사랑의 소리를 전달하는 수단이 피아노 위에 놓인 손가락뿐인데, 오늘도 다 펴냈을까? 멋진 재능을 기부할 수 있어서 좋았다. 아이가 건네준 솜사탕 하나, 풍선처럼 들고서 좋아하는 청순한 피아니스트에게, 사랑스러운 바람이 등을 밀어준다. 다음 해에는 장애우들과 함께 기뻐하는 행사 프로그램으로 이루어지기를 간절히 기대해본다.

🌸 전남대 예술대학 피아노 전공학생과 협연

• **피아노 2중주 협연**

초가을 바람이 싱그럽게 부는 날 복지관 취업 담당 선생님으로부터 전화가 왔다.

"어머님, 우림 씨를 이번 '광주시 장애우 행사'에서 전남대 예술대학 피아노 전공학생과 피아노 2중주를 협연하였으면 합니다. 모든 준비와 안내는 제가 해 드리겠습니다. 괜찮겠지요?"

"그럼요. 감사합니다. 그런데 우림이가 해낼 수 있을지 모르겠습니다."

"걱정하지 마세요. 이미 연습하고 있습니다."

"고맙습니다. 선생님의 지도 부탁드립니다."

나는 연주회 날 긴장되는 마음으로 초대받은 장소로 갔다. 시작 30분 전인데 벌써 예술회관 소강당이 인파로 가득 차 있었다.

딸은 최초로 정상인과 그것도 예술대학 피아노 전공학생과 함께 협연을 할 수 있었다. 내가 곱게 봐주어서 그런지는 모르지만, 그날 딸의 연주하는 모습은 정상인과 하나도 다를 바가 없었다. 많은 박수 소리가 지금도 내 귓전에서 울린다.

"장하다, 내 딸 참 잘했다."라며 한 아름의 꽃다발을 협연자에게도, 딸에게도 안겨주었던 내 모습이 생생하다.

함께 협연해주었던 예술대학 피아노 전공 학생에게 감사의 말을 전하고 싶다.

• **피아노 5중주 협연**

엠마우스복지회관에서는 1년에 한 번씩 전남대학교 예술대학 학생들과 '한 마당 큰 잔치'를 한다. 아무도 관심을 보이지 않는 소외된 우리 아이들을 위한 잔치다. 아이들에게는 재능을 키우며 끼를 발산시키고, 부모님에게는 노고를 위로해주는 프로그램이다. 딸의 피아노 5중주 협연에 우리 가족은 초대받았고, 많은 친지와 친구들도 함께 하였다.

그날 딸은 5중주 협연을 했다. 정상인들도 힘들어하는 피아노 연주를 담당했다. 피아노와 첼로, 비올라, 그리고 바이올린 2대가

무대 위에 놓여있었다. 한 사람 한 사람씩 무대 위로 오른다. 분홍색 드레스를 입은 천사가 피아노 앞에 살포시 앉았다. 내 딸이라서 그런지는 모르지만, 딸의 청순한 모습은 하늘에서 내려보낸 천사와도 같았다. 다섯 사람의 출연진이 각각 자기 악기에 손을 대자 협연의 울림은 시작되었다.

5중주 협연이 시작된 것이다. 연주가 끝나자, 화합의 하모니가 잘 이루어졌다며 칭찬이 자자했다. 어렵게 출발하였는데, 저토록 의젓하고 안정적인 표현을 할 수 있을까? 딸은 5중주 중 피아노 연주를 잘 소화하였다. 무대 아래에서는 박수가 터져 나오고 환호성, 휘파람 소리가 폭포수처럼 쏟아져 내렸다.

딸 앞에는 꽃다발이 수북이 쌓였다. 더도 덜도 말고, 딸에게 이 날만 같은 축복이 있었으면 한다. 기쁜 날 정말 기쁜 날, 나에게는 왜 이리도 뜨거운 눈물이 나는지 모르겠다. 연주회를 마치고 계단을 사푼사푼 내려오는 딸의 모습은 마치 하늘에서 내려오는 천사와도 같았다. 행복한 미소를 머금고 걸어오는 내 딸을 안아줄 수 있어서 나도 덩달아 행복하였다.

모든 행사가 끝나고 청소년들이 달려와 사진을 찍자고 한다. 피아니스트 딸의 아름다운 손가락을 보려는 듯 주위에 모여드는 인파 속 딸은 스타 중의 스타였다.

🌸 사회인 만들기 위한 출연 녹화

지방 방송기자가 '사회인 만들기를 위한 사례'에 딸에 관한 기사를 쓴다며, 방문 시간을 일요일 11시로 인터뷰 요청을 하였다. 방문 일정을 거절할 수가 없었기에 딸에게 이번 주일 예배는 2부 예배를 드리자고 약속하였다.

딸은 우리와 함께 '3부 할렐루야 성가대' 대원으로 봉사하고 있다. 예배 시간을 변경한다는 것은 이해가 잘되지 않았을 것이다. 그래도 이해를 구해 시간 조정을 겨우겨우 하였다.

주일 2부 예배는 9시 20분부터 시작이 된다. 오늘은 다른 주일보다 일찍 서둘러 교회에 나가 2부 예배를 드리기로 하였다. 그런데 딸은 2부 예배가 끝나자 '3부 예배 찬양을 연습해야 한다'라며 연습실로 가버렸다.

10시 30분경, 방송기자로부터 확인 전화가 왔다. 10시 55분경에 집을 방문하여 '인터뷰하겠다.'라는 것이다. 성가대실에서 준비하고 있는 딸을 겨우 설득하여, 인터뷰를 마친 대로 다시 오자고 약속하였다. 딸은 입이 터질 것처럼 부어올라 있었다. 오늘의 일정을 이야기하였는데도, "3부 예배를 꼭 드려야 한다."라며, '자신은 찬양 대원으로 찬양해야 한다.'라는 것이다.

집에 도착하여 기다리고 있는데, 밖에서 벨 소리가 울렸다. 딸은

'기자 아저씨'라며 벌떡 일어나 현관문을 열어주며 인사를 했다.

"기자 아저씨, 안녕하세요? 그런데 빨리하고 빨리 가셔요. 나 교회 가야 하거든요. 빨리, 빨리요."

"예, 예, 빨리할게요. 미안해요. 시간을 빼앗아서 미안해요. 사진 몇 장만 찍고, 빨리빨리 갈게요."

나는 딸의 당당함에 깜짝 놀랐다. 아마 딸에게는 오직 찬양대원으로 찬양만이 마음속에 가득한 것 같았다.

"우림 씨는 어떤 일을 할 때 가장 재미있어요. 댄스도 잘하고 노래도 잘하던 데요."

"나는 피아노 잘해요."

"그래요? 그럼, 저기 피아노 있군요. 한 곡만 부탁드릴게요. 지난 번에 연주했던 곡 한 번 쳐주세요. 피아노 치는 모습 사진으로 녹화하게요."

"조금만 쳐도 되지요?"

"예, 그렇게 하세요. 사진만 찍어요."

방송기자는 몇 가지 질문을 하고 사진 몇 컷과 함께 인터뷰를 마쳤다.

기자와 인터뷰한 내용은 며칠 후 아침 방송 7시 40분에 방영되었다. 딸이 인터뷰한 모습이 방영되자, 많은 지인으로부터 전화가 왔다. 심지어는 북구청 '북소리' 소식지까지 실려져 딸의 소식이 여기저기 울려 퍼졌다.

4부
세상으로 나가다

세상으로 나가다

♣ 취업 훈련

 딸이 엠마우스복지관 취업훈련반에 들어갔다. 엠마우스복지관은 지적장애인이 지역사회 안에서 높은 삶의 질을 누리며, 살아갈 수 있도록 다양한 재활서비스를 제공하고 있다. 즉, 일반취업이 어려운 발달장애인에게 직업훈련과 근로 기회를 제공하여, 일반사업장으로 취업할 수 있도록 준비, 지원하고 있다.
 주요 사업으로는 직업훈련과 근로 기회 제공, 복지후생, 일반사업장으로의 취업 알선 및 지원, 자기관리 강화를 위한 사회 적응 훈련 등을 한다. 그뿐만 아니라, 개인위생과 자립능력 증진, 그리고 성교육과 상담 등을 하고 있다.
 딸은 복지관을 방문하여 직업훈련을 받는, 같은 또래의 친구들도 만나보고, 시설에서 일하고 있는 모습들을 보았다. 그러면서 자신도 열심히 배워 친구들처럼 회사에 들어가 엄마를 돕겠다고 하였다. 그런데 막상 엠마우스복지관에 가야 하는데 출근하려 하지 않는다. 무엇이 문제일까? 요즘에 딸은 방사선 치료를 받는 엄마를 걱정하며, 곁을 떠나려 하지 않은 모습이 엿보였다. '혹여, 엄마가 아픈 것이 걱정되어 복지관에 가려 하지 않는 것일까?' 친구들과 함께 어울리며 생활하면 좋겠는데 조금 걱정스럽다.

"엠마우스복지관에 가면 취업 준비도 하고, 친구랑 노래도 하고, 맛있는 점심도 먹으며, 춤도 추고 재미있을 것인데…."

혼잣말처럼 하면서 딸의 머리를 만져 주었다. 그러자 내 목을 붙잡고 못 이긴 척 일어났다. 딸은 '엄마'하며 내 얼굴을 빤히 쳐다보면서 뜻밖의 말을 하였다.

"내가 복지관에 가면 엄마 혼자 있잖아? 엄마랑 놀 거야. 나, 안 갈 거야."하는 것이다.

딸의 눈에는 눈물이 가득 차 있었다.

"그래? 그런데 복지관에 가야 한단다. 선생님과 약속도 했고. 엄마는 괜찮아. 함께 가자, 응?"하고 딸을 달래었다.

'딸이 아파 누워있는 나를 혼자 두고 갈 수 없다'라는 생각을 어떻게 하였을까? 딸이 고맙기도 하여 꼭 껴안아주었다.

딸이 복지관에 다니려면, 시내버스 승하차 방법을 가르쳐 주어야 했다. 딸과 함께 버스를 타고 가는데, 다행히 엠마우스복지관 주변에는 특징적인 육교와 높은 빌딩이 있었다. 그곳 앞에서 내리기만 하면 된다. 또한, 딸이 좋아하는 영화배우의 광고사진도 있었다.

다음날에도 함께 버스를 탔다. 딸은 먼저 "엄마, 저기"하며 눈여겨 두었는지 벨을 눌렀다. 오를 때는 카드를 찍어 승차하고 내릴 때도 찍고 내리라고 일러주었다.

나는 딸에게서 가능성을 보았다. 시행착오도 있었지만 5일째 되는 날 딸은 '혼자서 할 수 있다'라며 버스를 타면서 손사래를 쳤다. 19번을 타고 떠나는 모습을 보았지만, 나와 아빠는 행여나 일어날 사건, 아니 혼자 다른 곳에 내려 버릴까 봐 버스 뒤를 따르고 있었다. 딸은 아무 일 없이 혼자서 잘 해내었다.

취업 훈련은 계속되었다. 복지관에는 조금 나이 든 청년들도, 또래들도 많이 있었다. 공장의 위탁을 받아 실제처럼 조립하는 것을 배우고 있었다. 그뿐 아니라, 일과 프로그램에 마추어 다른 취미생활도 하였다. 딸이 특별히 좋아하는 피아노를 가르쳐주신 선생님도 계셨다.

취업을 준비하는 취업 준비생은 9시에 출근하여 5시에 퇴근한다. 준비 과정이 비교적 잘 이루어지고 있는 것 같았다. 취업을 준비한 지 1년쯤 되었다. 딸은 4명의 친구와 함께 소규모 조립공장으로 추천받아 취업이 되었다.

소규모 회사

 엠마우스복지관 선생님께서 취업을 위해 회사를 추천해주셨다. 복지관 취업 준비반에서 훈련받았던 친구들 4명이 함께 취업하게 된 것이다.

 작업장은 생각 밖으로 깨끗한 환경으로 전자제품에 들어갈 부품을 조립하는 회사였다. 개인적으로 일을 하는 것이 아니라 단체로 일하기 때문에 조금 손이 늦어도 큰 문제는 없을 것 같아 마음이 먼저 편안했다. 개인적 성과를 원하는 직종은 아닌 것 같았다.

 직원은 사장님 한 분과 제1과장과 제2과장, 그리고 여반장, 관리를 담당하는 사무직원으로 구성되어 있었다. 회사라기보다는 조립하는 소규모 작업장 같았다.

 이곳은 정부의 지원을 받으며, 딸과 같은 발달 장애우들의 일터를 제공하여 준다. 회사의 책임을 지고 계시는 사장님은 말씀하셨다.

 "회사에서는 우리 아이들을 여러모로 배려해주려고 노력합니다. 그러나 때로는 현실 때문에 곤란에 처하는 일도 있습니다. 이점 부모님께서도 유의해주셨으면 좋겠습니다. 부모님들의 염려도 크시겠지만, 그래도 회사를 믿고 함께 가면 좋겠습니다."

 잠시 머뭇거리시던 사장님은 다시 말을 이어갔다.

 "우리 아이들은 1개월간의 적응 기간을 잘 넘겼습니다. 참 열심히 일합니다. 그러나 공동생활에는 규칙과 예절이 있습니다. 따라서 출퇴근 시간을 잘 지킬 수 있도록 지도해주시고, 한두 사람 때문에 회사 전체에 피해가 없도록 부탁드립니다."라는 부탁의 말씀도 있었다.

잠시 침묵이 흘렀다. 회사 책임자는 수습 기간이 다시 3개월이란다. "3개월 후에 다시 만납시다."라고 하시더니 말끝을 흐렸다. 장애우들의 나이는 평균 30이 넘는다. 수습 기간 3개월 후를 두고, 그때까지 회사에 적응하지 못하면, 어쩔 수 없이 채용하기가 어렵다는 말을 차마 못하시는 것 같았다.

돌아오는 길에 딸의 1개월 동안의 생활을 지켜보신 과장님께 딸의 문제점을 물어보았다. 과장님은 조심스럽게 이야기를 꺼내었다.

"우림 씨는 옆 사람의 말을 들어주지 않고 모른 척합니다. 또한, 작업 중에도 혼자 말을 많이 하므로 일에 능률이 다른 동료들보다 떨어집니다."

과장님은 내 눈치를 살피면서 다시 말을 이었다.

"그러나 인간미나 순수함, 그리고 친화력은 누구도 따르지 못하지요. 사람을 참 좋아하고 잘 따릅니다."

"그래요. 과장님, 우리 딸의 능력이 다른 아이들에 비해 어떠합니까?"

과장님은 내가 알고 있는 동료를 지목하면서 말을 이어갔다.

"미안한 이야기지만 함께 입사한 동료들에게 비교하면 일의 능률이 60% 정도입니다."

과장님은 순수하게 자신이 가지고 있던 생각들을 꾸밈없이 다

전해주었다.

　딸은 마침내 3개월간의 긴 훈련 기간을 마치고 계약 체결 후 정사원으로 취업하였다. 엠마우스복지관 작업장에서 취업자 훈련 교육으로, 이와 비슷한 작업 훈련이 있었고, 취업 준비를 해왔던 것들이 잘 활용된 것 같다. 취업이 되었기에 작업장을 더 자세히 살펴보았다. 소근육 발달을 돕는 맞추고 끼어가는 조립 작업이라서 좋으나, 환풍기 돌아가는 소리가 귀를 괴롭혔다. 맑은 공기를 마시며 생활해야 하는데, 공기가 조금 탁하게 느껴졌다. 그래도 내 딸이 당당한 회사원이 되어 사회생활을 할 수 있어서 좋았다.

　그러나 수요일 연장 근무에 문제가 생겼다. 딸은 시간이 한번 각인이 되면 이를 변경하기가 참 어렵다. 입사 면담 시에 '수요일은 정시에 퇴근하여도 된다'라는 허락이 있었다. 교회 피아노 반주를 해야 한다며 회사가 아무리 바빠도 수요일은 5시에 퇴근을 하도록 하겠다는 조건이었다. 그런데 혼자만 하면 좋으련만 입사 동기 4명이 모두 퇴근한단다. 다시 특별 상담을 하였고, 4명에게는 수요일만 연장 근무 없는 날로 허락받았다. 이곳 회사 사장님은 특수교육 전공자이시다. 구성원도 80%가 장애우들이다. 조장, 반장, 과장, 사장님, 그리고 옹기종기 모여있는 딸을 포함한 40여 직원들은 서로 돕고 격려하며, 가족과 같은 따뜻한 모습이 좋아 보였다. 딸은 어엿한 우수 사원이 되었다고 상품도 받아 오며, 즐거운 마음으로 출근하였다. 추석 때는 큰 선물도 받아 왔다. 시간에 맞추어 봉고차 한 대가 언제나 붕붕 기다리다 승차하면 출퇴근 길을 책임진다.

중소기업

복지관 취업 담당 선생님은 장애우들이 근무하고 있는 회사를 두루 순회하며, 그들의 어려움이 무엇인지 담당자와 논의하면서 문젯점을 해결해 나간다. 그뿐만 아니라, 근무하고 있는 장애우들을 격려도 해주며, 평가하여 처우가 좀 더 좋은 회사로 옮기도록 추천도 해주신다.

어느 날 복지관 취업 담당 선생님께서 우림이를 친구들과 함께 조금 더 처우가 좋은 회사로 추천해주셨다. 딸이 중소기업에 취업한 것이다. 너무 기쁘고 자랑스러운 마음에 취업하였다는 회사에 미리 한번 가 보고 싶었다.

딸이 어엿한 회사원으로 출근하는 그 자체만 보아도 대견스럽고 사회 일원으로 멋지게 살 수 있다는 자부심에 더 흐뭇하였다. 어디든 출근만 해도 되는데, 딸이 머물기에 좋은 환경의 큰 회사 같아서 가족이나 이웃 지인들에게도 딸의 자존심을 살려 주는 것 같았다. '내 딸 우림이가 큰 회사에 다녀요.'하고 소리치고 싶었다. 그동안 교육과 사회 적응훈련의 효과가 나타난 것이다.

이 회사는 단출한 회사가 아니고 큰 기업체다. 딸이 근무하는 곳은 생산 1과다. 여기는 옹기종기 모여 조립한 회사가 아니라 레일을 탄다. 물건이 레일 위로 오면, 하나씩 골라서 상자에 담는 작업이다. 불량품을 고르는 일이 문제일 것 같았다. 눈으로 보는 순발력과 판단력도 있어야 한다. 불량품을 골라내는 분별력도, 기술도 있어야 하는 정상인도 어려운 작업이어서 조금은 걱정되었지만 믿기로 했다.

회사에 출근한 후 딸의 언어가 조금씩 달라졌다. 모방심이 강한 딸은 그곳 문화의 말씨를 많이 따라서 표현한다. 언어를 통해 사랑으로 보살펴주고 있음을 직감할 수 있었다. 동료 네 명은 함께 입사하여 같은 부서에서 일하고 있어 서로 의지도 되고 힘도 되었다. 그중 한 명은 언어 소통이 잘 되어 장애우들의 통역사이며, 어려울 때마다 구원 투수 노릇을 했다.

어느 날이다. 딸은 동료들이 화장하고 출근하는 모습을 보았는지, 화장품을 사달라고 한다. 자기만의 화장품을 간직하는 선배들의 조언을 들은 것 같다. 몇 가지 필요한 화장품을 함께 고르고 값을 카드로 지급하고 사는 방법을 가르쳐주었다. 딸도 여느 직원들처럼 예쁘게 화장하기 시작한 것이다.

회사에서는 장애우 부모님과 면담 시간이 있었다. 여러 가지 문제가 오고 갔지만, 나도 틈새를 기다리고 있었다. 딸은 수요일이 되면 교회 예배 피아노 반주를 해야 한다며 퇴근을 한다. 이때 친구들이 덩달아 회사를 나온다는 말을 들었다. 이 일은 항상 걸림돌이 되었다. 이 문제만 풀어주면 우림이는 근무를 잘할 수 있을 것 같았다. 잠시 여유의 틈새가 생기기에 넌지시 과장님께 말씀드렸다.

"과장님, 수요일에는 장애우 4명에게는 연장 근무를 시키지 않고 정시에 퇴근시키면 어떨까요? 물론 회사의 사정도 짐작은 조금 합니다만…?"하고 건의 말씀을 드린 것이다.

이후 회사에서는 장애우 네 명에게 수요일에는 연장 근무 없이 5시에 퇴근할 수 있도록 허락하여 주었다.

회사에 다닌 후 딸의 언어는 많이 달라졌다. 여느 회사원처럼 무척 성숙해졌다. 동료 친구들의 덕분이다. 흔히 쓰고 있는 동료들의 말을 모방하며 사용한다. 회사에 출퇴근할 때 버스를 타고 다니는 방법도 배웠다. 가끔 야간 근무가 있다며 회사 동료 차를 타고 시내 중심지에서 내려 주면, 교통카드를 사용하여 시내버스를 타고 집으로 돌아오는 방법도 익혔다. 이러한 일들은 언니처럼 딸을 챙겨주시는 작업반장님의 도움이 컸다. 몇 주가 멀다 하고 '일을 못 한다'라며 상담을 요청하신 김 과장님, 따뜻한 마음에 세상은 더 넓어 보였다.

출퇴근 훈련

딸이 하남공단에 위치한 중소기업에 취업 되었다. 그러나 출퇴근 버스가 없어 회사에 출퇴근하는 것을 딸 스스로 할 수 있도록 시내버스를 타고 내리는 훈련이 필요하였다. 그래서 출퇴근 훈련을 위해 딸과 함께 버스를 타고, 아빠는 자가용으로 뒤따라오시도록 하였다.

딸과 함께 집 앞 시내버스 정류장에 도착한 나는, 한 발 뒤에 서며 딸에게 '29번' 버스가 정류장 가까이에 오면, 확인 후 승차하도록 지도하였다. 먼저 교통카드를 찍고 내리는 쪽으로 앉게 한 후, 내려야 할 곳의 특이한 것에 초점을 맞출 수 있도록 많은 말들을 해야 했다. 29번의 종점은 첨단까지다. 그곳에서 내릴 때면 환승을 위해 교통카드를 꼭 찍고 내리도록 교육하였다. 다시 38번으로 갈아타야 하기 때문이다. 승차할 때도 내릴 때도 교통카드를 찍도록 교육한 것이다.

회사에 가는 길목 공단에는 왼쪽은 논과 밭이 보이는 들녘이며, 오른쪽으로는 공장 건물들이 늘비하게 들어서 있다. 전두엽이 약한 딸이 기억해 낼 수 있는 특이한 사항을 접하기가 어려운 길이다.

그래서 38번 버스 안에서는 더욱 긴장되며 많은 말이 필요하였다. 뜻밖에 표적이 될 만한 곳이 나타났다. 크고 작은 차들이 일

렬로 즐비하게 수 십 대가 주차해 있는 주차장을 발견하고, 그곳을 기점으로 버스를 내리는 교육을 하였다. 아마도 큰 회사 주차장 같아 보였다. 차들이 보이면 내릴 준비를 하고 일어서도록 교육한 것이다. 첫날이라 조금은 어렵겠지만 차분한 마음으로 벨을 눌러보도록 하였다.

반복 교육을 시작한 지 10여 일째다. 이제 할 수 있겠지 싶어 물었다.

"우림아, 이제 혼자서도 버스를 타고 회사에 갈 수 있어?"

"응, 이제 갈 수 있어."

"그럼, 오늘은 혼자서 버스를 타고 회사 앞에서 내려보고, 또 집에 올 때도 혼자 버스를 타고 와야 한다. 환승을 위한 교통카드도 꼭 찍고 내리고."

여기에서는 네 명의 동료 중 한두 명은 시간에 맞추어 함께 하기에 걱정을 조금 덜었다. 시간을 맞추지 못하면 혼자 타고 갈 수도 있겠다 싶어 혹여 '길을 잃으면 휴대폰으로 연락하라'라고 하였다.

"이제 엄마는 집에서 널 기다리고 있을 것이다. 혼자 집에 돌아올 수 있겠지?"라고 일러주고는 38번을 함께 승차하면서도, 난 모른 척 딸 뒤만 따라갔다.

나는 '딸이 해낼 수 있을까?'하며 지켜보고 있었다. 딸은 먼저 카드를 찍은 후 출입문 쪽 창가 목적물이 잘 보이는 쪽으로 자리를 잡은 것이다. 내리는 곳을 기억해 내야 하는데 어떨까 싶다. 다행히 첫 출발지가 첨단이다. 하차하는 목적지를 생각하면 마음이 조마조마하여, 딸보다 내가 더 떨고 있었다. 버스는 출발하였고, 주차장의 많은 차가 보이자, 벨을 누르며 실수 없이 잘 해냈다. 회사 일이 끝나면 집으로 바로 오라고 말했지만, 퇴근 시간이 가까워지자, 내 마음이 놓이지 않아 회사로 발이 먼저 갔다.

 딸이 혼자서 출퇴근을 해본 경험이 없었기에, 나 스스로 노파심에 기다리지 못하고 약속을 어긴 것이다. 회사 정문 뒤에 숨어서 지켜보고 있었다. 정문 밖으로 나오는 4명 장애우의 얼굴이 보였다. 옹기종기 수다를 떨며 나온다. 확인 후에 몸을 깊숙이 숨겼다. 버스 뒤를 따라가 보기로 한 것이다. 동료들과 수다를 떨며 시내버스에 오른 것을 먼발치에서 확인하고, 나는 내 차에 올랐다. 행여 중간지점에서 내릴까 싶어 버스의 뒤를 따라간 것이다. 버스가 멈추면 나도 멈추고, 다시 버스가 출발하면, 나도 출발하여 뒤를 따랐다. 1차 목적지인 첨단지구에 버스가 도착하고, 동료들도 그곳에서 내렸다.

 동료들과 헤어지고 혼자서 29번 버스에 오른 것을 확인하고, 버스의 뒤를 다시 따라갔다. 딸은 엄마가 뒤를 밟아 따라온다는 것을 모른다. 버스는 목적지인 일곡지구에 도착하였다. 내려야 하는데 어떻게 하는지 기다리고 있었다. 10여 일 동안 교육의 노력이 '헛수고로 끝나면 어쩌나?'하는 마음에서 초조하기 그지없었다. 한 사람, 두 사람이 내린 후에 드디어 딸이 내렸다. 달려가 안아주고 싶었지만, 이 일은 교육이기에 참고 기다렸다.

 딸은 조금 떨어져 있는 횡단보도를 따라 길을 건넜다. 조금 안심이 되었다. 내 딸이 저토록 정도의 길을 걷는 것은, 유치원 때부터 지금까지 교육과 훈련을 철저하게 곁들인 결실이자 결과일 것이다.

나도 모르게 눈가에는 잔 이슬이 맺히고 있었다. 성공과 기쁨의 눈물이다. 이곳에서 내리기만 하면 딸은 집을 찾아올 수 있다. 여기는 아빠와 산책도 하였고, 동네 한 바퀴 돌아보기도 자주 한 곳이다. 마트나 우체국에 간 경험도 나와 함께하였던 익숙한 곳으로 엄마 품처럼 포근한 동네 길이다.

훈련이 끝난 다음 월요일, 딸은 혼자서 출근하였다. 딸과의 약속도 없이 첨단 38번 종점에서 딸의 퇴근을 기다리고 있었다. 딸을 도와주는 동료들에게 맛있는 것도 먹이고 싶어서다. 오늘은 친구들 네 명을 내가 맞이하였다. 모두 깜짝 놀라며 '어쩐 일이냐?'라며 여기저기서 서로 먼저다.

"오늘은 너희들에게 자장 파티해 줄게."하는 말이 다 끝나기도 전에 "야호"소리를 내며 좋아하였다.

그들의 집에 각각 전화하여 조금 늦게 갈 거라고 일러주었다. 자장 한 그릇씩 주문하고 군만두 두 접시를 더 주문하였다. 그들의 즐거운 웃음소리는 모아 모아서 30이 넘는 청년의 꽃다발이 되어 식탁이 가득하였다.

딸이 29번 시내버스에 오른 것을 보고 뒤를 따라갔다. 교통카드 사용하는 방법도 함께 10여 일에 걸친 훈련은 끝이 났지만, 내 마음까지 끝나지는 않은 것 같다. 그게 장애우 엄마의 마음일 것이다.

페스티벌

　나무를 뒤덮던 푸른 잎들도 어느덧 노랗고 빨갛게 물들어 우리의 마음을 따뜻하게 채워주는 늦은 가을이 되었다. 엠마우스복지관 취업팀에서는 복지관을 통해 취업한 자녀분들과 부모님들, 그리고 회사 관계자님들까지 모시고 페스티벌을 개최한다는 초대장을 받았다.
　"이번 행사는 150여 명에 달하는 취업자와 부모님, 그리고 취업자들을 현장에서 관리 지도하고 계신 사업장 관계자분들을 모시고, 상호 간에 우의를 다지고자 하는 데 목적이 있습니다. 더불어 자녀분들이 앞으로도 오랫동안 회사에서 근무할 수 있는 여건을 조성할 좋은 기회의 장이 될 것입니다."라는 안내문을 받았다.
　딸은 피아노 독주를 준비하고 댄스, 그리고 합창에 참여한다는 전화도 있었다. 나는 초대장을 받아 딸에게 읽어 주었다. 딸은 얼굴에 웃음꽃이 활짝 피었다. 그런데 내 건강은 수술 후유증으로 인해 너무 좋지 않았다. 아프다는 이유로 '참석하지 못할 것 같다.'라고 전할 수도 없었다. 그래서 '참석하겠습니다.'라는 답을 전해드린 것이다.
　페스티벌이 있는 날, 딸의 회사 퇴근 시간에 맞추어 일찍 회사 앞에서 기다리다 딸을 맞았다. 페스티벌이 열리는 곳에 가기 전,

▲ 나는 노래하는 리더

들려야 할 곳이 있기 때문이다. 헤어샵이다. 그곳에서 화장도 하고 머리도 만지며, 준비된 드레스도 입혀 보고, 마치면 점심 식사도 간단히 먹여야 했다.

예쁜 옷을 입혀 보내 달라는 선생님의 부탁에 부응한 것이다. 딸은 페스티벌이 무엇인지 잘 모르겠지만 '선생님이 오라고 하셨어요.'라면서 기뻐하였다.

오후 2시에 시작한다는데 행사장에는 벌써 사람들이 가득하다. 어머님들의 마음이 먼저 설레었는지 입가에는 웃음꽃이 가득하였다. 출연자들도 모두 가족의 손을 잡고 들어왔다. 먼저 온 사람들은 예행연습을 하기 위해 30분 전에 왔다고 한다. 피아노 리허설 시간이다. 신나게 실전처럼 피아노를 연주하는 모습에 주변 사람들은 물론 선생님께서 더 좋아하셨다. 다음은 댄스팀이었다. 언제 그렇게 연습했는지 리듬감이 좋아, 어느 팀보다도 더 흥에 취할 수가 있었다.

식장 안은 온통 시끌벅적하였다. 이어서 곧 시작하겠다는 안내자의 장내 방송이 있었다. 복지관 관장님이 나오셔서 인사하자, 관중들은 그때에야 조용히 자리에 앉는다. 관장님은 언제나 장애우의 편이셨다. 자상하시고 사랑이 넘치며, 두 손 모두 장애우들에게 내놓으신 분이시다. 그 산만하던 자리를 한마디로 정리하신 그 인품이 대단하셨다. 행사는 시작되었고 언제 오셨는지 딸의 회사 사장님과 김 과장님 얼굴이 멀리 보였다.

피아노 독주 시간이다. 화려한 드레스에 미소를 짓는 얼굴이며, 살포시 앉는 모습은 어느 나라 천사가 내려와 피아노 연주를 준비한 것처럼 아름답게 보였다. 선생님의 신호에 울려 퍼진 손놀림은, 그 어느 것과도 바꿀 수 없는 환상이었다. 박수가 이어졌고 사장님과 김 과장님의 얼굴이 더 환하게 빛났다. 무대 고별인사를 하는 딸에게, 그 무뚝뚝하던 과장님은 한아름의 꽃다발을 딸에게 안겨 주었다.

경험이 추억이 되어 좋은 기억으로 남아, 필요할 때 꺼내 보면 좋겠다. 우림아, 오늘 참 잘했다. 피아노 칠 때는 엄마가 너무 좋아서 울었다. 피아노를 연주하는 네 모습이 멋있고 자랑스러웠다. 멋이 있는 토요일 오후는 참 따뜻하였다.

회사의 업무 단축으로 일어난 일

🚶 버스는 폭설에 멈추고

　창밖은 여전히 눈이 펑펑 내리고 있다. 아침부터 내린 눈은 전혀 그칠 줄을 모른다. TV에서는 몇십 년 만에 많이 내린 폭설이라고 한다. 비닐하우스가 내려앉고 개사와 우사가 무너졌다고 한다. 남의 일처럼 여겨지지 않았다. 그때 전화벨이 울렸다. 딸이 다니고 있는 회사에서 걸려 온 김 과장의 전화였다.
　"어머님, 눈이 너무 많이 내렸어요. 눈 때문에 회사 업무를 단축하려고 합니다. 지금은 눈이 조금 덜 내린 것 같아 4시경에 아이들을 퇴근시키려 합니다. 시간이 조금 더 지나면 눈 때문에 교통이 끊어질 것 같습니다."
　"그러면, 과장님께서 애들 잘 타일러서 시내버스를 타도록 해주세요. 첨단에서 우림이를 만나 데리고 오겠습니다. 고맙습니다."라는 말도 채 끝나기도 전에 버스 시간에 맞춘다며 아빠는 펑펑 내린 눈길을 나섰다.

"엄마, 눈이 많이 와요. 엄마, 회사 끝났어요. 지금 갈게요. 엄마, 아빠는?"

"그래, 아빠는 너를 데리려 첨단으로 벌써 가셨다. 첨단 시내버스 38번 내린 곳에 계실 것이다, 아빠 만나 29번 버스를 함께 타고 오면 좋겠다."

얼마 후 아빠는 첨단에 도착했으며, 딸이 오기를 기다리고 있다는 전화가 와서, 딸로부터도 전화가 왔으니 조금 기다려 29번을 타고 오면 좋겠다고 전해주었다.

창문 넘어 내 시야에 들어온 차들은 거북이걸음을 하고 있었다. 딸이 어디쯤 오고 있나 궁금하여 전화를 다시 걸어 보았다.

"우림아, 지금 어디쯤 오고 있어?"하고 물으니 38번이란다.

아직도 38번이냐고 물었을 때, "응, 엄마. 눈이 너무 많이 와."하며 울먹인다.

얼마쯤 시간이 지났다. 이제 버스에서 내렸겠다 싶어, 전화를 걸었다.

"지금 어디야, 아빠 만났어?"

"아니, 친구들과 눈싸움하고 있어."

"거기가 어디인데?"

"몰라요."

딸은 일방적으로 전화를 끊어 버렸다. 자기중심적인 사고 속에 매몰되어있기 때문에, 어떤 문제의 해결보다는 지금 눈앞에 전개되고 있는 눈싸움이 더 중요한 것 같았다. 의사소통이 어려운 딸이기에 전화가 끊겨 걱정되었다.

"지금 어디에 있어?"

"엄마, 몰라. 얼른 와."하고 전화를 끊어 버린다.

밖은 점점 어두워지고 있어 급한 마음에 딸에게 다시 전화를 걸었다.

"우림아, 아파트가 보이니?"

"엄마, 없어. 아무것도 없어."

딸이 있는 주변에는 아무것도 없는 허허벌판인 것을 짐작할 수 있었다. 옆에 있는 친구의 음성이 가냘프게 들린다.

"비아다, 비아."

말소리가 들리는 것을 보면, 네 명의 동료가 비아 쪽으로 걸어오고 있는 것 같이 생각되었다. 그래도 네 명의 친구가 함께 있어서 조금은 안심이 되었다.

시간은 걸리겠지만, 장애우들은 작은 지혜를 모아 집으로 오고 있다. 그들은 서른에 가까운 나이들이지만 정신연령은 아주 낮은 청년들이다. 방향이나 잘 잡아 오는지 걱정되었다. 딸을 기다리고 있는 아빠의 마음은 어떠할지 싶어 연락을 드렸다. 딸의 상황을 잘 몰라 어떻게 움직일 수 없어, 종점에서 망부석처럼 기다리고 있단다. 생각을 더듬어 보니 비아 쪽에서 첨단 쪽으로 장난을 치며 눈싸움하고 오는 것 같아, 그쪽으로 눈을 돌리고 있단다.

🚶 힘을 모은 네 명의 장애우

네 명의 장애우들은 얼마나 힘이 들었을까? 눈 내리는 황막한 들판에 버려지다시피 한 장애우들, 어둠이 내린 차가운 밤길을 터덜터덜 걷고 있는 네 명의 청년, 누구 하나 손잡아 주지 않는 상태에서 얼마나 두렵고 힘이 들까? 그런데도 힘이 되어주지 못한 나 자신이 그들에게 미안하였다.

눈이 많이 내려 버스를 운행하기에 어려움이 많았으리라는 생각은 들지만, 기사님의 무책임이 원망스러웠다. 차를 운행하지 못한다면, 버스에 타고 있는 사람들을 책임 있는 행동으로 처리해야 하지 않겠는가? 그런데 다른 사람도 아닌 장애우 네 명을 '그대로 내버려뒀다.'라는 말인가? '그 버스에 탔던 건강한 사람들은 그냥 제 갈 길로 가버렸다.'는 말인가? 장애우의 엄마로서 생각해 보니, 장애우들을 방관한 기사님을 용서하기가 어려웠다. 서운하기도 하고, 답답하기도 하고, 노엽기도 하였다.

유추해 보면, 아마 버스가 고장이 나 멈췄던 곳이 하남공단 조금 지난 곳 같다. 그곳에는 논과 밭, 그리고 과수원들뿐인데, 그 길로 오다 버스가 멈추어 버렸다. 딸은 동료들과 비아 쪽으로 가는 버스 길을 따라오고 있는 것 같다. 허허벌판을 캄캄한 밤에 네 명의 장애우들이 걸어오는 것이다. 전화하고 또 전화하고, 걱정한다는 핑계로 내 생각만 하였는데, 얼마나 전화 받기에 손이 시렸을까? 전화라도 하지 않으면 방 안에 있을 수가 없을 정도로 심기가 불편하였다. 해님은 서산에 제집 찾아 들어간 지 오래고, 눈 쌓인 길은 미끄럼 터가 되고, 앞이 침침하게 보이는 캄캄한 밤길은 얼마나 당황스럽고 무서웠을까?

눈물을 짜내며 다시 전화를 걸었다. '앗'하며 미끄러지는 소리에 전화가 끊기듯 하였다. 그러나 딸을 도울 수도 없고 마음은 더욱 초조하여 견딜 수가 없었다. 조금 뒤 끊기지 않은 전화기 속에서 웅성거린 소리가 들렸다.

"우림아, 어디 다쳤어?"

"아니요. 엄마, 김대연 동생이 업어 주네. 혜란이가 도와주네. 엄마, 걱정하지 마."하며 오히려 나를 안심시키는 말은 내 가슴마저 먹먹함으로 가득 차오르는 밤이었다.

엄마를 오히려 걱정하는 딸이 대견스럽기도 하지만, 내 마음은 너무 아파져 왔다. 시간은 점점 흐르고 수십 번의 전화 통화로 딸의 위치를 묻고 또 물었지만, 답답하기만 하였다. '엄마가 곁에 있단다'라고 안심을 주려고 연락을 취해보았지만 답답함으로 돌아오는 밤이었다. 전화 받기도 힘들었을 딸의 손가락은 얼지나 않았을까 걱정되었다.

"엄마, 이제 걸어갈 수 있어? 다리가 조금 아파."라고 말할 때도, 엄마는 손을 내밀어 주지 못해 아쉬운 밤이었다. 그래도 네 명의 장애우는 서로 의지하고 격려하였다. 누나를 업고 동생들은 당기고 밀며 작은 힘을 보태며, 첨단 종점까지 왔다. 우림이 아빠를 만났을 때 그들은 얼마나 좋았을까? 아빠는 한 사람씩 한 사람씩 품어주며, 얼어있는 손가락을 조금이라도 문질러 녹여 준 후에 각자의 집으로 버스를 태워 보냈다고 하셨다.

그들도 집으로 무사히 돌아갔다. 혼자서는 할 수 없는 작은 지혜를 모아 스스로 문제를 해결해 나갔다. 우리는 그들의 작은 지혜와 힘을 본받아야 할 것이다. 네 명의 장애우는 작은 지혜와 힘들을 모았지만, 그 작은 힘들은 크게 나타나 스스로 집을 찾아가는 지혜의 원동력이 되었다. 사랑하는 딸은 꽁꽁 얼어붙은 동태가 되어 내 품으로 돌아왔다. 어두운 밤 그 길 위에는 순찰차까지 얼어붙었나 싶다.

장애우의 일터

🚶 사장님, 돈을 빌려달라 한다

늦은 오후, 전화벨 소리가 울렸다. 딸의 회사로부터 걸려 온 전화였다. 나는 화들짝 놀라며 딸과 관련된 전화인지 물었다.

'딸에게 무슨 일이 있었을까?', '이성 문제일까?', '아니면, 회사에서 동료들 간에 일어날 수 있는 일인가?' 하고 걱정되었다. 그런데 회사 사장님으로부터 전화가 왔단다.

나는 뒷말을 들을 틈도 없이 "회사 그만두래요? 재미있게 다니고 있는데…"라면서 숨도 못 쉬게 다그쳤다.

"아니요, 돈이 필요하다고 전화가 왔어요. 혼자 해결할 수 있는 비상금도 아니고, 그렇다고 쉽게 대답할 수 있는 금액도 아니라서 조금 걱정이 되네요."

"얼마나 필요하다고 해요? '이만큼인가요?'"하며 손가락을 쫙 펴

보였다.

그래도 아무 말씀도 없이 묵묵히 계신다.

"여보, 당신은 뭐라고 하였어요?"

"응, 거절할 수가 없어서, 내 비상금에서 피해가 없는 범위로 대답했어요. 그랬더니 그것 가지고는 아니 된데요."하며 또다시 창밖을 내다보며 수심에 잠기었다.

"어디에 쓰신데요?"

"뭐 회사를 확장하는 데 필요한 계약금인가 봐요. 친구가 주기로 하였는데 약속을 어겼다고 하네요. 죄송하다면서 '어쩔 수 없이 무례한 부탁을 드렸다'라고 하며 5일 후면 돌려준다고도 하고요."

"그래요?"

나는 사실 5일이라는 말을 믿기가 더 어려웠다. 5일 쓰려고 우리한테 돈 이야기를 한다는 것에 의문이 더 커졌다. 그때 문득 내가 어려운 형편에 놓여있을 때, 나의 진심을 알고 도와주셨던 분들의 얼굴이 떠올랐다.

"여보, 딸의 결혼 비용이 얼마나 들까?"

남편이 듣기에는 웬 뚱딴지같은 소린가 생각하겠지만 분위기도 바꾸어 볼 겸 말한 것이다.

"뭐, 잘해 준다면 이만큼 들겠지요."하면서 손가락을 쫙 펴 보였다.

나는 어처구니가 없어서 웃었다. 처음에는 아이처럼 장난삼아 내가 '이만큼'하면서 손가락을 펼쳤고, 이번에는 아빠가 딸 결혼 비용이 이만큼 들 거라며, 열 손가락을 쫙 폈다. 눈치 빠른 나는 "그래요? 그렇게 들겠지요. 더도 들겠지요."라며 결론이라도 난 것처럼 전화하라고 하였다.

"사장님, 빌려 달라고 말씀하신 돈 내일 송금해 드리겠습니다. 계좌 보내주시고 돈이 융통되면, 그때 내 계좌로 넣어주세요."라며 남편은 메시지를 남겼다.

사장님으로부터 고맙다는 인사까지 넣어 계좌번호를 보내왔다. 사장님은 5일 후 '감사하다'라는 말과 함께 원금과 이자를 보내왔다. 우리는 사장님께서 약속을 지켜주신 것에 감사하며, 이자는 다시 사장님 계좌로 송금해 드렸다. 나도 남을 도울 수 있다니? 이 얼마나 좋은 일인가? 나도 남의 도움을 받고 살아왔는데, 작은 도움이지만 필요한 분에게 도움을 줄 수 있어서 참으로 기뻤다.

어느 날 퇴근길에 딸이 보따리를 들고 왔다. 작업복이었다.

"엄마, 이제 아침에 일찍 일어나지 않아도 된다."

"왜, 무슨 일이 있었니?"

딸은 아무 말도 하지 않은 채, 나를 꼭 껴안아주면서 "내일부터 나도 아르바이트할 거야."라는 말을 남겼다. 사회생활을 하면서 '아르바이트'라는 새로운 언어를 습득해 온 것이다. 무슨 일을 하는지도 모르면서, 아르바이트 노래를 부른다.

"누가 알려주었지?"

"응, 반장님이 그랬어. 돈 없으면 아르바이트하라고. 엄마, 근데 아르바이트가 뭐야?"

내게 다그치는 딸에게 나는 뭐라고, 어떻게 가르쳐야 할까요? 고요가 한참 동안 흘렀다. 나를 빤히 바라보고 있던 딸은, 내 목을 힘껏 잡아당기며 말하였다.
"엄마, 아르바이트는 좋은 거지?"
"그럼, 아르바이트는 좋은 거지."
아무것도 알지 못하는 딸을 꼭 껴안아주었다. 몇 년 동안 즐겁게 다녔던 회사가 어려워졌다. 딸은 과장님과 더불어 1차 해고의 대상이 되었다. 내 품에 잠든 딸은 이제 실직 생활을 경험해야 했다. 다시 일어서는 날 부르겠다던 그 사장님은, 마음의 셔터를 깊게 내리는 소리만 들렸을 뿐 올리는 소리는 아직 들리지 않는다.

🚶‍♀️ 어린이집 보조교사

　광주북구청에서 장애인 일자리 모집이 있었다. 소식을 접하고 구청을 방문, 직원의 안내를 받으며 지원서를 제출하였다. 며칠 후 면접을 보던 날이다. 면접관은 딸에게 몇 가지 질문을 하였다.
　"우림 씨는 무엇을 잘할 수가 있어요?"
　"나는 피아노 잘해요."
　"그럼, 아이들도 잘 도와줄 수 있나요?"
　"네, 할 수 있어요."
　잠시 머뭇거리던 면접관은 딸에게 몇 가지 질문을 더 한 뒤, 구청에서 운영하는 어린이집에서 일할 수 있도록 해주었다. 딸은 그해 12월까지 6개월 동안 열심히 근무하였다.
　구청에서는 어린이집에 더 근무할 수 있도록 허락한 것 같은데, 원장의 허락이 없었다. 학부모님이 오면 딸은 아이들과 선생님과의 불만족스러운 사실들을 다 말해 버린단다. 꾸지람을 들었던 일, 장난치는 일, 어린이집에서 일어난 일들을 모두 학부모님에게 일러바친 것이다. 재미있게 놀았던 일도, 꾸중을 들었던 일들도 모조리 말해 버린 것이다. 피아노를 치는 보조교사로서는 참 좋으나, 학부모에게 있었던 일들을 사실대로 다 고하는 일들이 부담된다는 것이다.
　구청에서는 딸을 다시 우리 마을에 있는 어린이집에 재발령을 내주었다. 가까운 곳이라 혼자 출근하는 모습이 참 좋아 보였다. 그런데 여기 어린이집에서도 아이들을 꾸밈없이 관찰하고 전달하는 과정이 전과 똑같았다. 딸은 기본 생활이 몸에 배어있어 그 궤도를 벗어나지 못한다. 거짓과 꾸밈이 없기에 보고 들은 그대로 유아들의 생활을 학부모님께 전한 것이다. 학부모님이 듣기 좋게 말을 거짓으로 꾸며 전할 능력이 되지 못한다. 본 대로 느낀 대로 사실 그대로를 표현한 것이다. 이것이 아이들의 어린이집 생활을 보는 딸의 진실이었다. 보는 대로, 있는 그대로, 사실을 사실대로 꾸밈없이 학부모에게 전달하는 것은 올바른 교육의 한 단면이다. 딸은 진실만을 말하고 싶은데 세상은 그렇지를 못한 것 같다. 악화가 양화를 구축하고 진실이 감추어지고 있었다.

　가는 곳마다 피아노 보조교사로서는 손색이 없었지만, 보는 대로, 듣는 대로 전달의 메신저 과정에 문제가 발생하고 있었다. 어린이집에서 한결같이 재능은 인정하면서도, 언어 전달에서 직설법을 사용하는 바람에 또 6개월 근무에 그쳤다. 이는 참으로 슬픈 일이다. 20여 년 동안 딸을 위한 대안학교 교육은 나의 투병 생활이 시작됨과 동시에 멈춰버렸다. 엄마인 내가 수술만 하지 않았다면, 나의 건강이 조금만 일찍 회복되었다면, 나는 유치원으로 돌아갔을 것이다. 그러나 나의 투병 생활은 그렇게 순탄치를 않았다. 건강이 회복되면 다시 돌아가려고 기다리고 기다리었지만, 유치원을 넘길 수밖에 없었다.

　이것은 딸에게 아픔으로 가는 길이 되었고 희망의 길을 잃게 된 것이다. 나에게는 눈물의 길이 되었다.

체험활동으로 배우는 삶

♣ 참정권 행사

　참정권 확대는 그 사회의 인권 의식의 진보를 의미하기 때문에 사회운동 분야에서 굉장히 중요하게 다루어지고 있다. 선진국에서는 모든 시민이 가지고 있는 권리이고, 다른 권리들에 대한 요구가 높은 편이다.
　마침, 대통령 선출을 위한 투표가 있어서 딸에게 투표권을 행사하도록 투표하는 방법을 가르쳐주고 싶었다. 선거가 있을 때마다 투표에 참여시켰지만, 지금도 혼자서 투표하는 데는 여러 가지 어려움이 따랐다.
　이번 대통령 선거는 딸이 먼저 관심을 보였다. TV를 보았는지, 대통령 후보 이름을 노래 부르듯이 부른다. 그래서 이번에는 혼자서 투표할 수 있도록 한번 시도해 보려고, 아빠가 먼저 투표에 참여한 후, 머릿속으로 투표용지를 그려오도록 부탁하였다. 투표를 마치고 돌아온 아빠는 어김없이 머릿속에 담아둔 투표용지를 그대로 그려냈다.

딸에게는 투표용지가 거의 똑같아야 한다. 만일 투표용지의 색깔이나 크기가 다르면 딸에게는 많은 저항이 따른다. 비슷하게 투표용지를 만들어 컴퓨터 인쇄기에서 투표용지를 몇 장 뽑아냈다. 그리고 투표하는 막대까지 만들어 투표하는 교육과 훈련을 반복하였다. 누구를, 무슨 당을 선택하여 투표하라는 말은 하지 않았고, 딸의 자유의사에 맡겼다. 이번 선거운동은 너무나 요란스럽고 TV나 주변 사람들로부터 많은 소리를 듣고서 딸은 그 대상을 선택하였을 것이다.

선거일이 되자 딸은 다른 날보다 일찍 일어나 아침을 먹은 뒤, 투표하러 가자며 우리를 재촉하였다. 그래서 투표장에 가기 전에 투표하는 방법에 대해 다시 한번 교육하였다.

"우림아, 투표할 때는 투표용지에 인주가 묻으면 안 되고, 한 사람만 가운데에 반듯이 찍고, 후후 불어 마르면 접어서 투표함에 넣어야 한다. 그리고 누구에게 찍은 사람을 말하면 절대 안 된다." 라고 다시 한번 주의를 시켰다.

투표 장소에는 투표자들이 긴 줄을 서서 북적대고 있었다. 차례를 기다린 딸은 안내자의 안내를 받아 종사자들에게 주민등록증을 보이고, 투표용지를 받아 칸막이 속으로 들어갔다. 딸은 잘 접은 투표용지를 들고나와 투표함에 넣으면서, 나를 한 번 쳐다보며 뿌듯한 듯 '씩' 웃었다.

국회의원을 선출하는 총선의 해이다. 그런데 딸에게는 큰 문제가 생겼다. 각 지역에서 한 사람을 선출하는 데는 그들에게 익숙하여 큰 문제가 없겠지만, 딸의 입장은 연동형 비례 대표제 앞에서는 혼란이 가중되고 있었다. 한두 개의 당도 아니고 군소정당이 너무 많아 딸을 어떻게 교육하여야 참정권을 바르게 행사할 수 있을 것인지 고민이 많았다. 처음에는 나도 연동형 비례 대표제를 이해하지 못하였다. 그런데 너도나도 크고 작은 당을 만들어 무려 38개 당으로, 투표용지 길이가 51.7cm 란다. 내가 알고 있는 지인들도 투표용지가 너무 길다고 야단들이다. 그런데 정작 내 딸은 아무 말이 없었다. 엄마인 나만 시끄러웠다. 딸이 이렇게 복잡하고 기다란 투표용지로 참정권을 바르게 행사할 수 있을지 의문이 갔다.

이번 선거에는 이른 아침 한가한 시간을 이용하여, 가벼운 발걸음으로 한 표의 참정권을 엄마 아빠, 그리고 딸과 함께 행사하였다.

🐦 우표 없이 배달된 편지

'띵동띵동'하고 초인종 소리가 들려왔다. 이 시간에 집에 찾아올 친구가 누구일까? 궁금하여 빠른 걸음으로 "누구세요?"하며 뛰어나갔다. 이렇게 늦은 시간에 혹시 하는 생각이 들어 긴 호흡을 하고서, 현관문 구멍으로 조심스럽게 눈을 내밀어 밖의 상태를 살펴보았다. 초인종을 누르신 분은 우리 아파트에 등기를 배달하신 여사님이었다. 깜짝 놀라 문을 열고 나가 보니, 여사님은 빙그레 웃으시면서 우표가 붙여지지 않은 2개의 편지봉투를 내밀어 보여주셨다.

우표 없는 편지를 배달하려고 오셨다는 것이다. 편지 한 통은 엄마에게, 또 한 통은 아빠에게 붙인 것이다. 편지 겉봉에는 잘못 쓰인 집 주소와 함께 '사랑하는 딸 최우림'이라고 적혀 있었다. 딸은 그 편지봉투를 우표도 없이 우체통에 넣은 것이다. 집배원 여사님은 우리 동네에 편지를 배달하실 때 인사를 잘하는 딸을 기억하셨단다. 항상 보면 "안녕하셔요. 최우림이에요."라고 인사를 잘해서 이름을 기억하여 경비실에 물어 찾으셨다는 것이다. 퇴근 후 시간을 배려하여 '딸의 사랑의 편지'를 배달하고 싶으셨다는 것이다.

나는 편지봉투의 겉봉에 쓰인 글씨만 보아도 누구의 편지 인가를 단번에 알아볼 수 있었다. 늘 딸은 쪽지를 남기고 메모도 남기며, 무엇인가 자기의 마음을 전하고 싶을 때 이렇게 쓰곤 했었기 때문이다. 그렇지만 이렇게 배달원을 통해서 배달시키는 경우는 32년 만에 처음이다. 떨리는 마음으로 조심스럽게 봉투를 열어 편지 내용을 읽어 보았다. '사랑하는 엄마에게'라며 쓴 편지는 문장은 거칠었지만, 그 뜻은 이해할 수 있었다.

 나는 딸이 나에게 전하고자 하는 마음을 다 읽을 수가 있었다. 나만 딸의 감정 속에 잠긴 그것이 아니다. 고개 너머에서 읽고 계신 아빠도 눈시울이 붉어지고 있었다. '엄마 사랑한다'라는 말과 '행복하다'라는 말은 늘 쓰고 있는 말들이다. 그러나 이번에 삽입된 문장은 '엄마, 시간 잘 마(맞)추어 야(약) 드세요'라는 메시지가 담겨 있는 것이 아닌가? 딸의 받침은 정확하지는 않아도 그 마음을 들여다보며 읽을 수 있었다. 딸의 깊은 사랑의 마음을 알기에 그 감정을 이해하면서 별 어려움 없이 읽었다. 그러나 문장이 채 끝나기도 전에 눈물이 촉촉이 적셔왔다. 글을 쓴 날짜와 연도가 선명하게 적혀 있었다. 맺는말에는 '사랑하는 딸'이라고 쓰여 있었다. 눈시울이 빨개지도록 난 읽고 또 읽었다,

 버릴 법도 하는데, 밤늦게 배달하는 그 여사님에게 고마운 마음을 담아 보았다. 사랑스러운 딸이 우표도 없이 붙였지만 받아 볼 수 있었고, 딸의 마음이 다치지 않았기에 고맙게 생각되었다. 그뿐 아니라, 우표 없는 편지를 배달해주신 여사님이 있음에 감사한 생각이 들었다. 자신의 사명을 넘어 잘 감당하는 여사님을 통하여 딸의 마음을 전달받을 수 있어서, 우리 가족은 더욱 행복하였다.

"여사님 고마웠어요."라고 칭찬해 드리고 싶다. '당신이 있어서 이 사회는 살만합니다.'라고 작은 소리를 내어본다. 좋은 세상, 살만한 세상에서 사랑하는 딸과 함께 걸어가는 길이 결코 어둡기만 한 것 같지 않았다. 밤늦게까지 사랑을 나누신 여사님은 진정 내 딸의 사회 현장의 참 교사였다.

🐦 이웃 심부름

심부름은 딸의 사회성 발달에 커다란 도움을 준다. 오늘도 딸은 상추와 고추를 담은 비닐봉지를 들고서 엘리베이터에 올랐다. 처음에는 나와 함께 나눔의 시간을 가졌으나, 몇 차례 함께한 시간이 쌓이자, 이제는 혼자서 '심부름하겠다'라며 나섰다.

철 따라 가지며 고추, 풋 호박, 상추, 가지 등을 담은 봉지를 현관 손잡이 문에 걸어놓고, 벨 한번 눌러주고 내려올 뿐인데, 딸은 심부름하는 것을 재미있어하였다.

나는 혹여 이웃을 만나면, 이름과 얼굴을 잘 모르지만, 그냥 "안녕하세요."하고 인사를 건넨다. 그런데 딸은 그분들과 언어 소통이 잘 되며, 나보다 훨씬 친근한 말들이 오고 갔다.

어느 날, 딸이 아이스크림 한 봉지를 들고 왔다.

"이 아이스크림 누가 주셨어?"라고 물으니, '몰라'하면서 손가락으로 아파트 위층을 가리켰다.

무공해 채소를 주는 것보다 받아온 것이 더 많았다.

마침, 비가 개고 날이 맑아 시골집 텃밭 채소들을 한 바구니 담아왔다. 여느 때와 마찬가지로 좋은 것들을 골라 몇 집에 나누어 주려고 비닐봉지에 담았다. 딸은 신이 나서 노래 부르며 현관문 손잡이에 채소를 담은 봉지 한 개씩 걸어두고, 벨 한번 눌러 놓고 좋아서 노래 부르며 돌아왔다.

 다음에도 주렁주렁 열린 싱싱한 오이를 따다가, 식단에 오르도록 한두 개씩 나누어 주어야겠다. 딸은 오토바이는 아니지만, 입으로 부릉부릉 흉내를 내면서 오르락내리락할 것이다. '부릉부릉' 요란한 소리가 위 아래층을 날아다닐 것이다. 그뿐 아니라, 심부름은 고마움까지 담아 이웃을 기쁘게 할 것이다. 오늘도 딸을 위한 사회화 교육은 계속되고 있다. 이는 딸에게 나눔의 산교육이 되었다.

🚶 은행, 통장 개설

적금통장을 만드는 데 필요한 것들을 가방에 넣고 딸과 함께 제2금융권인 신협으로 갔다. 매일 1만 원씩 자유적금을 할 수 있도록, 1년 만기 통장을 딸에게 개설해주기 위해서다.

- **통장개설**

담당 직원과 딸은 처음 고객으로 만났다. 직원이 이름과 주소를 쓰라고 말하면 그대로 쓰고, 도장을 찍으라면 그대로 찍었다. 그러나 "비밀번호를 어떻게 할 것인지, 숫자를 누르라."라고 직원이 말하자, 나를 바라보았다.

나는 딸에게 틀려도 좋으니 '네가 알고 있는 숫자 중에서 4개를 누르면 된다'라고 일러주었다. '삐, 삐' 소리가 났다. 직원이 '한 번 더 누르세요'하자 또 '삐삐'하고 누르는 소리가 들리는데, 처음 눌렀던 숫자와 같은지 '잘했어요'하며 칭찬 소리가 들려왔다.

통장 개설이 끝나고 딸은 통장과 주민등록증, 그리고 도장까지 잘 챙겨 가방 속에 넣고는 '다음에 올게요'라고 말하자, 직원도 '다음에도 저에게 오세요. 도와드릴게요'라고 말했다.

"잘했어. 우리 딸, 참 잘했어."하고 등을 두들겨 주었다.

둘이 손을 꼭 잡고 집으로 돌아올 때, 딸은 개설된 통장을 내게 보여주면서, 통장에 쓰인 '10,000'이라는 숫자를 가리키며 '이것이 무엇이냐?'라고 묻기에 '만원'을 저금한 것이라 대답해주면서, 공휴일만 빼고 날마다 이렇게 저축하면 '좋겠다'라고 일러주었다.

"그런데 엄마, 비밀번호가 뭐야?"

"응, 통장에 있는 돈을 찾으려면 필요하단다. 1년 후에 돈이 많이 모이면, 그때 돈을 찾을 거야. 그때 비밀번호가 필요하단다."

"엄마, 비밀번호 가르쳐줄까?"

"아니야, 비밀번호는 절대 가르쳐주는 것 아니야."

"그럼, 엄마만 알고 있어. 시골집 대문 번호랑 같아."

나는 깜짝 놀랐다.

- **돈의 개념**

자유적금을 통하여 돈의 개념을 이해할 수 있도록 교육계획을 세웠다. 먼저 달력을 통하여 1주일에 몇 번을 저축하러 신협에 가야 하는가를 가르쳤다. 달력을 보면서 공휴일이 없는 1월 2주에는 '몇 번을 신협에 가야 하느냐?'라고 물었더니, "월, 화, 수, 목, 금" 다섯 번이라고 말했다. 그러면서 토요일은 쉬는 날이고 일요일은 교회 가는 날이라고 한다. 은행에 문이 열린 날을 이해하고 있는 것 같아 마음이 놓였다. 돈을 담을 봉투를 준비해 오라고 말하자, 봉투 5개를 가지고 오기에 봉투 겉면에 요일을 쓰도록 하였다.

하루에 만 원씩 적금하려면 1주일에 돈이 얼마나 필요한가를 계산해 보도록 하였다.

"월, 화, 수, 목, 금요일, 5만 원 주세요."

나는 다시 한번 달력을 보며 확인하고, 5만 원을 딸에게 주었다. 딸은 요일별로 쓰인 봉투 안에 1만 원씩을 넣어 책상 서랍 속에 가지런히 넣어 놓았다.

딸은 인사하는 것이나 직원을 대하는 모습이 자연스러웠다. 적금하고 오면, 언제나 얼마를 적금했으며, 합이 얼마인가를 말하도록 했다. 통장에 적힌 금액을 읽어 보고 돈에 대한 개념을 이해하도록 한 것이다.

처음 열 번을 적금할 때까지는 '십만 원'하고 쉽게 읽어 주더니, 그다음부터는 혀가 잘 돌아가지 않아 어려워했다. 그때는 통장에 적힌 숫자를 보여주며 소리 내어 읽어 보도록 하고, 발음이 어려우면 반복해서 읽어 주며, 따라 해 보도록 하였다. 수 개념이 일부 생겼다.

"우림아, 10,000원이 되려면 5,000원권 몇 장을 줘야지?"

"응, 두 장."

10,000원은 5,000원권 2장과 같음을 알고 있었다. 그 주엔 5,000원권 10장을 주면서 담아 보도록 하였다. 어떤 주는 1,000원권 5장과 5,000원권 1장과 같음을 알게 하고, 이 두 가지를 합하여 담으면 10,000원과 같음을 알게 하였다. 복잡하지만 천천히 가르치며, 그렇게 담아 보도록 교육을 한 것이다. 어떤 주에는 1,000원권 10장씩을 봉투에 담기도 하였다. 그뿐 아니라, 10,000원권, 5,000원권, 1,000원권을 혼합하여 담아 보도록 하기도 하였다. 세 가지 돈을 섞어 놓고 봉투에 넣게 하였더니, 50,000원을 다 넣어야 한다는 것을 알기에 천천히 계산하며 봉투에 넣었다. 몇 주 동안은 지폐

를 섞어 가며 봉투에 넣어보도록 하였다. 1,000원권과 5,000원권, 10,000원권, 그리고 50,000원권을 구별할 줄 알았다.

　친절한 직원 때문에 딸의 교육 효과는 컸다. 자유적금 만기 일이 되어, 직원의 안내를 받아 딸의 노후 대책으로 재이체를 하였다. 그런데 1년이 지났는데도 비밀번호 4자리를 기억하고 있었다. "어떻게 알고 있어?"하고 물었더니, 픽 웃으며 "대문 번호"라고 하였다.

공공요금 내기

생활인으로 살아가려면 경험해야 할 일들이나 알아야 할 규칙들이 참 많다. 그중의 하나가 공공요금을 내는 일이다. 공과금을 자동 이체로 연결해 놓았다. 정해진 날짜를 넘기지 않고 연체료 없이 자동으로 납부가 되니 참 좋다. 자동 이체 방법을 이해할 수 없는 딸은 이렇게 수납하는 방법마저 배우는 경험이 없다면 공공요금이 무엇인지? 있는지? 없는지도 모를 것이다. 공공요금의 개념을 알려주기 위해 훈련과 교육으로 이어갔다.

어느 날 자동 이체에서 차질이 났다. '40원을 내라'는 납부 통지서가 날아왔다. 딸은 적은 금액의 돈이라는 생각이 들었는지, 자신의 용돈으로 내고 자신 있게 '신협에 다녀왔다'라며 영수증을 내보였다. 그런데 영수증을 살펴보니 도장이 없다. 도장이 찍히지 않은 것을 발견한 딸은 "도장이 빠졌다."라고 확인하고, "도장이 없으니 받아와야 한다."라며, 선 자리에서 그대로 달려가 영수증에 도장을 받아 왔다.

문화신협 양산동 지점은 신뢰와 믿음으로 고객을 최우선으로 관리, 운영하고 있다. 이성준 지점장님은 '날마다 은행을 찾고 있는 우수 고객은 우림샘이다.'라고 하시며, 생일 케이크를 들려 보내주셨다. 더불어 직원들의 친절한 배려로 딸은 예금과 적금, 그리고 공공요금 납부에 대한 교육을 성공적으로 이끌어 주었다. 아낌없는 사랑과 책임감으로 오늘도 한 발 더 달려가도록 도와주신 직원들에게 감사드린다. 여러분이 딸의 사회교육 현장의 교사다.

필요한 물건 사보기

- **자판기 활용**

  자판기에서 음료수를 사 마시는 시범을 보였다. 딸도 그 방법대로 용돈을 이용하여 캔으로 된 음료수를 사 마신다. 사이다, 콜라 등 간편한 음료를 사 먹고 조금 여유로우면 음료수를 나누어 주기도 한다. 천원을 넣으면 캔이 하나 나오고, 뒤따라 잔돈도 나오는 그것을 잘 챙긴다. 간단하게 처리된 결과물에 재미있어하는 모습은 '나는 할 수 있다'라는 자신감에 차 있다. 친한 어르신분들께도 음료수를 빼 제공해 드리기도 한다. 복지관 점심시간이 끝나면 유독 자판기 두드린 소리가 많이 들리고 있다.

- **카드사용**

  매장에서 물건을 살 때는 먼저 필요한 물건을 찾아 품목을 정하고 메모한 후에 메모장에 적힌 대로 물건을 고르도록 하였다. 물건값을 지급하기 위해서 주로 카드를 사용하는데, 카드는 잃어버릴 염려가 있어 신용카드보다는 체크카드를 사용하였다. 체크카드에 연결된 통장은 적은 금액의 돈을 넣어 필요할 때 사용하도록 한 것이다. 혹여 금액이 부족하여 당황할 때도 있을지 몰라 통장 정리를 정기적으로 한다.

현금으로 필요 물품을 구매하는 훈련도 필요하지만, 카드사용이 더 안전하여 주로 카드를 사용토록 하였다. 현금을 이용할 때는 처음에는 5천 원 범위에서 사고 싶은 것을 사도록 하다가 금액을 차츰 높여 주었다.

딸은 낯선 매장에서 혼자 물건 사는 것을 조심스러워한다. 혹시 실수할까 봐, 나에게 도움을 청하기도 한다. 이럴 때는 스스로 구매할 수 있도록 곁에 있어 주면서 주인의 도움을 받아 결재하는 경험을 하도록 하였다.

이제 딸은 매장에서 한 번 사본 경험이 있어 필요한 물건을 사는 심부름도 하고, '할 수 있다'라는 자신감도 있어 보였다.

🧚 전자기기 사용

- **컴퓨터 활용**

  딸에게 컴퓨터 활용은 절대적이다. 장애우들은 비장애인들과 정보의 격차를 감수할 수밖에 없는데, 이 격차란 정보화 사회에서 정보를 얻을 기회가 공평하게 주어지지 않는 것을 의미한다. 정보가 경쟁적인 가치를 지니는 정보화 사회에서 차별 때문에 필요한 정보를 얻지 못했다면, 정보격차의 진전에 따라 소외계층은 더욱 뒤처지고, 그로 인해 기존의 사회경제적 격차가 더욱 확대된다면 심각한 사회문제가 될 것이다.

  딸은 컴퓨터를 활용하여 연속극을 본다든가 음악, 그리고 뉴스를 통해 필요한 정보를 얻고 있다. 또한, 교회 중창단 마하나임의 싱어로 활동하면서 리더가 주일 예배에서 찬양해야 할 곡을 선정하여 스마트폰으로 보내주면, 컴퓨터를 활용하여 검색을 통해 찬양곡을 찾아 연습한다. 일반적으로 예배를 드리기 전에 준비 찬양으로 네다섯 곡 정도를 찬양하는데, 어떨 때는 하루에 두세 시간씩 연습하였다.

  컴퓨터와 스마트폰은 그 사용법을 기본적인 것으로 켜고, 끄고, '다음'이나 '네이버', 그리고 '구글'에서 마이크를 통해 음성으로 찾는 법과 자판을 통해 글씨를 써서 찾는 방법 등 아주 기초적인 것을 가르쳐 주었을 뿐이다. 그런데도 혼자서 스스로 컴퓨터 사용법을 익혀 응용하며, 마이크까지 사용하여 찬양 연습을 하는 데 활용하고 있다. 일상생활에 잘 적용하고 활용하는 모습은 대단하다. 또한, 복지관에서 실시하고 있는 프로그램인 요가, 합창, 라인댄스, 난타는 딸이 컴퓨터를 통해 연습하고 있으며, 그밖에 미술, 차인벨, 그리고 국악 등은 컴퓨터와 스마트폰을 통해 연습과 복습을 하고 있다. 복지관에서 활동하는 모습들, 컴퓨터를 통하여 미리 예습하고 복습을 한 것이다. 이런 일들을 통하여 딸에게는 많은 도움이 되었다. 복지관에서 사용하는 프로그램을 스스로 컴퓨터를 활용하는 것인데, 이 방법은 유효하게 신지식을 받아들이고 전달하는 매체가 되었다.

- **휴대폰**

2003년 이른 봄, 취업 선물로 딸에게 휴대폰을 사주었다. 길을 잃어버린 때도 있고 회사에도 출근해야 하기 때문이다. 이제 휴대폰 사용이 가능할 것 같아서 사준 것이다. 매장 가게 직원이 휴대폰 사용법을 자세히, 그리고 차근차근 알려주었다. 이해하였는지 고개를 끄덕이면서 알았다는 신호를 보내었다. 직원이 '단축번호를 저장해 준다'라고 하기에 1번은 엄마, 2번은 아빠, 3번은 오빠, 그리고 4번은 교회 담임목사님, 등등 20여 개를 묶어 주었다. 회사원들과 친지들 번호 20여 개가 입력된 것이다. 직원이 '다 되었다'라고 말하면서 좋아하는 사람에게 전화해 보라고 하자, 주저함 없이 엄마인 나에게 전화하였다. 이번에는 단축번호 누르는 방법을 한

번 더 알려주고, 전화해 보도록 하였다.

딸은 신기해하면서 너무 좋아하였다. 딸을 지켜보시던 아빠가 전화를 걸 때나 받을 때의 방법도 가르쳐주셨다. 딸은 "엄마, 전화 사 주셔서 고맙습니다."라고 미소 띤 얼굴로 말하였다. 처음으로 가져 본 전화기라서 신기해하며, 여기도 걸어보고 저기도 걸어보곤 하였다. 신통방통한 것은 전화기를 사준 지 얼마가 되지 않아 전화를 걸고 받는 방법 외에 가르쳐준 일이 없는 데도 문자를 보내고 받는 것이나 알람 설정 방법을 터득하였다. 언젠가 만보기, 그리고 유튜브를 통해 노래와 연속극을 찾아 따라 부르기도 하고 감상도 하였다.

딸은 설정해 놓은 알람을 통해 아침 5시가 되면 일어난다. 회사에 출근할 때면 휴대폰을 호주머니에 깊숙이 넣고 '다녀오겠습니다.'라고 인사를 한다. 집에 돌아오면 넣었다 꺼냈다, 나를 향해 사진을 찍었다 야단법석이다. 그렇게 좋은가 보다.

딸이 휴대폰을 충전기에 끼워 놓고 샤워하러 들어갔다. 어제 하루 동안에 20여 통의 전화를 하였기에 '오늘은 얼마나 하였나?'하는 궁금증이 있어 몰래 전화기를 검색해 보았다. 오늘 하루에만 30여 통 넘게 하였다. 한두 사람에게만 집중하는 것을 보고 너무 놀랐다.

며칠 뒤다. 딸은 여기저기 전화하는 것이 문제가 되었다. 저장된 단축번호로 좋아하는 친구에게 마구 전화를 하는 것 같다. 절제 없는 연락으로 인해 친구를 하나, 둘 잃어 가고 있었다. '근무 시간에는 전화하지 말라'고 한 친구들을 이해하지 못한 딸은 울음을 보이기도 하였다.

　전화기를 사주었더니 친구들에게 전화를 많이 한다. 전화가 많아 회사 일을 못 할 정도란다. 민망스러운 것은 오빠에게까지 부탁하며 동생에게 '근무 시간에 전화 좀 하지 말라'라고 하는가 하면, 부모까지 동원하여 '전화하지 말아 달라'는 말을 나에게 부탁하는 지인도 있었다. 딸도 나에게 "엄마, 전화하지 말래"하는 소리를 늘 해왔다. 참으로 미안하고 조심스럽지만 '조금 이해해주지 못할까?'하는 서운한 마음도 있었다. 전화 때문에 힘들어하는 이름을 눈물로 하나하나 지웠다. 전화를 많이 한다고 친구들이 싫어한다며 조심하라는 말과 함께 친구들의 전화번호를 하나하나 지웠다. 지울 때마다 딸은 대성통곡하였다. 단축번호에 입력된 번호가 하나, 둘 사라지고 비상 번호 4번까지만 남아있었다. 스마트폰 사용으로 친구를 잃은 것이다. 주변에 다정했던 친구들 이름이 하나, 둘 떠나 단축번호 집이 텅 비어가고 있다.

　사람은 사회적 동물이다. 서로 소통하고 즐기며 살아야 할 것인데, 스마트폰 때문에 친구를 다 잃어 가는 것이다. 엄마는 미안함에 눈물로 한 걸음, 또 한 걸음 나선다.

소방 체험활동 교육, 그 이상의 효과

♠ 불이야, 불. 119

 딸과 함께 장성 홍길동 테마파크에 가는 길이다. 고속도로에서 장성으로 들어가는 길 가까이에 이르렀을 때다. 갑자기 뒷좌석에 앉은 딸이 "불이다, 불 불."하는 것이다. 처음에는 불조심 노래를 하는 줄 알았다.
 "엄마, 저쪽 산 봐요. 불이 났어요, 불?"
 놀란 나는 딸이 가리키는 쪽을 따라가 보니 산등성 푸른 송림 속에서 검은 연기가 피어올랐다. 장성으로 들어가는 길목 주변에 차를 세웠다. 연기 속에 집 한 채가 희미하게 묻혀있었다. 피어오른 연기는 이제 시작하였는지 때론 높다가 낮다가 바람에 흩날렸다. 연기의 색깔도, 크기도, 높낮이도 점점 다르게 나타났다. 주변으로 번져 가는 불꽃이 분명했다. 나는 반사적으로 손에 쥐고 있던 전화기를 켰다. 딸은 옆에서 "119, 119, 불이 나면 119"하고 노래를 부르며, 나를 바라다보고 있었다. 마음은 급해지고 겁에 질린 사람처럼 떨렸다. 딸이 노래하는 대로 119를 눌렀다.

"119 지요? 장성읍 고속도로 교각 옆인데요, 건너편 산에 불이 났어요."

"예, 출발했습니다."

타들어 가는 산 쪽을 바라보며 소방차가 도착하기를 기다리고 있었다. 20여 분이 지났을까? 불길이 두텁고 더 빨갛게 보였다. 뭉클뭉클 연기가 공중으로 오르고 바람이 더 세게 불어왔다. 시간은 상당히 지났지만, 출발하였다던 소방차는 나타나지 않았다. 불길은 점점 산 위로 불꽃을 펴내며 푸른 숲을 덮치고 있었다. 타오르는 불꽃을 소방차가 온들 산비탈이라서 불을 끈다는 것은 어려울 것 같았다.

온통 죄 없이 타들어 가는 산과 죽어 가는 나무와 동물들, 그리고 꽃들의 아파하는 소리가 귓전을 가득 채웠다. 딸과의 약속이기에 홍길동 테마파크로 가기는 갔지만, 돌아보는 둥 마는 둥 하고 집으로 돌아가는데, 장성읍 창공에 헬리콥터 한 대가 날아, 황룡강으로 갔다 왔다 바쁘게 움직이고 있었다. 다행히 황룡강이 곁에 있어 물의 공급은 좋게 보였다. 헬리콥터가 바삐 오가던 창공이 조용하다. 불길이 잡혔나 싶다. 불이 난 산 쪽을 바라보았다. 올 때는 붉은 치마에 푸른 블라우스였는데, 갈 때는 검정 치마에 붉은 블라우스다.

집으로 돌아가는 길을 늦추고 산을 바라보았다. 죽었던 불이 다시 살아나 위쪽에서 가느다란 연기가 피어오르고 있었다. 산등성이를 따라 바람이 가는 대로 따라가며, 또 산은 온통 붉은 얼굴이다. 처음 불을 보았던 발화점 근처에는 큰 불길이 잡히고, 온몸을 태운 커다란 나무들의 앙상한 가지만 보였다.

그때 헬리콥터 한 대가 내 머리 위를 지나서 산 위쪽으로 갔다. '산림청'이라고 쓰인 헬리콥터가 바쁘게 오가며 산등성이의 불꽃을 하나둘 잡고 있었다. 그때야 삐오삐오 울리는 소방차 소리가 귀를 덮는다. 현장을 헬리콥터와 소방관에게 맡기고 집으로 돌아가는데, 마음이 자꾸 그 산으로 갔다.

저녁 지방 뉴스에, 낮에 장성에서 보았던 그 산이 보인다. 화면 앞으로 자라목처럼 길게 빼며 바라보는 순간 깜짝 놀랐다. 너무 많은 산이 타버려서 마음이 몹시 아팠다. 산은 수십 년 자라온 그 나무와 산짐승, 그리고 풀과 꽃들을 잃었다. 숲속의 주인공들이 다 타 버린 것이다. 숲속 동물들은 어떠했을까? 헬리콥터 출동이 조금만 빠르게 움직였다면 더 좋았을 것인데, 숲속의 어린 생명이 숨도 고르지 못하고 사라진 것 같아 아쉬움이 남는다.

- **소방 체험활동 교육 수료**

수료증

(제14727호)

소속: 앰마우스복지관　　　　　　성명: 최우림

　위 학생은 위탁 교육과정 제85기 119 소방 체험 반 교육을 마쳤으므로 이 증서를 수여함.

2005년 3월 18일

광주광역시소방학교장

　'불이다, 불이다'하고 외치는 것도 딸이었고, 내가 휴대폰을 들자 '119, 119.'하고 노래를 부르고 있는 것도 딸이었다. 딸은 소방 체험활동 교육 수료 후에 자신감과 변화된 모습이 판이하였다. 가스불단속이나, 전깃불 끄는 것, 그리고 코드 뽑아내는 것이 몸에 익혀 생활화하고 있다. 불이 나면 '위험하다'라고 소방 체험활동 교육을 통하여 인지하고 있다. 체험활동 덕분에 딸도 불에 관한 관심을 가지게 되었고, 불이 나면 119로 전화해야 한다는 것을 더욱 인식하게 되었다. 이번 장성에서 난 산불은 딸을 위한 참교육의 장이 되었다. 딸은 소방 체험활동 교육 그 이상의 효과를 거두고 있었다.

딸과 함께한 여행

🚶 전국 투어

존 듀이는 "교육은 경험의 재구성이다."라고 하였다. 강을 거슬러 헤엄을 쳐보아야 강물의 세기를 알 수 있다. 따라서 우리 가족은 딸에게 일상생활을 위한 지식을 습득하는 한 방법으로 여행프로그램을 계획하였다. 여행을 통하여 딸 자신이 많은 경험을 축적하도록 도와주려는 것이다. 마흔아홉 해 동안 딸과 함께 가 보았던 곳들을 지역으로 나누어 정리, 기록해본다.

광주 지역에서 무등산국립공원과 사직공원, 그리고 어린이공원은 주말이면 김밥을 싸 들고 자주 찾았던 곳이다. 지역이 발전함에 따라 비엔날레, 백화점과 지하상가, 국립광주박물관과 광주시립미술관, 국립아시아 문화전당, 우치공원과 5.18 기념 공원, 국립 5.18 민주 묘지, 광주월드컵경기장, 조선대학교에서 여는 장미축제, 생태공원, 문화예술회관의 전시회와 음악회 등을 함께 돌아보았다.

전시회나 음악회에 갈 때는 딸이 직접 입장권과 표를 사들여 입장하는 경험을 쌓게 하였다. 지하철을 이용한 기차 타보기는 집에서 57번 버스를 타고 금남로 5가 역에서 내려 장애인 카드를 이용하여 표를 구입, 송정리역을 거쳐 서울에까지 가는 경험도 여러 번 하였다. 지하상가, 충장로 거리 걸어보기, 대인시장, 남광주시장, 양동시장은 물건 사보기와 견학, 그리고 학습 체험의 장소였다.

광주 지역 향토 백화점인 가든백화점을 주로 다녔다. 폐점이 된 이후에는 신세계 백화점, 롯데백화점, 그리고 현대백화점을 주로 찾았다.

담양에서는 대나무 축제도 참여하고 죽녹원, 관방제림길, 메타세쿼이아가로수길 걷기, 국수거리, 대나무박물관, 소쇄원, 금성산성, 담양호수생태공원 주변들을 수시로 돌아보았다. 가마골과 추월산, 영산강발원지, 비닐하우스의 딸기 따보기, 멜론과 수박, 토마토밭을 견학하였다. 아름다운 추억의 거리 담양 지역은 우리가 사는 지역이라서 안내 역할도 하며 자연과 함께 친구가 되었다.

장성 지역에서는 백양사, 옐로우 출렁다리, 장성 필암서원, 장성댐, 내장사 국립공원, 국립 방장산자연휴양림, 홍길동 테마파크, 그리고 황룡강 생태공원을 다시 돌아볼 때는 기억이 나는지 아는 척 설명도 하였다.

화순 지역에서는 운주사, 화순 남산공원, 철쭉 공원, 백아산 하늘다리, 영벽정, 그리고 무등산 양떼 목장 등을 견학하면서 양 떼

몰이 경험을 해주고 싶었지만, 손가락을 꼭 휘어 쥐며 나서지를 않았다.

나주 지역에서는 배밭, 영산강유채꽃축제, 빛가람호수공원, 드들강솔밭유원지, 나주학생독립운동기념관, 나주향교, 한국천연염색박물관, 나주읍성을 견학하고, 황포돛배를 타 보았다. 함평 지역에서는 나비축제와 꽃무릇축제, 그리고 국화꽃축제에 참여하여 많은 경험을 쌓게 하였다. 무안에서는 회산백련지를 방문하여 백련지와 그 주변을 돌아보았다.

영광 지역에서는 백수해안도로, 법성포조기마을, 백제불교최초 도래지 돌아보기, 법성포1번지굴비한정식먹기, 기독교순교지, 그리고 돌아오는 길에 칠성 앞바다 저녁노을의 화려한 비단 바닷길을 볼 수 있었다.

완도 지역에서는 정도리해수욕장과 장보고영화촬영장, 어판장, 김양식장, 완도수목원 등을 돌아보았고, 진도에서는 진도대교, 팽목항, 대파밭, 이순신유적지, 진돗개사육장 등을 돌아보았다.

신안 지역에서는 천사섬분재공원, 천일태평염전과 소금박물관을 돌아보고, 중도에서 숙박도 하였다. 또한 튤립 제, 천사의다리, 짱뚱어다리를 걸어보았다.

해남 지역에서는 대흥사, 우항리공룡화석지, 땅끝에서 남쪽바다 바라보기, 두륜산, 고천암철새도래지, 옥매산옥돌공장, 그리고 울돌목에서는 명량대첩축제에 참여하였으며 화원둘레길해안도로를 따라 오시아노해변을 돌아보았다. 해안도로를 따라 목포 구 등대를 방문, 여기저기를 돌아보고 오던 길에 큰 배를 만들고 있는 조선소를 보여주었다.

　목포 지역에서는 삼학도공원, 갓바위, 해양박물관, 유달산에서의 케이블카 타보기와 고하도 전망대, 유달산조각공원, 남농미술관, 목포대교, 목포항을 돌아보았다. 영암 지역에서는 월출산 오르기, 독천에서 연포탕 식사를 하고, 동아인재대학을 둘러보았다. 강진에서는 청자축제, 김영랑생가를, 장흥에서는 물축제, 정남진을 돌아보았다.

　곡성 지역에서는 섬진강기차마을, 곡성도림사, 압록유원지, 장미축제, 섬진강레일바이크를 경험하였고, 딸과 함께 기도원을 수시로 들락거렸다.

　여수에서는 돌산공원, 향일암, 오동도, 아쿠아플라넷여수, 여수해양공원, 여수예술랜드, 만성리모래해변, 영취산진달래축제, 하멜등대 등을 돌아보며, 이순신 다리를 건너보았다.

　순천에서는 순천만 국가정원을 여러 번 가보았다. 갈 때마다 달라지는 많은 변화가 있다는 것을 알 수 있었다. 순천낙안읍성과 송강사, 선암사, 순천만자연생태관, 그리고 순천만습지를 여러 번 방문하였다.

　고흥에서는 나로호우주센터, 소록도를, 보성에서는 보성녹차밭, 한국차박물관, 태백산문학관, 율포해수욕장, 대한다원, 한국차문화공원, 제암산, 그리고 딸이 유독 좋아한 꼬막정식을 먹었다. 광양에서는 광양제철소를 돌아보았다.

　전북 지역에서는 정읍의 내장사, 남원의 지리산, 노고단, 뱀사골, 광한루를, 전주에서는 전북의대를 방문하였다. 입원하여 수술과 치료를 받은 병원임을 설명해주었고, 곁들여 암연구센터에 연구비를 내 이름으로 기부하여 명예의 전당에 이름이 새겨있음을 보여주었다. 전북대 뒷산에 마련된 추모공원 시신기증의 꽃동산을 갈 때마다 등산하며, 엄마가 이곳에서 잠들 수 있다고 일러주었다.

군산은 딸이 5년 동안 중고등학교 시절을 보낸 곳이다. 또한, 8년여 동안 직장생활을 하였던 제2의 고향이다. 선유도와 새만금 방파제, 은파유원지, 월명산, 금강하구철새도래지, 은파유원지, 그리고 산업단지 등은 딸의 교육과 훈련을 위한 학습자료가 되어 딸의 성장 발달에 큰 도움을 주었다.

익산에서는 왕국유적지와 나와 아빠의 모교인 원광대학교를 두루 돌아보며, 석·박사학위 공부를 하면서 힘들어했던 이야기도 들려주었다. 김제에서는 지평선 축제, 금산사, 김제평야 가로질러 가보기를, 고창에서는 고인돌 유적지, 선운사 도립공원을 찾았고, 임실에서는 치즈마을, 보령에서는 변산해수욕장, 무주에서는 무주구천동을, 부안에서는 채석장, 내소사를 돌아보았다.

충청 지역에서는 대천해수욕장, 공주산성, 온양온천, 청남대, 안면도, 음성에서의 꽃동네와 큰바위얼굴조각공원을 돌아보았다. 조각공원에서는 박정희 대통령과 김대중 대통령, 그리고 노무현 대통령을 알아보고 가리키면서 "저기 김대중 대통령이 계신다. 노무현 대통령도 계시네."라면서 나에게 이야기해주었다. 부여와 공주에서는 백마강, 곰나루, 박물관을, 세종에서는 국립세종수목원을 두루 살펴보았다.

서울 지역에서는 서울역, 지하철 타보기, 서울대학교, 경복궁, 청와대, 남산타워, 63빌딩, 그리고 노량진수산시장 등을 둘러보았다. 특별히 수산물 시장에서는 직접 횟감을 고르게 하여 가족과 식사를 함께하는 경험도 쌓았다. 남대문시장, 동대문시장, 지하상가 등도 돌아보았다.

경기지역에서는 용인의 에버랜드와 과천 어린이대공원, 수원성, 그리고 백령도를 다녀왔다.

대구 지역에서는 대구수목원, 동화사, 팔공산공원, 울산에서는 태화강 국가 정원, 부산자갈치시장, 수영로교회, 남해에서는 독일마을을, 청송에서는 청송사과밭을 돌아보았다. 포항에서는 호미곶 해맞이광장에서 바다에 떠 있는 큰 손을 가리키면서 한 편으로는 놀라고 한 편으로 재미있어하였다.

강원도 지역에서는 설악산의 케이블카와 흔들바위, 묵호, 동해안 해수욕장, 강릉정동진해돋이, 그리고 동해안도로를 따라 1박 한 후, 포항을 거쳐 부산까지 갔다.

제주 지역에서는 한라산국립공원, 성산일출봉, 만장굴, 섭지코지, 해안도로, 정방폭포, 우도에서는 잠수함타보기를 경험시켰다.

엄마 아빠와 함께하는 부부 동반 모임에는 늘 딸과 함께 참여하였다. 가족과 함께 많은 곳을 여행하면서 필요한 물건을 사보게 하고, 식당에서의 식사 경험, 길 찾아가기, 축제장 입장을 위한 각종 표 사는 경험을 쌓아보게 하였다. 여러 해 동안 유치원에서 보조교사로 근무할 때는 원생들과 함께 여러 곳을 견학할 수 있도록 배려해주었다. 딸의 계획에 따라 여러 해 경험해 보았지만, 또 가보자는 말에 24년 10월의 마지막 날 함평 국화 여행을 다녀왔다.

정리하는 과정에서 빠진 곳도 있고, 부족한 점도 있었으리라고 생각한다. 우리 부부는 아낌없이 현장 교육 위주로 쉼 없이 공휴일을 반납하며, 마흔아홉 해 동안 딸을 위해 교육 현장을 찾아다녔다. 미지의 양지를 찾아 쉼 없이 달리며 여행은 계속되고 있다.

🌸 일본 투어

우리 부부는 농협 조합원으로서 선진지 시찰단에 딸과 함께 합류하였다. 전세버스를 타고 담양을 출발, 항구도시 부산으로 갔다. 아직 여객선에 승선할 시간이 되지 않아, 딸과 함께 소문으로만 들었던 부산 자갈치시장을 구경하는데, 인파에 밀려 일행들이 빠져 나오는 데 어려움을 겪었다. 나도 딸도 처음 돌아보는 자갈치시장이었다. 일행 중 몇 분은 얼마 동안 길잃은 고양이가 되었다.

날이 어두워지고 승선할 시간이 되자, 30여 명의 우리 일행은 여객선에 승선하여 다음 날 아침까지 자유시간을 가졌다. 여객선은 아침 해 뜰 무렵이 되자, 일본 오사카항에 도착하였다.

우리 팀을 이끌고 가신 조합장님과 몇 분의 임원은 지방의 도로 위에 세워진 향토 먹거리 판매장에 대하여 수급과 공급, 그리고 판매에 대하여 일일이 알아보며, 그 향토 먹거리 사업을 담양 지역에 어떻게 접목하느냐의 문제를 해결하려는데 여행의 목적을 두었다. 즉, 생산자와 소비자의 직거래를 성공적으로 이끌어, 상호 간 협력으로 많은 이익을 어떻게 산출할 수 있느냐 하는 것이다. 생산자는 중간 거래 없이 신선한 생산품을 적정 가격에 내어놓고 소비자를 직접 만나고, 소비자 역시 중간 거래 없이 직접 생산자와 직거래함으로써, '더 싸고 건강한 생산품을 얻을 수 있느냐?'의

문제를 조사, 분석하려는 것이다. 지역경제를 활성화하여 좀 더 잘 사는 농촌을 만들어 가자는 것이 농협의 목표였다.

일본은 이 부문에 대해 이미 선진 대열에 서 있었다. 우리 지역에서는 이제 시찰단을 구성하고, 현지를 탐방하고 있는 단계이다. 생산자와 소비자의 직거래를 성공적으로 잘 이끌어 주면, 서로 상부상조하는 길이 될 것이다.

일본의 한 현, 한 현의 시찰이 끝나면 임원진은 우리와 함께 주변을 관광하면서 여행을 즐겼다. 규슈에는 유명한 3대 온천이 있는데 바로 유후인, 벳푸, 구로카와이다. 규슈 온천은 자연에 둘러싸인 온천으로 풍광이 참 아름답게 느껴졌다. 우리가 들어간 온천은 알칼리성 단순 온천으로, 온천물에 들어서니 촉촉하고 반들반들한 촉감을 실감할 수 있었다.

이곳 온천은 우리나라에서 흔히 볼 수 없는 분위기로, 격주로 남녀 탕의 분위기가 바뀐다고 한다. 노천탕과 실내 탕으로 구성되어 있으며, 남녀 탕을 바꾸어 운영하는 방법이란다. 온천을 운영하는 좋은 아이디어인 것 같다. 딸이 실내보다는 노천탕을 선호하기에 함께 노천탕에서 하루의 피로를 풀었다.

규슈 화산 사쿠라지마는 일본 규슈의 가고시마현에 있는 활화산이자 화산재가 형성한 반도이다. 이곳에서 흐르는 물에 달걀이 익혀 나온단다. 그곳 유황물에 익힌 달걀을 팔아 생계를 이어간 사람도 있다고 한다. 우리 일행은 딸과 함께 온천물에 익은 달걀을 먹을 수 있었다.

벳푸온천은 오이타현 벳푸시 중심부 온천지역의 명칭이며, 온천

도시 벳푸 시내에 있는 수백 개 온천의 총칭으로 벳푸 팔 탕이라고도 부른다. 나는 벳푸온천은 두 번째 방문지라서 조금 익숙하였다.

　나는 조합원 일원으로서 저녁이면 보고를 받으며, 토론을 하고 정보를 교류할 수 있었다. 일본에서의 모든 일정을 마치고 여객선에 승선하였다. 유독 피곤함을 이기지 못하고 승선하자마자 딸의 도움을 받으며 잠을 청하였다. 그런데 어디선가 나를 깨우는 소리가 있었다. 일어나보니 내 곁에는 아무도 없었다. 나를 지금까지 도와주던 딸도 보이지 않았다. 어디선가 잔잔한 음악 소리만이 나를 손짓하였다. 들려오는 쪽을 따라 가만가만 찾아갔다. 보이는 곳은 널따란 홀로 네온사인이 찬란하였다. 어떤 가수 초청인지 정수라의 환희가 울려 퍼지고, 그 많은 환호와 손뼉 치는 소리와 함께 춤을 추고 있는 관객들이 가득하였다. 그저 발길 가는 대로 따라가 빈 의자에 앉았다. 귀에 익은 목소리가 들린다. 그쪽을 바라보니 바로 그 화려한 주인공은 내 딸 우림이었다. 딸은 선상 위 떠 있는 스타였다. 누가 저 딸을 가수 아니다 하겠는가? 선상의 화려한 밤을 딸이 장식한 것이다. 어디에서나 마이크만 있으면 노래하는 댄스 가수가 여기에 있었다.

　딸은 어린 시절부터 노래방 기계 곁에서 마이크를 잡고, 언어 전달 훈련을 노래로 즐기며 부르는 연습을 많이 하였다. 마이크 잡는 것도, 노래를 부르는 것도, 다 어릴 적 노래방 기계 덕분인 것 같다. 그 자연스러웠던 모습이 딸에게 슬슬 살아나고 있었다. 마지막 선상의 아름다운 밤을 꾸며가고 있는 가수였다.

🚶‍♀️ 중국 투어

아침 식사를 마치고 여행 전용 버스는 중국 도문에 도착하였다. 중국과 북한의 국경지대에 있는 두만강강변공원으로 갔다. 이곳은 중국 도문과 북한 남양의 국경으로 두만강을 유람할 수 있는 관광 부두이다. 한국인들은 이용이 제한되고 북한 지역 사진 촬영도 함부로 해서는 안 된다고 가이드 말해 씁쓸한 기분이 들었다. 나와 딸은 일행 중 몇 사람과 함께 뱃놀이에 참여할 수 있었다. 딸과

▲ 중국 두만강에서의 뱃놀이

나는 뗏목으로 엮은 노를 젓는 배로 옮겨 강변을 따라 뱃놀이를 즐겼다. 강물을 따라가다 보니, 딸과 함께 두만강에서 북한 땅을 살짝 밟은 것 같기도 하였다.

도문은 조선족의 땅으로 오직 이곳을 통해서만 북한과 중국이 무역 창구나 사람들의 왕래를 허용하고 있는 곳이다. 흙빛 위로 흐르는 물살은 국경 다리인 '도문대교'가 걸쳐 있었다. 이 다리를 통해 북한 쪽으로 많은 생필품이 넘어간다고 한다. 연변 지역 동포들이 북한의 친척을 방문 갈 때면 자신이 먹을 식량까지 가지고 가야 하며, 많은 물품을 가져가려고 한다는 이야기도 들었다. 우리 민족이면서 연변에 사는 사람들의 한 서린 말처럼 들린다.

'백두산에 있는 천지는 3대가 덕을 쌓아야 볼 수 있다'라는 말이 있을 정도로 좋은 날씨에 보기가 정말 힘들다고 한다. 고산지대가 대체로 그렇듯, 맑은 날씨가 드물고 잠깐 좋더라도 변덕이 심해 금방 변하기 때문이다. 나는 딸과 함께 백두산에 올라 다행히 천지의 형태를 바라보았다. "여기가 백두산 천지"라고 딸에게 설명해 주자, 딸은 애국가인 '동해물과 백두산이 마르고 닳도록'을 흥얼거리며 부르고 있었다. 여기서 애국가를 들으니 묘한 감정이 들었다.

'별의 시인' 윤동주가 다녔던 대성중학교를 방문하였다. 윤동주 시인이 다닌 대성중학교는 일제강점기시절 독립투사들을 많이 배출한 학교이다. 우리 가족은 딸의 손을 잡고 태산, 곡부, 청도를 관람하였다. 중화인민공화국의 수도이며 상하이시에 이어 두 번째로 큰 도시 북경도 가 보았다. 중국을 상징하는 대표적인 유적지이자 건축물로 널리 알려진 만리장성은 딸과 함께 몇 계단을 오르다 '다리 아파요'하는 딸의 소리가 들려 아쉽게 눈으로만 바라보고 돌아왔다. 여행하는 동안 딸에게 사랑을 담아 준 여행 동료들의 도움으로 딸은 무사히 중국 여행을 마칠 수 있었다. 딸은 EBS 방송의 '세계 테마기행' 프로그램을 즐기며, 여행하였던 일본과 중국이 나오면 유독 아는 척하면서 나에게 설명을 하곤 한다.

🐦 중국 문화 탐방, 홀로 서다

"어머님, 우림 씨를 중국 여행에 참여시키면 어떨까요? 여행경비는 아주 저렴합니다. 일터에서 근무하는 회원들만 데리고 다녀오려 합니다."

엠마우스복지관 선생님으로부터 전화가 왔다. 한 번도 내 곁을 떠나 본 일이 없는 딸이며, 더더욱 여행을 홀로 보낸다는 것을 생각해본 일이 없었다. 그러나 한 번쯤 인솔 교사 아래, 친구들과 여행을 간다는 것은 참 좋은 일일 것 같았다.

"인솔하실 선생님도 함께 가시지요?"

"예, 그렇습니다."

"그러면 말씀하신 필요한 서류는 바로 정리하여 보내 드리겠습니다. 해외여행에 대한 안내서를 딸의 편에 보내 주셨으면 합니다."

"네, 우림 씨 편에 보내 드리겠습니다."

우리 집은 딸의 중국 여행 문제 때문에 시끌벅적하였다.

"제 몸도 잘못 가리는데, 언어 전달도 어려운데, 어떻게 중국에까지 보냅니까?"

"그래도 이번 기회에 비행기 한 번 더 태워 줍시다."

"우리가 직접 데리고 가야지, 어떻게 남한테 맡겨요?"

▲ 중국 문화 탐방

"좋은 경험이 될 것 같으니 한번 믿어 봅시다. 때를 놓치면 좀처럼 기회를 얻지 못하니, 보내는 것이 좋을 것 같아요."

딸을 중국 여행에 보내기로 허락해 놓고도 집에서는 아버지의 큰 노파심에 시끌벅적하였다. 결국, 가족회의는 딸이 원하는 대로 중국 여행에 참여시키기로 결론이 났다.

여행 준비로 며칠 동안 가방을 챙겼다. 시집을 보내는 딸처럼 가방에 물건을 하나하나 준비해서 넣었다. 시집 보내는 것도 아닌데, 왜 마음이 이렇게 설레며 가슴이 뛰는 걸까? 준비해 둔 가방에 빠진 것은 없는지 점검도 하고, 딸이 꼭 가져가고 싶은 것이 있다면, 챙겨주고 싶었다. 딸과 함께 필요한 물건을 확인하면서 무엇을 어디에 넣었는지를 알아야 하기에, 이것은 여기에, 저것은 저기에 있다는 것을 확인시켜 주었다.

떠나기 하루 전날, 챙겨둔 가방을 다시 열어 점검하였다. 챙겨야 할 치약과 칫솔, 비누, 물티슈와 화장지는 넣었는지, 속옷과 양말을 충분하게 챙겼는지, 확인하고 또 확인하였다. 물건마다 이름을 써 놓았지만, 잃어버려도 큰 문제는 아니라고 생각하였다. 겉옷도 조끼로 한 벌, 더 넣어 주었다. 추울까 싶어 긴소매 옷도 챙겨 넣었다. 다 준비해 넣었다고 생각하였는데, 가방을 잠그다 다시 손길이 멈추었다. 빗과 거울을 넣지 않은 것이다. 이것들은 손쉽게 꺼내어 쓸 수 있도록 보조 가방에 빈 비닐봉지 몇 장과 함께 넣어 주었다. 챙겨주고 나니 자정이 다 되었다. 딸은 잠자리에 들었지만, 나는 이 생각 저 생각으로 잠이 오지 않았다.

출발하는 날 아침, 가방에 빨간 천을 눈에 잘 띄도록 이름까지 '최우림'이라고 크게 써서 묶었다. 오고 가며 쓰도록 천 원권 지폐 몇 장을 담아 주고, 달러도 1달러 지폐로 몇 장 넣어 주었다. 중국은 한국 돈을 쓸 수 있기에 감당할 수만 있다면 더도 넣어 주고 싶었다.

32명의 동행자가 차에 오르려고 줄을 서 있었다. 인솔 교사는 이름표를 목에 걸어주면서 주의해야 할 사항들을 조목조목 일러주었다.

"혼자서 어디에 가서는 절대 안 돼요. 어디에 갈 때는 선생님과 꼭 함께 가야 해요. 혼자 다니면 위험해요."

"예…, 예…."

하며 대답하는 모습은 유치원 아이들의 행동과 같은 어리디어린 천사들이었다. 나이는 청년들인데 생각은 왜 저리도 어릴까? 선생님의 주의 사항과 당부가 끝나자, 인솔 교사와 함께 그룹별로 차에 올랐다.

한시도 떨어지지 않았던 딸은 어느 사이 차에 올라 손을 흔들고 있었다. 딸이 탄 차가 모퉁이를 돌아 보이지 않을 때까지 손을 흔들어 주었다. 딸이 처음으로 내 곁을 떠나고 있다. 어느 사이 나도 모르게 눈물을 훔치고 있었다.

딸이 중국으로 떠난 지 이틀이 지났는데, 아무런 소식이 없다. '무소식이 희소식'이겠지 하였다. 딸이 없으면 더 자유로워질 줄 알았는데, 그렇지를 못했다. 혹여 전화라도 올까 봐 내내 전화 소리에 귀를 열어놓고 있었다.

4일째 되는 일요일 새벽 5시, 전화벨이 울렸다. 딸아이의 전화인 것을 직감으로 알 수 있었다.

"중국에서 최우림 씨로부터 전화입니다. 받으시겠습니까?"

"예, 받겠습니다."

"그럼, 통화하세요."

반가운 마음으로 전화를 받았다. 공연히 울다가 끝낼까 봐, 전화 오면 전하려고 몇 가지 적어놓은 메모지를 곁에 두고 펼치며 전화를 받았다.

"여보세요, 우림이냐?"

"응. 엄마, 우림이."

"그래, 엄마다. 잘 있었어?"라고 말하는데, 딸은 엄마의 말은 듣지 않고 먼저 말문을 연다.

"엄마, 있잖아. 오늘 교회에 가면 전도사님께 우림이 유치부 못 간다고 말하고, 목사님한테도 '나 중국에 와서 1부 예배 못 드린다'라고 해. 청년부 예배는 갈 거야. 그리고 엄마 약 잘 먹어."하더니 전화를 끊어 버렸다.

나는 딸에게 물어보고 싶은 것을 한마디도 하지 못하였다.

대예배를 마치고, 나를 비롯한 성가대원들이 식당에서 점심을 먹고 있었다. 나에게 다가오신 목사님께서도 새벽에 우림이로부터 전화를 받으셨단다. 오늘 예배에 참석하지 못하니 광고해 달라는 요지였다고 하셨다. 목사님은 껄껄 웃으시며 "그렇게라도 전화할 수가 있어서 감사하다."라며, 미안해하는 나를 위로해주셨다. 그때다. 저쪽에서 청년들이 호들갑 떨며 밥을 먹고 있었다. 그 속에서 딸과 닮은 청년이 보였다. '설마'하며 다시 보고 또 돌아보았다. 그 청년이 바로 우림이었다. 청년회원들이 딸 이름을 부른다. 귀를 쫑긋 세우며 고개를 돌렸다. 나도 목사님도 의아하여 바라보고만 있는데, 우림이가 그곳에서 청년들과 함께 식사하고 있었다. 엄마 보는 것보다 1시에 시작하는 청년 예배에 참석하려는 마음이 더 큰 것 같았다.

오후 3시, 딸은 3박4일의 중국문화 탐방을 마치고 무사히 엄마 품으로 돌아왔다. 대견스럽고 기특하였다. 혼자서 조금이라도 설 수 있어서 좋았다. 비행기를 타면서 '무서웠다.'라고 말할 줄 알았는데, '재미있었다'라고 말하였다.

"무엇이 재미있었니? 무섭지는 않았어? 엄마는 보고 싶지 않았어? 밥은 잘 먹었어? 잠은 잘 잤고? 아프지는 않았고?"라고 물어보고 싶은 것이 수십 가지다. 그러나 딸의 대답은 간단하였다. "그냥 좋았어"라는 대답뿐이었다.

딸은 조카에게 줄 목걸이 선물을 가방 속 주머니에서 내놓았다. 내 선물도 있나 살짝 기다려 보았지만, 아무 말이 없었다. 3박4일 동안 스스로 많이 큰 것 같아 대견스럽다. 무척 커 보였고 기회가 있다면 또 보내고 싶다. 딸에게 여행은 부모 곁을 떠나 혼자 서기를 할 수 있는 좋은 경험의 기회였다.

자율 투어

전라남도 발달장애인 지원 센터에서 문자 연락을 받았다. '발달장애인가족휴식지원사업 참여자 모집 중'이라는 정보를 보내주신 것이다. 보내주신 안내에 의하면, '자율 여행 유형의 경우 여행 계획서를 문서로 작성하여 제출해야 한다'라는 것이다. 신청에 어려움이 있으신 분들께서는 '번호 061-번호로 연락을 주시면, 신청을 도와드리도록 하겠습니다'라고 하는 친절한 문자까지 있었다. 처음 겪은 일이라서 먼저 궁금하여 연락을 드렸고 접수를 부탁드렸다.

먼저 자율 여행 일정을 2024년 8월 9일부터 8월 10일로 잡아놓고 준비를 시작하였다. 국가의 보조를 받아 세운 계획은 딸의 추억을 꺼내주는 시간으로 모교인 동아인재대학을 방문하고, 나의 고향인 해남도 가기로 하였다.

딸을 통한 부모와 함께 가족 휴식 지원사업에서 지원을 받아, 1박 2일 자율 여행을 준비하였다. 지원비는 다녀온 후에 지출 계획서에 의해 결재한다는 말과 함께 장성군장애인종합복지관 가족휴식지원사업 지원담당선생님의 친절한 안내로, 일정에 차질 없이 여행을 떠날 수 있었다. 지원을 허락하여 주시고 도움을 주신 담당자에게 감사드린다.

"우림아, 엄마 아빠랑 1박 2일로 여행 간다. 간식도 준비하고 여행 중에 필요한 것들도 준비해야 한다."

"엄마, 어디로 가는 데요."

"응, 네가 다녔던 학교와 외가 동네 해남에 가려고 한다."

"야, 신난다. 우리 맛있는 것 사가지고 가요, 엄마."

담양읍에서 가스를 주입하고, 1박 2일 여행 중에 먹을 간식을 딸과 함께 준비, 담양에서 고속도로를 이용하여 목포로 갔다. 목포 북항에서 케이블카를 탈 때의 표는 딸에게 구입토록 하여 표를 사는 방법을 경험하게 하였다.

▲ 목포 케이블카를 타다

유달산을 거쳐 목포를 내려다보면, 병풍처럼 둘러 있는 섬, 고하도로 갔다. 다시 차를 타고 목포로 돌아와 시내를 한 바퀴 돈 후, 북항으로 돌아와 점심을 먹었다.

딸이 다녔던 학교를 돌아보며, 지난날을 되새겨보게 하려고 영암군에 있는 모교 동아인재대학을 찾았다. 그런데 동아보건대학으로 개명되어 있었다. 딸은 "동아인재대학이 맞는데, 이상하다."라고 말하면서 눈이 커진다. 두리번거리더니 기억이 되살아나는지 고개를 끄덕끄덕하며 웃는다.

"우림아, 교정은 생각나니?"
"저기에서 사진 찍었잖아요?"
아무도 없는 교정을 한번 돌아보았다.

영암에서 해남으로 갔다. 우리나라의 대사찰인 대흥사를 방문, 경내를 돌아보고 황산면 우항리 공룡박물관을 방문하였다. 박물관 견학을 마치고, 명량대첩이 있었던 해남군 우수영 울돌목을 돌아보며 하루의 일정을 마쳤다.

이틀째 되는 날이다. 일반 호텔에서 1박을 하고 울돌목을 거쳐 우수영에서 화원면 해안도로를 따라 화원 오시아노 해변을 돌아보았다. 해안도로를 따라 목포 구 등대를 방문, 여기저기를 돌아보고 오던 길에 큰 배를 만들고 있는 조선소를 보여주며, 간단한 설명도 해주었다. 해안도로를 따라 달리자, 목포와 영암, 그리고 해남이 만나는 금호방조제에 이르렀다. 차를 굴려 무안 회산백련지를 방문하여 백련지와 그 주변을 돌아보았다.

"엄마, 여기는 연이 왜 이렇게 많아?"
"기억 나니? 우리 연잎에 싼 밥 먹어보았지."
"응, 또 먹고 싶다."

우리는 회산백련지를 뒤로하고 일로에서 고속도로를 이용하여 광주에 있는 맛집인 가수 이상민 누나가 운영하는 '고향식당'에서 딸이 좋아하는 음식으로 늦은 점심을 푸짐하게 먹었다.

"엄마, 너무 더워요, 수영장에 가자."
"그래? 그런데 시간이 없네."

더운 날씨에 딸은 수영장으로 가자고 하였지만, 사용할 시간이 얼마 남지 않아 수박을 한 통 사 들고 계곡인 한재골을 찾아갔다. 그곳 계곡 그늘에서 발을 담그며 주변 사람들과 수박을 나누어 먹었다.

"우리, 오늘 저녁 식사는 뭘로 할까?"

"엄마, 너무 더워요. 시원한 냉면 먹어요."

"그러자. 네가 좋아하는 냉면 먹자."

실은 나도 냉면을 먹고 싶었다. 저녁 식사로 냉면을 먹고 집으로 돌아와 모든 일정을 마치었다. 찜통더위를 시원함으로 바꿔주는 1박 2일의 가족 여행을 아름답게 마칠 수 있었다.

딸과 함께 슬로시티 시간을 가질 수 있도록 지원받아 추억으로 남기는 일은 처음이지만, 우리 가족 셋이 여행할 수 있어서 좋았다. 밤늦은 시간까지 여행을 되새김질하며, 잠못 이루는 딸의 모습은 마냥 천진스러운 소녀와 같았다.

딸이 길을 잃다

🚶 아빠 마중 나가다가

　1982년 7월, 갑자기 비가 억수같이 쏟아졌다. 아빠로부터 우산을 가지고 집 앞 시내버스 정류장까지 나와 달라는 전화가 왔다.
　"우림아, 어디 가지 말고 집에 꼭 있어. 아빠 마중 갔다가 올게, 알았지?"
　나의 당부에도 딸은 무엇인가에 집중하며, 쳐다보지도 않은 채 "응. 엄마, 알았어."라고 말하였다. 버스 정류소는 집에서 도보로 5분 거리에 있다. 버스노선이 많지 않아 한번 버스를 놓치면 상당한 시간을 기다려야만 했다.
　버스 시간에 맞추어 정류장에 도착하였다. 한참을 기다렸으나, 웬일인지 버스가 오지 않았다. 버스가 이미 지나가 길이 어긋났나 싶어 오던 길을 되짚어 집으로 돌아왔다. 딸은 가지고 놀던 인형을 등에 업으면서 "엄마, 아빠는?"하고 묻기에, "글쎄, 아직 못 오시나 봐. 나는 아빠가 집에 오신 줄 알고 돌아왔는데…."라며 주방으로 들어갔다.

저녁 식사가 늦을 것 같아서 식사를 준비하는 손놀림이 바빴다. 저녁을 준비해 놓고 다시 버스 시간에 맞추어 정류장으로 나갔다.

남편은 정해진 버스 시간보다 조금 늦게 도착하였다. 오순도순 이야기를 나누면서 집으로 돌아와 보니 어쩐지 분위기가 싸늘하였다. 대문은 열려 있고 딸이 보이지 않았다. '아빠 오셨다'라고 말하면 쪼르르 달려 나오던 딸은 불러도 나오지 않는다. 이 방 저 방 돌아보았으나, 딸은 보이지 않았다. 딸이 가지고 놀던 인형만이 토라진 듯 앉아 있었다. 기껏해야 15여 분 밖에 집을 비우지 않았는데, 딸이 보이지 않는 것이다.

잠잠하던 비는 더욱 세차게 쏟아졌다. 딸 혼자서 비를 피할 만한 처지도 못 되는데 걱정이 앞섰다. 그렇지 않아도 잔병에 약한 딸이기에 비를 맞으면 큰일 날 것만 같아, 마음 졸이며 딸을 찾아 나섰다. 정류장 가까이에 이르렀을 때, 딸은 어떤 낯선 아주머니의 손을 잡고 건너편 정류소에서 비를 피하고 있었다.

"우림아!"하고 부르며, 건너편 정류소로 달려갔다.

"엄마!"하며 딸은 울음 섞인 모습으로 내 품에 안기었다.

딸의 손을 잡고 있던 아주머니가 내게 말을 건넨다.

"아주머니 딸이셔요?"

"예, 그렇습니다. 제 딸입니다."

아이가 비를 맞고 있어 하도 딱해서, 나와 함께 비를 피하고 있다면서 집에 데려다주려고, '집이 어디냐?'라고 물어도 아무 말도 하지 않더란다. 사실은 비를 맞고 있는 딸을 발견하고 안쓰러워 말을 건넸지만, 대답도 하지 않고 울기만 해서 자기 집으로 데려 가려 하던 참이라고 말하였다. 그 말을 듣는 순간 심장이 멈출 것 같았다. 생각만 해도 끔찍하였다.

"그냥 혼자 가시면 될 것을, 왜 딸을 데려가시려고 했어요?"

"아이가 너무 귀엽고 비를 맞고 있어서, 혼자 그냥 놔두고 갈 수가 없었어요."

너무나 황당하여 온몸이 떨려왔다.

"귀엽다고 데리고 가시면, 나는 어떻게 해요? 아주머니는 어디로 가시는데요?"라며 눈을 흘기면서 묻자 '농성동'이라고 하였다.

농성동은 내가 사는 중흥동과는 정반대 방향으로 아주 먼 곳이다. 가슴이 또 한 번 요동치며 철렁하였다. 내가 조금만 더 늦게 왔더라면 딸은 어떻게 되었을까? 버스가 조금 일찍 도착했더라면, 아주머니는 어린 딸과 함께 버스를 타고 멀리 가 버렸을 것이다. 아주머니가 무서웠다. 이곳을 빨리 떠나야 하는데 발이 떨어지지 않았다. 딸아이가 "엄마, 가…."라며 손을 잡아끌었다. 그때에야 정신이 제자리를 찾아들었다. 마음을 가다듬고 딸의 손을 꼭 잡고, 그 자리를 떠났다. '내가 조금만 더 늦었더라면 어떻게 되었을까?' 하고 혼자서 중얼거리며, 발걸음을 재촉하였다.

한겨울보다 더 세찬 바람이 내 가슴에 휘몰아쳤다. 정신을 차리고 딸을 바라보니, 머리부터 발끝까지 비에 흠뻑 젖어 있었다. 손수건으로 머리를 닦아 주고, 겉옷 하나를 벗어 씌워 주었다. 여름

철인데도 추운지 입술이 퍼렇다. 그래도 따뜻한 품으로 안아 줄 수 있어서 다행이다. 걸음을 잠시 멈추고 딸의 얼굴을 보았다. 안쓰러워 등을 내밀자 얼른 업힌 딸은 등 뒤에서 잠이 들었다.

 딸이 곁에 있어서 빗물처럼 내린 눈물마저 고맙다. 딸과 다시 집으로 돌아오는 길은 더 고마웠다.

🚶 딸은 107동으로 갔다

 아파트 생활이 처음인 딸은 아파트에 적응하기가 조금 힘들었을 것이다. 아파트에 특징적인 것이 없어, 이 아파트가 저 아파트 같고, 저 아파트 동이 이 아파트 동처럼 보여, 동과 호수를 찾기에 혼란을 겪었을 것이다.
 이사를 하고 달포쯤 되는 날이다. 저녁 식사를 준비하면서 딸에게 찬거리를 사 오도록 심부름을 시켰다. 전날까지 상가에 딸을 소개도 하였고, 그동안 나와 함께 찬거리를 사 보는 것을 잘 가르쳐 주었기에 잘 해내리라 생각한 것이다.
 이사를 온 지 얼마 되지 않고, 아직은 낯선 곳, 낯선 사람, 낯선 길이라서 조금은 염려되었지만, 광주에서도 심부름을 잘하였기에 믿었다. 이곳에서도 당연히 할 수 있겠지 싶어 부탁하였고, 사 오겠다고 하기에 훈련과 교육 차원에서 심부름을 시킨 것이다.
 "콩나물과 두부 한 모야. 사 오면 맛있는 저녁 식사 만들어 줄게."
 "그래, 엄마. 다녀올게요."
 딸은 돈을 달라며 손을 내밀었다. 말로 하라고 하지만 '돈 주세요.'하기가 그렇게 어려운지 손바닥을 펴 보인다.
 "그래, 바구니 안에 있으니 가지고 가면 된다."

딸의 언어 발달 과정의 어려움을 알기에 나는 말을 되받아서 말하곤 한다. 어떨 때는 내가 말해도 듣는 둥 마는 둥 하여, 나만 혼자서 말하고 있다. 그래도 이렇게 말을 반복하다 보면, 잠재적 언어 기재에 담겨 있는 언어가 필요할 때 꺼내 사용하기를 바라는 마음에서, 더 말을 많이 하였다.

모든 문제를 해결해야 할 사람은 바로 나 자신이다. 내가 모든 걸 내려놓고 응답해야 딸도 반응하기 때문이다. 언제나 사 와야 할 물건값을 준비해주면서, '영수증과 나머지를 받아와야지.'하고 확장해 말하면, '예.'라고만 간단히 대답한다.

"주인아주머니 만나면 인사 잘하고, 손가락으로 가리키지 말고, 콩나물과 두부 한 모 주세요."라고 말하라며, 언어를 확장시켜 일러 보냈다.

시간이 조금 지나 현관문 여는 소리가 나기에 잠시 하던 일을 멈추고 현관 쪽을 바라보니 남편이었다.

"우림이 어디 갔소? 딸이 안 보이네."

나는 그때에야 딸이 '심부름하러 갔다.'라는 것을 기억해 내었다.

"심부름하러 갔는데요. 올 시간이 지났네?"

나는 저녁을 준비하느라 딸이 돌아오지 아니한 일을 까맣게 잊어버렸다. 이런저런 일과 청소까지 하다 보니 깜빡한 것이다. 남편은 '어디로 심부름 보냈느냐?'라고 묻더니 딸을 찾아 나서기에, 나도 따라 나갔다. 남편이 딸을 찾지 않았다면, 나도 일에 묻혀 깜빡 잊을 뻔하였다.

아파트 속에만 있다 보니, 밖에 어둠이 찾아오는 것조차 몰랐다.

밖은 이미 어둠이 내리고 가로등만이 눈이 휑한 채 서 있었다. 딸이 돌아와야 할 시간이 넘었기에 가슴이 두근반세근반하였다. 신을 어떻게 신었는지도 모르게 마트로 달려갔다.

"혹시 우리 딸 여기에 오지 않았던가요?"

"두부와 콩나물을 가지고 갔는데요".

"돈은 주고 가던가요?"

"예, 돈도 주고 나머지도 챙겨주었어요."

나는 다리가 휘청거렸다. 한동안 멍하여 움직일 수가 없었다. 겨우 정신을 가다듬고 다시 딸을 찾아 나섰다. 방향을 나누어 찾기로 하고 여기저기 찾아보았지만, 딸이 보이지 않았다.

번뜩 107동 802호가 생각났다. '내가 사는 곳이 106동 802호인데, 혹시 딸이 착각하며 나란히 있는 107동으로 갔을까?'하는 생각이 든 것이다. 단숨에 달려갔다. 딸은, 그곳 802호 계단에 앉아 있었다.

"엄마, 어디 갔다가 이제 와."

"응, 여기는 107동 802호다. 우리 집은 106동 802호이거든. 이제 집으로 가자."라고 말하며, 딸의 손을 끌어당기었다.

"여기가 우리 집이야."

딸은 말을 되받았다. 나는 생각하는 그것이 있어 802호 벨을 눌렀다. 문을 열고 나오신 아주머니께서 "지금까지 있니? 집에 가지 않고."하신 것이다. 아주머니는 나를 반갑게 맞아주시고 지금까지 일어난 이야기를 해주셨다. 그러나 이를 이해하지 못한 딸은 802호로 앞장서서 들어갔다.

아주머니는 웃으면서 딸을 안으로 들어오게 하여 "너의 방이 어디지?"라고 물으면서 들어가 보라고 하였다. 딸은 응접실을 두리번거리더니 우리 집과는 다르다는 것을 발견하고 겸연쩍은 듯 나의 치마를 당기었다. 여기에서 나가자는 신호다. 우리는 아주머니에게 죄송하다는 인사를 남기고, 그곳을 빠져나왔다.

밖으로 나온 딸의 손에는 아무 일도 없었다는 듯 콩나물과 두부가 들어있는 봉지를 꼭 들고 있었다. 우리는 다시 교육의 시간을 만들며 딸에게 몇 번이고 동을 확인시켜 주었다.

106동으로 들어오는 입구에서 특징적인 것을 하나 찾아 주어야 하는데, 특징적인 것이 없었다. 저녁 식사 후 딸과 함께 스티커 하나를 아파트 출입구 문 구석에 붙여 놓았다.

딸아, 조금만 기다려주렴, 이제 새로 지은 우리 집으로 이사 가면 힘들지 않을 것이다.

오빠, 개업하던 날

불볕더위가 아직도 기승을 부리고 있다.
"우림아, 오빠 병원에 따라갈까?"
"아니, 그냥 집에서 TV 보고 놀고 있을게."
아들이 병원을 개업하는 날이어서 오빠 좀 도와주고 올 것이니 집 잘 지키고 있으라며, 신신당부하였다. 그런데 일을 도와주다 보니 한나절이 훌쩍 지나가 버렸다. 딸로부터 전화가 걸려 왔다.
"엄마, 점심 먹었어?"
"응, 잘 먹었어. 너는 어떻게 점심 먹었어?"
"도시락 먹었지."
아침에 나오면서 준비해 둔 도시락을 점심으로 먹었다는 것이다. 그로부터 몇 시간이 지나자 또 전화가 왔다.
"엄마, 빨리 와, 수요예배 늦겠다?"
"그래, 엄마가 6시까지 갈게 준비하고 있어."
딸은 수요예배에 가야 한단다. 가서 예배 반주를 해야 한다는 것이다. 이날은 개업하는 날이라 손님이 참 많았다.
약속한 대로 5시 40분까지 딸을 데리러 집으로 갈 계획을 세웠다. 딸이 많이 기다릴 것 같아 약속한 시각보다 20분 전에 집에 도착할 수 있도록 하였다. 그런데 집에 도착한 아빠로부터 전화가 왔다. "집에 딸이 없다."라는 것이다.

'교회에 가 있겠지?'라는 막연한 생각으로 교회로 달려갔다. 피아노가 있는 쪽을 바라보았으나 딸이 보이지 않았다. '이거, 큰일 났구나. 어디로 갔지?' 가슴이 벌써 눈치를 채고 크게 뛴다.

아빠는 7번 노선을 따라가면서 딸을 찾아보기로 하고, 나와 아들은 교회에서부터 한 코스 한 코스마다 차를 세우며 찾아보고 있는데, 딸로부터 전화가 왔다.

"엄마, 빨리 와야지."

"그래, 지금 어디에 있니?"

딸에게 지금 있는 그곳을 묻고 있는데, 그만 전화가 '뚝'하고 끊어졌다. 이러기를 여러 번, 가슴만 태웠다. 앞뒤 없이 한마디로 '얼른 와야지' 하는 말만 남긴 채 전화가 끊어져 버리곤 하였다. 예배 시간이 가까워지자 5분, 10분 간격으로 전화는 계속 걸려 왔다.

"엄마, 어디야? 빨리 와야지, 교회 늦다."하는 음성만 남길 뿐 해는 제집을 찾아가 버린 지 이미 오래다.

거리는 어둠만 가득하였다. 전화가 벌써 수십 번이지만 위치를 물어볼 시간도 없이 끊어져 버렸다. 그런데 이상한 것은 어디론가 움직이면서 무엇인가를 찾고 있는 듯하였다.

밤 10시경까지 딸과 우리는 숨바꼭질하고 있었다. 다급한 마음으로 아들 옆에서 그만 울음을 터트렸다. 돈이 없는지 이제 전화도 없고 밤은 점점 깊어져 걱정이 더 되었다. 여자이기에 두려운 것은 '묻지 마, 폭행. 추행, 납치'와 같은 불미스러운 일이 일어날까 봐 가슴 태운 것이다. 딸이라서 더 걱정되었다.

딸은 어디에선가 길을 잃고 헤매고 있었다. 밤은 점점 깊어져 가는데, 이제 어떻게 하지? 좋은 사람 만나 나에게 전화 좀 주었으면 하는 기대를 하며, 두 손을 모으고 있었다. 갈 곳도, 찾을 방법도 없어서 길가에 차를 세우고 간절한 마음으로 전화를 기다리고 있었다. 그때다. 정신이 번쩍 들어 '경찰서에 신고할까?', '왜 경찰에 의뢰하지 않았을까?', '지금이라도 해볼까?' 할 때, 전화벨 소리가 울렸다. 등록되지 않은 전화번호였지만 즉시 받았다. 어린 여학생의 목소리 같았다.

"여보세요. 최우림 엄마세요? 우림이 우리 집 앞에 서 있어서 식당 안으로 들어오도록 하였지만, '엄마 와요'하면서 들어오기를 거부해요. 지쳐 있는 것 같아 안쓰러워요."

"누군지 잘 모르지만, 참 고마워요. 딸을 좀 바꿔줘요. 주소를 찍어주면 바로 갈게요."

우림이 목소리를 확인하였다. 메시지가 도착하였다. 메시지로 보낸 주소를 확인하고, 딸에게 달려가면서 지금도 헤매고 있을 아빠께 문자를 발송하였다. 찍어 보낸 주소를 확인해 보니, 아들 병원에서 멀지 않은 위 블록의 길이었다. 딸은 병원 인테리어 기간에 나와 함께 몇 번 가본 적이 있다. 그 일을 경험 삼아 오빠의 병원을 찾아 나섰는데, 아래 블록으로 와야 하는데 위 블록으로 가는 것이 잘못 된 것 같았다. 가고 있는 동안에 그 학생과 다시 통화하였다.

"학생, 참으로 고마워요. 내가 지금 그곳으로 가고 있으니 잘 부탁해요."

"예, 알았어요. 꼭 데리고 있을게요. 그런데 언니는 엄마가 온다면서 자꾸 밖으로 나가려 하네요."하고 전화를 끊는데, 또 눈물이 쏟아진다.

5분여 되는 거리에 딸을 두고 4시간 이상 헤매었다. 우리는 늦은 시간이었지만 찾아서 다행이다. 딸을 도와준 그 집에도 딸과 같은 천사가 있단다. 그 천사 딸을 생각하며, 우리 딸을 돌보게 되었다고 하셨다.

복지관에서 집으로

늦은 가을이다. 바다보다 고요하던 들녘이 벼를 베는 콤바인 소리와 밭을 가는 경운기 소리로 요란하다. 엊그제까지만 해도 들녘이 가득했는데, 어느 사이 빈 들녘으로 변해갔다.

담양군 향촌노인종합복지관에서 운영하는 프로그램인 건강 체조 시간을 마치고, 점심 식사 후 잠시 병원에 가야 할 일이 생겨서 딸을 불렀다.

"우림아, 엄마 잠시 병원에 다녀올 테니, 오후 요가 프로그램이 끝나면 바깥 의자에서 기다리고 있어. 병원 진료가 끝나면 바로 돌아올 테니, 어디 가면 안 된다. 알았지?"

나는 딸에게 당부하고 아빠와 함께 복지관을 나섰다. 딸은 나와의 약속을 잘 지켜왔고, 이런 일이 있을 때마다 약속을 지키며 기다려 주곤 하였다. 병원에는 오늘따라 환자들이 북적거렸다. 감기 환자가 많아 내 차례까지는 상당한 시간이 걸릴 것만 같았다. 복지관 프로그램이 끝날 시간이 가까워져 오기에 딸에게 전화하였다.

"엄마, 걱정하지 마요. 기다리고 있을게."

"그래, 병원 끝나면 바로 갈게."

나는 딸의 말을 굳게 믿었다. 한편으로 딸이 대견스러워 고마운 생각까지 들었다. '이제 많이 성숙해졌다.'라는 생각에 흐뭇하기까지 하였다. 진료가 끝나자 곧장 아빠와 함께 복지관으로 달려갔다. 그런데 약속 장소에 딸이 보이지 않았다. 복지관의 일과는 이미 끝나 어르신들도, 버스도 다 떠나고 없었다. 다급한 마음에 전화기를 꺼내었다.

"우림아, 지금 어디에 있니?"

"응, 엄마, 지금 집에 가고 있어."

"어떻게 가고 있지?"

"걸어가고 있어."

차를 돌려 집으로 뒤쫓아 가는데, 집에 가까이 왔으나 딸은 보이지 않았다.

"우림아, 지금 어디에 있어? 주변에 간판 있으면 읽어봐."

우리가 다녔던 길 위에는 간판 글씨가 있을 법하여, 읽어 보라 하였더니 '군청'이란다. 전화를 끊고 군청 쪽으로 달려갔으나 딸은 그곳에도 없었다. 읍내에 있을 만한 곳을 다 돌며 뒤졌으나 딸은 보이지 않았다.

전화 소리를 들어보면 어디론가 움직이고 있는 것 같았다. 그래서 옆 사람이 있으면 바꿔 달라고 할까?하다가 혹여 더 위험한 일을 불러들여 당할 수도 있을 것 같아 일단 더 찾아보기로 하였다.

"우림아, 혹시 주위에 경찰 아저씨나 여학생들 있니?"

"아무도 없어, 얼른 와."

마음이 쪼이도록 답답하기만 하였다. '혹시 가게가 있느냐?'라고 물어도 '없다'라고 말하지만, 딸은 자기가 있는 곳을 알리려고 애를 쓰고 있는 것 같았다. '있잖아, 있잖아'만 하고 있었다. 어디인지

도저히 감을 잡을 수가 없었다. 간판 이름은 읽을 수 있는데, 말하지 않는 걸 보면 읍내는 아닌 것 같았다. 그럼 혹시 가던 길을 잘못 들어서는 게 아닌가 싶다. 분명 집에 가는 방향은 알고 있다. 몇 년 동안 다니었던 길은 이 길밖에 없다. 교회에 갈 때도, 읍내 나올 때도 이 길로 다녔기에 집으로 가는 바른길은 아닌 것 같았다. 집에서 복지관을 다닐 때는, 내가 주변을 많이 알리고 간판도 읽어 주며 수다를 떨어가면서 가르쳤는데, 그 효과가 없는 생소한 곳으로 생각되었다.

우리가 다니는 큰길에는 간판이 몇 군데 있다. 딸이 좋아하는 중국집도 있고, 슈퍼도 있고, 용면사무소도 파출소와 우체국, 그리고 농협도 있다. 아는 곳이 몇 군데는 있을 것인데 한 곳도 말하지 못하는 걸 보면, 딸은 한 번도 가보지 않는 길을 가고 있는 것 같았다. 그렇다면 버스는 다니지만, 우리가 가 보지 않았던 길을 찾아가 보기로 하였다.

다시 복지관 가는 큰길을 따라가면서 버스가 다니고 있는 샛길을 찾아 버스 표시판을 하나하나 살펴봤다. 집으로 가는 옆길에 군청으로 가는 표지가 있었다. 그 길은 한 번도 가보지 않은 길이기에 그쪽으로 방향을 돌렸다. 그때 전화가 왔다.

"엄마, 어디 있어. 빨리 와, 배고파."

"그래, 배고프지. 엄마 먹을 것 많이 사 왔는데, 널 만날 수가 없어서 못 먹지. 어서 만나서 먹자."

라며 안심시켰다. 그리고 예상 지역을 생각하면서 논이나 밭 주변에 누가 있는지 물었다.

"응, 엄마. 한 사람 있어."

"할머니냐? 할아버지냐? 아니면 아저씨냐?"하고 물었더니, 할아버지란다.

먼저 할아버지란 말에 안심이 되었다.

"그럼, 전화 한번 바꿔줄 수 있어? 어디인지 물어보게."

전화를 받고 보니 할아버지도 귀가 잘 들리지 않아 말이 굉장히 어둔하셨다. '지금 계신 곳이 어디세요?'하고 커다란 목청으로 물어도 대답이 없다. 그래서 '어디에 사시느냐?'라고 물었더니 '삼만리'라 하셨다. 삼만리는 지금 우리가 가고 있는 곳이다. 급한 마음에 간단히 인사만 하고 전화기를 딸에게 건네주시라고 하였다.

저만큼 앞을 보니 딸이 서 있었다. 속도를 내어 딸을 향해 달려가 딸을 와락 껴안았다. 다시 딸을 품어 안을 수 있어 고맙고, 감사하였다.

딸은 집에 간다면서 방향을 잘못 잡은 것이다. 갈림길에서 잘못 들어서 버렸다. 바르게 큰길로 갔더라면 집으로 갈 수 있었는데, 오른쪽 길을 택한 것이 잘못 접어든 것이다. 병원에서 '진료 시간이 좀 늦을 거라'고 말할 때 아빠가 딸의 끝나는 시간에 맞추어 데리고 왔더라면 좋았을 것이다. 나의 부족함을 탓하며 '내 잘못이다'하고 스스로 군밤 한 알 '탁' 먹였다. 그 모습에 딸은 웃고 있었다.

🚶 위치추적 시계

이제, 딸을 잃어버리지는 않을 것이다. 어느 날 전라남도 발달장애인지원센터 선생님이 우리 집을 방문하신 적이 있었다. 그때, 딸에 대해 상담하면서, 여러 가지 불편을 해소하기 위해 안내해주셨다. 그중에서 눈에 번쩍 들어 온 것은 위치추적기에 관한 정보였다.

나는 바로 면 장애인복지 담당자를 찾아가 딸에 대해 상담하고, 위치추적기를 신청하였다. 얼마 되지 않아, 면 장애인 복지 담당자로부터 위치추적 시계를 선물로 받았다. 조금은 투박스러운 시계지만 추적 위치 기능이 있어서 마음을 조금 놓을 수 있었다. 딸은 면 직원이 장애인들에게 주는 거라며 시계처럼 차고 다녀야 한다는 말이 조금 서운한 것 같았다. 그래서인지 팔목에 차지 않고 호주머니에 꾹 넣고 다녔다. 여성스러운 시계, 예쁜 시계를 달라는 항의인 것 같다. 때론 아빠가 차라고 농담하면서도 외출 시는 호주머니에 꼭 넣고 나간다. 나의 휴대폰과 연결된 위치추적 시계는 딸이 어디에 있는지를 바로 알려준다. 딸은 위치추적기를 가방에 넣어 다니는 경우가 많다. 그러나 추적 기능이 담겨 있는 시계를 분실만 하지 않는다면, 이제 딸을 잃을 염려는 조금 줄어들 것이다.

20여 년 전에 이런 일도 있었다. 집안일 때문에 내가 교회에 가야 할 시간이 조금 늦자, 책임감이 강한 딸은 수요예배 반주를 해야 한다면서 택시를 탔는데, 그만 어둔한 말씨 때문에 교회와는 동떨어진 곳으로 가버렸다. '중흥교회로 가요'라는 말을 '주원교회로 가요'라는 말로 이해한 기사님은 주원교회를 찾아 시내 곳곳을 헤맸단다. 주원교회를 겨우 찾아 '이제 다 왔으니 내리라'라고 말했는데, '아니다'라며 내리지 않고 버티고 있더란다. 딸이 요구한 교회를 찾지 못한 기사님은 '빨리빨리 가자'며 윙윙거리는 딸의 잔소리에 내 전화번호를 물어 나에게 전화하였다.

"기사님, 죄송하지만, 서방 쪽에 있는 중흥교회로 데려다주시면 고맙겠습니다. 제가 기다리고 있다가, 요금을 정산해 드리겠습니다."

친절하신 기사님 덕분에 딸은 다시 내 품 안으로 돌아왔다.

이런 경우가 어디 한두 번이었겠는가? 만일에 나쁜 기사를 만났더라면 내 딸은 어떻게 되었을까? 딸을 그곳에 내려놓고 가버릴 수도 있고, 더 어려운 일을 당할 수도 있었을 것이다. 그런데 딸의 어려움을 안 기사님은 나에게 전화까지 하시며 교회에까지 데려다주셨다. 참으로 고마우신 기사님이시다.

이제는 딸이 택시를 타고 혼자 나간다 해도, 시내버스를 타고 내릴 장소를 모르고 내리지 않고 종점까지 간다고 해도 괜찮다. 늘 그랬듯이 눈물 흘리지 않아도, 딸이 어디에 있는지 위치추적기를 열어보면 위치를 알 수 있어서 마음이 조금은 편안하다.

"우림아, 집 주소를 만약 잃어버리면, 광주중흥교회로 가요."하고 바르게 말할 수 있었으면 좋겠다. 말할 수 없다면 쪽지에 써주어도 된단다.

대학에 가다

🚶 늦깎이 대학생

어느 날 딸의 교육을 담당하는 엠마우스복지관 선생님으로부터 전화가 왔다. 딸의 교육을 이야기하면서, 광주에 있는 모 전문대학과, 영암에 있는 동아인재대학에 딸이 갈 수 있는 학과가 있다며 진학 소개를 해주셨다. 광주에 있는 전문대학 사회복지과는 야간이지만 날마다 수업을 받아야 하고, 영암에 있는 동아인재대학 선교복지과는 주말을 이용하면 된다고 하셨다. 대학에 대해 자세한 설명을 해주시며, "어머님께서 선택하셔서 딸에게 학업 할 수 있는 기회를 주시고, 어머님의 소원도 푸시면 좋겠다."라고 부탁까지 하셨다.

나는 큰 병으로인해 투병 중이었다. 생존 시한 5년을 이제 겨우 넘기고, 조심스럽게 살아가야 할 때다. 스트레스받는 일을 조심하고 열심히 운동만 하여야 했다. 그래서 잘 먹고 편안한 마음으로 치료 잘하면서 쉬엄쉬엄 살도록 모든 것 다 내려놓았다. 그러나 '딸에게 사각모를 쓰게 한다'라며 눈물 흘린 시간이 조금씩 생각났다. 딸에게도, 나에게도 마지막 기회일지 모른다. 몸을 일으켜 세우고 오는 기회를 놓치지 말자며, 현실로 눈을 돌렸다.

매일매일 수업시간에 참여한다는 것은 나에게 어렵고 힘들 것 같았다. 내가 2년 동안 딸을 도우며 함께 수업을 받아야 하는데 체력이 문제였다. 수업뿐만 아니라, 리포트도 많을 것 같아 썩 마음이 내키지 않고 부담스러웠다. 그렇지만 기회를 한 번 놓치면 다시 오지 않을 것 같은 생각이 들었다. 용기를 내어 영암으로 '가자'며 차바퀴를 돌렸다.

집을 나서는데 웬 눈이 그렇게 내리는지, 밤사이 쌓인 눈이 어찌나 많은지 걱정이 앞섰다. 하얀 들녘을 바라보니 웃음마저 사라졌다. 마음먹고 나선길 뒤돌아보니 어김없이 우린 세 사람뿐이었다. 아빠는 운전하고 난 조수석에 앉고, 주인공 딸은 회장님 자리에 앉아 있다. 거북이처럼 바퀴를 굴리며 영암에 도착하였다.

대학은 낮은 산 중턱에 있는 작은 교정이지만 따뜻한 느낌이 들었다. 교수님과 대학 입학에 대한 몇 가지를 상담하고, 교수님의 소개로 총장님도 면담하였다. 수업에 지장만 주지 않는다면 '좋다'고 하셨다. 총장님은 면담 중에 긍정적인 딸의 생각과 모습을 보신 것 같았다.

"우림 양은 무엇을 제일 좋아하시나요?"

"나는 피아노 잘해요. 총장님 사랑해요."

딸은 총장님께서 물으신 말에 또박또박 대답하며, 두 손을 모으

▲ 학사모를 쓰다

고 공손히 앉아 있었다. 면접을 직접 하신 총장님은 특별전형 학생으로 입학을 허락해주셨다. 더불어 보호자인 나까지 딸의 학습을 도우며, 수업받도록 배려해주신 것이다. 모두가 고생길이 열렸다고들 하지만, 나는 기뻤다. '딸을 위해 또 한 가지 해 줄 수 있다'라는 감사의 마음에 먼저 울컥하였다. '고생길이 아니겠느냐?'라는 생각이 들지만, 딸을 대학생으로 만들기 위해서, 사각모 한번 씌어주고 싶어서, '두 손 모았던 지난날을 잊지 않겠다'라고 다짐하였다. 스스로 물어보면서 '축복의 나날들이 되리라'하며 감사했다. 항상 곁에서 함께 도와주는 아빠가 든든하게 있어, 힘을 내며 등록을 마쳤다.

3월 첫째 주 주말부터 여행 가는 기분으로, 아빠는 운전하고 나는 조수석에 타고, 주인공을 태우고서 동아인재대학으로 달렸다. 딸의 반 친구들은 모두가 나를 대학생으로 알고 있었다. 그런데 2주가 지나자, 나와 친분이 있는 놀이방을 운영하신 분의 목회자 사모님의 얼굴이 보였다. 아무도 나를 몰랐을 때는 가벼운 마음으로 좋았는데, 조금은 부담도 되었다. 그래서 학교생활을 불성실하게 하거나 함부로 할 수 없었다. 한 학기에 16주를 이수해야 하고, 4학기를 마쳐야 하기에 촘촘히 4학기 대학 생활 계획을 세웠다. 내가 마치 대학생이 되는 기분으로 계획을 세워 딸의 책상머리에 끼워 넣었다.

시작이 엊그제 같은데 눈이 오고, 또 비가 오고, 두 번의 계절이 바뀌어 갔다. 그렇게 4학기를 무난히 마칠 수 있게 허락하신 총장님과 각 과목 교수님의 배려가 크셨다. 그뿐만 아니라, 딸의 동료들도 사랑을 주고 관심 또한 컸다. 그들의 사랑이 아니면 수업받은 과정도, 허물도 다 덮어 주었겠는가?

딸은 항상 부러움의 자리에 있었다. 리포트 잘 내지, 옆 눈길로 쓴 시험 성적 좋지, 교우들과 친화력도 참 좋았다. 단 한 번의 결석도 하지 않고 수업도 성실히 임하였다. 그러는 동안 4학기는 짧고 시간은 빨리 지나갔다.

어려운 딸에게 도움을 주신 동료분들에게도 감사하며, 고맙게 생각한다. 운전대를 잡고 바퀴를 굴리며 학업을 마칠 수 있도록 2년간 도와주신 우림이 아빠께도 크게 감사드린다. 그룹을 형성하며, 동아리 활동을 할 수 있도록 도와준 그룹 동료에게도 '감사하다'라고 전하고 싶다. 치료 중이지만 2년을 어떻게 지냈는지 바삐 시간이 돌아갔다. 녹슬지 않은 나를 다시 발견할 기회에 감사하며, 스스로 칭찬하고 마음을 토닥토닥해본다. 총장님은 딸의 이름을 부르고 칭찬도 해주셨다. 사랑을 듬뿍 받은 결과물이다.

"64회 드라마 출연의 주인공은 최우림 양으로, 한 번도 빠짐 없이 출연했습니다."라며 총장님 종강 수업에서도 이름을 불러 주시고, "그의 성실함에 박수를 보냅니다."라고 축하도 해주셨다.

늦깎이 대학생으로 성실하게 대학 생활을 마친 것이다. 나의 딸에 대한 꿈은 물거품이 되는 그것처럼 보였지만, 결국은 하나님의 방식으로 든든한 결실을 주셨다.

앞으로도 딸이 가는 길에 든든한 버팀목이 되어줄 것이다. 따뜻한 사랑 베풀며, 딸과 함께 가는 모든 이들에게 축복의 마음, 감사의 마음을 전한다.

🐦 대학 생활

 딸은 여느 친구들 못지않게 성실히 학창 시절을 보내며, 명품의 길을 향하여 걸어가고 있었다. 대학 시절에도 학교의 모든 행사에 빠지지 않고 참석하였다. 축제가 있을 때는 댄스왕이었다. 리듬감이 좋아서 음악 소리만 들리면 동료들과 테크노댄스로 한참을 흔든다. 수업 시간이 되어 도움을 청하면 선뜻 일어나 피아노를 치며, 교수님을 도와 수업 분위기를 조성하여 즐겁게 이끌어갔다.
 주말 수업이라서 주부들이 주를 이룬다. 특히, 교회에서 복지센터나 공부방을 운영하신 사모님들이 많다. 그분들은 작은 꿈을 천천히 이루어 가고 계셨다. 주님 안에 계신 분들이기에 사랑을 딸에게 많이 주셨다. 그룹을 형성할 때도 딸과 함께한 그 천사분들이 앨범 속 곁에 앉아 계신다.
 대학 생활은 그동안의 성적표가 말하는 것 같다. 신청 학점 94, 취득 학점 94, 평균 점수 4.44, 백분율 94.30이다. 나는 딸의 대학 생활에 수업을 도와 머리가 되어주고, 손발이, 때론 입이 되어주었다. 단 한 번뿐인 대학 시절을 멋지게 보내도록 각본에 의한 2년간의 무대가 되었다.
 딸은 시험 기간이 되면 나에게 더 가까이 온다. 틈틈이 일도 잘 도와주고, 수업 시간에 밑줄을 그은 교과서를 보면서 시험 준비를 하였다. 곁에 두고 엄마의 시험지를 곁눈질도 하며, 받아낸 성적이지만 그래도 대견스럽다.

주말이면 함께 출연하는 대학 생활은 64회의 무결석으로 무대의 막이 내렸다. 엄마가 성실하니 딸도 성실의 표본이 되었다.

동아인재대학을 출항하여 2년 동안 쉼 없이 파도를 타며 항해하는 바닷길은 그렇게 순탄치만은 않았다. 길을 안내하는 등대가 있었음에도, 어떤 날은 눈보라에 닻을 내리기도 하였고, 요리조리 파도에 휩쓸리며 좌초할 수도 있었다. 그렇지만 추억의 거리를 만들어가며, 4학기 동안의 성적과 보육교사 자격증, 그리고 사회복지사 자격증과 함께 목적지인 항구에 희망찬 닻을 내렸다.

딸의 교육과 훈련은 계속될 것이다. 그리고 흔들림 없도록 든든한 닻을 깊숙이 내릴 것이다.

학업 성적표

(1) 1학년

가. 1학기
- 전산학(A^+), 언어와 문학(A^+), 아동미술(A^+), 신약개론(A^0), 사회복지개론(A^+), 인간행동과 사회환경(A^+), 사회복지법(A^+), 자원봉사론(A^+), 보육학개론(A^+).
- 신청취득(24/24), 평균 점수(4.48), 백분율(95.96).

나. 2학기
- 대학영어(A^+), 언어지도(A^+), 사회복지 정책론(A^+), 사회복지실천론(A^+), 아동복지론(A^+), 장애인복지론(A^+), 건강가정론(A^+), 아동복지(A^+).
- 신청취득(23/23), 평균 평점(4.43), 백분율(94.78).

(2) 2학년

가. 1학기
- 보육(A^0), 사회복지실천기술론(A^0), 사회복지조사론(A^+), 노인복지론(A^+), 가족 상담(A^+), 아동 영양학(A^+), 아동문학(A^0), 가정생활교육(A^+).
- 신청취득(23/23), 평균 점수(4.43), 백분율(94.74).

나. 2학기
- 사회복지현장실습(A⁺), 사회복지행정론(A⁺), 지역사회복지론(A⁺), 가족복지론(A⁺), 프로그램 개발과 평가(A⁺), 보육 과정(A⁺), 건강복지론(A⁺), 가정정책론(A⁺).
- 신청취득(24/24), 평균 점수(4.5), 백분율(100).

- **엄마의 생각**

 딸의 대학 생활은 입학에서 졸업 때까지 엄마와 함께하였다. 총장님으로부터 장애를 입은 딸의 학습을 돕기 위해 '딸과 함께 강의를 받아도 된다.'는 허락을 받았기 때문이다. 강의 시간에는 딸의 머리와 손, 그리고 입이 되어주는 것이다. 강의는 주로 토요일에 진행되는데, 부족한 시간은 리포트와 실습으로 보충하였다. 강의는 딸과 함께 받았고 리포트는 온 가족이 딸과 함께 자료를 수집, 착실히 제출하여 좋은 학점을 받았다. 눈이 오면 눈이 오는 대로, 비가 오면 비가 오는 대로, 태양이 밝아오면 밝아오는 대로 열심히 출석하였다.

양지로 나온 딸

🚶 전원을 학습의 장으로

우리는 전원생활을 시작하면서 딸의 교육과 훈련을 위해 '전원을 학습의 장'으로 활용하기 위한 체계적인 계획을 세웠다. 딸은 환경의 변화로 인해 '딸의 인지교육과 사회화 교육이 중단되면 어떻게 하나?'하는 염려가 있어서다. 그래서 자연환경을 확대하는 교육프로그램을 구성, 교육의 실행계획을 구체적으로 세웠다.

먼저 자연을 통한 사물의 명칭을 알게 하였다. 나무나 풀, 그리고 꽃의 이름을 알려주고, 나무나 풀의 다른 점과 같은 점, 나무나 꽃의 생김새, 잎새 모양, 꽃이 피는 시기와 열매 맺는 시기 등을 주변 현장을 통해 가르쳐 주었다. 지속적인 관찰 활동을 함께 한 것이다.

밭과 논, 산과 들, 시냇가, 과수원, 목장, 양계장, 비닐하우스 등

마을 주변에 있는 모든 것을 학습의 장으로 활용하였다. 예로, 비닐하우스에서 재배하는 딸기밭을 방문, 딸기의 생김새를 관찰하고 딸기가 어떻게 성장하고 생산되며, 판매되는가의 이야기를 들었다. 실제로 딸기를 따 보게도 하고, 선별 과정을 거친 딸기를 판매 상자에 예쁘게 담아 보고, 사서 먹어도 보게 하였다.

문만 열면 즐비한 논과 밭이다. 트랙터가 논을 가는 모습이나 이양기로 모를 심는 모습, 그리고 벼를 베어 거두어들이는 콤바인의 모습까지 놓치지 않고 현장 교육으로 안내하였다. 그러나 농부가 모를 심어 가을에 벼가 익어 거두어들이기까지의 모든 과정을 보여주고 이야기해주어도, 딸은 이해가 잘되지 않은 것 같다. 고개만 끄덕일 뿐이다.

집에서 강아지와 토끼를 길렀다. 강아지 먹이는 딸이 주기로 하고 토끼 먹이는 아빠가 담당하였다. 이로 인하여 딸은 애완동물에 관한 관심이 더 커졌다. 아빠는 딸과 함께 토끼 먹이는 텃밭에 있는 가장자리 채소들을 먹이로 가져다주었다. 딸도 토끼에게 간식이라며, 텃밭에 있는 채소들을 종종 토끼집에 넣어 주기도 하였다. 그러면서 "토끼야 안녕, 잘 잤니? 배고프지, 맛있게 먹어."라고 하며 토끼를 의인화하기도 했다.

따뜻한 봄날이 되자 담양5일장을 찾았다. 딸과 함께 시장 모퉁이에 있는 닭과 병아리 파는 그곳으로 갔다. 귀여운 병아리들이 여기저기에서 '삐악삐악' 소리를 내며, 딸을 반겨주고 있었다. 딸이 선택한 노란 병아리 2마리와 얼룩얼룩한 병아리 1마리를 샀다. 엄마 것, 아빠 것, 그리고 얼룩 병아리는 내 것이라고 말하였다. 동식물을 자연스럽게 접하도록 한 것이다. 도시에서 경험하지 못한 농촌 환경을 활용하는 것은 그 효과가 크다고 생각되었기 때문이다.

뒷산에 오를 때에는 휘파람도 불며, '야호, 야호'하는 소리를 마음껏 내어보도록 하였다. 목구멍이 열리지 않고 혀가 두툼해서, 소리 전달이 멀리 나가지 못하고 눈앞에 떨어졌다. 손을 모아 소리도 내 보게 하고 종이로 확성기를 만들어 '야호' 소리를 내 보게 하였지만, 얼마 동안은 별 효과가 없었다. 산과 들, 장소에 구애됨이 없이 휘파람을 불면서 소리 내는 훈련을 하지만, 구역질과 헛기침이 나와 힘들어하였다. 그래도 훈련은 계속되었다. '야호'하며 소리를 외치게 하고, 알고 있는 이름을 소리 내어 불러보게 하는 훈련을 반복하였다. 딸의 목소리는 차츰 변화가 왔다. 조악하기는 하지만 마침내 가느다란 소리가 들려오기 시작한 것이다.

🐦 담양군 향촌노인종합복지관

　전원주택으로 이사를 하였다. 공기도 좋고 산새도 좋은 곳이다. 그러나 딸이 사회와 동떨어진 곳에서, 외부와 소통도 없이 단절되어 하루하루 살아간다는 것은 미래를 위한 삶의 준비가 아닌 것 같았다. 그래서 찾아 나선 곳이 담양군 향촌노인종합복지관이다. 이곳은 다양한 교육프로그램을 운영하고 있다는 안내를 지인으로부터 소개받았다.
　복지관에 들어서 주변을 살펴보니 쾌적한 환경이 마음에 들었고, 물리 치료와 운동할 수 있는 많은 운동기구가 눈에 띄었다. 이곳에서 딸과 함께할 수만 있다면 딸은 스스로 경험하면서 일상생활을 터득해 갈 수 있는 교육의 장이 될 것이라는 믿음이 갔다.
　다행히 복지관에서는 딸과 우리 가족이 모든 교육프로그램에 참여할 수 있도록 배려해주었다. 그뿐 아니라, 딸이 프로그램 활동 보조로 일할 수 있는 일터까지 알선해주었다. 딸이 복지관에서 장애인 일자리로 활동하면, 딸은 부모 곁에서 보호받을 수 있어 좋고, 나도 불안한 마음을 떨쳐버릴 수 있을 것 같아 좋았다. 부장님은 우리 부모 된 마음을 먼저 읽고 계셨다. 장애인 일자리로 주 54시간을 활동하지만, 딸에게는 최대의 축복이었다. 딸은 전원 속에서 사회적인 활동을 거의 할 수 없었는데, 박진섭 부장님의 배려로 한 걸음 양지로 나올 수 있었다.

　이제는 딸의 학습 능력과 인지능력이 머물지 않고 삶의 기능을 발전시키며 나갈 수 있을 것 같다. 복지관의 교육프로그램인 난타, 하모니카, 요가, 그리고 건강 체조 등 사회적 활동을 통해 소통할 수 있어서 좋았다. 그뿐 아니라, 딸이 직접 접할 수 없는 프로그램은 인터넷을 통해 시간표에 따라 가정에서 안내받으며, 스스로 교육에 참여하고 있다. 무엇보다도 가족처럼 주변의 적극적인 지지, 그리고 이해와 포용으로 분위기를 함께 이끌어간 어르신들의 따뜻한 마음에 감사드린다.

　사회는 다운증후군을 지닌 이들의 삶의 질을 높이는데, 신체적인 건강은 물론 교육과 훈련, 사회적 참여, 그리고 정서적 지원 등 다양한 분야에서의 포괄적인 접근이 필요하다. 담양군 향촌노인종합복지관은 딸에게 음지에서 양지로 나올 수 있도록 즐거운 생활의 터전을 마련해주었다. 복지관의 프로그램과 이를 이용하는 어르신들은 딸을 위한 사회적 교사요, 제2교육의 장이 되었다.

- **소유 개념이 부족하다**

 딸은 인지능력이 부족함으로 언어 전달이 어렵다. 특히 소유 개념이 없으며, 사회적 상호작용에 어려움이 따른다.
 어느 날 일자리를 담당하는 선생님이 면담을 요청하였다. 분위기가 조금 서먹하고 선생님도 머뭇거리다 말고 입을 열었다. 내 딸이 A3 용지 한 묶음을 사무실 옆 '창고에서 들고나왔다.'라는 말을 한 것이다. 이를 본 여직원이 담당 직원에게 말해주었고, 그 직원도 깜짝 놀라서 CCTV를 확인해보았더니, 내 집에 있는 물건처럼 태연하게 들고나오더란다.
 딸이 큰 잘못을 저질렀다. 그러나 나는 딸을 잘 알기에 탓하기 전에 속내를 알아보기로 마음먹었다. 그래서 조심스럽게 눈 맞춤하면서 마음이 상하지 않도록 천천히 물었다.
 "도화지 가져다가 차에 넣어두었어?"
 "응, 엄마. 미술시간에 쓰라고 이만큼 가져다 두었어. 그림도 많이 그리고. 엄마, 그지?"
 천연덕스럽게 얼굴 하나 붉히지 않고 말하였다. 나도 딸을 알기에 난감하였지만 상처받을까 봐 걱정하는 것은 오히려 담당 선생님이었다.
 "엄마, 그림 그리기 할 때 써야지. '그림 그리기 하라'고 가지고 왔어."
 나는 딸과 함께 복지관에서 미술 공부를 하고 있다. 어느 날 미술 선생님께서 쓰고 남은 종이라며, A3 크기와 같은 도화지를 "필요 한만큼 가지고 가서 그리기 연습하실 때 쓰시라."라고 말한

적이 있었다. 나는 뒤처리가 늦어서 책상 위에 남아있는 도화지 몇 장을 들고 딸과 함께 교실을 나섰다. 집에 와 세어보니 모두 5장이었다. 그리기를 위한 연습용 도화지로 활용하다 보니 얼마 가지 않아 도화지는 떨어지고 말았다.

어느 날, 딸이 "종이가 없으니, 사 오세요."라고 말하였는데, 무심코 그냥 넘겼다. 딸은 "종이가 없다, 없다."하며, "사야지, 사야지." 할 때, '이제 사지 않아도 된다.'라는 말을 해주었더라면 이런 불미스러운 일은 일어나지 않았을 것이다.

A3 용지는 우리 것이 아니므로 제자리에 가져다 두도록 하였다. 딸은 도화지로 알고 가져왔던 A3 용지 한 묶음을 제자리에 가져다 두었다. 철없이 들고 가는 그 모습이 나를 찡하게 만들었다. 딸은 선생님 앞에서 어떤 생각을 하였을까? 갑자기 딸에게 미안한 마음이 가득하였다.

사건의 전 말은 이랬다. 딸이 출석부를 사무실로 가지러 가는 도중에 자료실 문이 열려 있었다. 호기심에 자료실 안으로 들어가 이것저것 구경하다 도화지 크기의 A3 용지를 발견한 것이다. 마침, 집에 있던 도화지가 다 떨어진지라, 가져다 쓰면 되는 줄 알고 엄마에게 주려고 들고나온 것이다.

교육은 다시 시작되었다. 내 것과 네 것을 구별하는 교육 즉, 소유 개념을 다시 교육하기 시작한 것이다. 반복 교육의 힘겨운 싸움이 다시 나와 딸의 손목을 잡았다.

🌷 어르신이 친구

　딸은 복지관 프로그램 보조교사로서 어르신들을 오랫동안 봉사하며 섬기고 있다. 많은 어르신이 친구처럼 반겨주신다. 어르신 중에서도 특별히 딸에게 지극한 사랑을 주신 분이 두 분 계신다. 한 분은 이모라 해서 좋아하시고, 또 한 분은 딸과 우림이가 동갑내기여서 예뻐하신다. 두 분에게서 딸은 특별한 사랑을 받고 있다.
　김향심 어르신은 딸의 가방 속에 맛있는 것을 종종 넣어 주신다. 배고프면 먹으라고 과자며 떡, 계절에 따라 자두며 포도, 사과, 그리고 무화과 등을 따 오셔서 넣어주신 것이다. 금 년에는 가을이 되자 딸에게 호박죽을 쑤어 주라며 내가 들어 올리지 못할 정도로 크고 노르스름한 호박도 차에 실어주셨다. 그뿐만 아니라, 가을철이 되면 농사로 지으신 검정콩이며 연둣빛 파란 콩, 그리고 노란 콩까지 나누어 주시곤 하셨다.
　어느 날 딸은 나와 둘만이 있는 방인데 귓속말로 하였다.
　"엄마, 전화하지 말래."
　딸은 말이 끝나기도 전에 고개를 떨구며 눈물을 쏟는다.
　"누가, 왜?"하며 딸의 스마트폰 통화 내력을 살펴보았다.
　수십 통의 주인공은 김향심 어르신이셨다. 항상 사랑을 아낌없이 주신 분이신데, 어인 일이실까?'하고 다시 물었다.

"왜, 김향심 어르신이 전화하지 말라 하셨을까?"

"아니, 말고. 윤일호 어르신이 그랬어."

윤일호 어르신은 김향심 어르신의 바깥 양반이시다. 그분이 전화하지 말라고 하셨다는 것이다. 더 크게 울기를 멈추지 않았다. 윤일호 어르신은 예나 지금이나 우리 가족과 딸에게 유달리 잘해 주신 분이시다. '무슨 사연이 있었겠지?'하면서도, 왜 그 어르신이 그랬을까? 조금은 궁금하고 서운도 하였다.

딸은 판단력과 조절력이 약하여 스스로 자신을 제어하지 못한다. '그래도 한 번만 더 받아 주시지?'하며, 나 혼자서 얼굴을 붉혔다.

다음날 복지관에서 윤일호 어르신을 뵈었다. 그리고 딸이 하였던 말을 그대로 옮겨 여쭈어보았다. 모두가 사실이란다. 그날은 손님이 오시는 날이라 김향심 어르신이 부엌에서 식사를 준비하고 있을 때 전화가 왔단다. 바빠서 바꿔줄 수 없다고 말해도 계속 바꾸어 달라고 하더란다. 그래서 "오늘은 너무 바쁘니 전화하지 마라. 다음에 전화해라."라고 말씀하셨다는 것이다. 딸의 의사소통이 일방적인 것을 알면서도 그래도 "딸의 마음을 조금은 헤아려주셨더라면 좋았을 것인데…."하고 말씀드렸더니, "허…, 허…."하시며, 황소 웃음을 웃으셨다.

또 한 분은 딸과 우림이가 동갑내기라면서 10여 년을 이모처럼 돌보아 주신 지신자 어르신이다. 그렇게 열심히 프로그램에 참여하셨던 분이신데 얼마 전부터 복지관에 나오시는 횟수가 뜸하셨다.

"엄마, 지신자 어르신 많이 아프시나 봐? 언제 오신데?"

"글쎄, 지금은 바깥 어르신의 건강 때문에 도와드려야 해서 복

▲ 어르신 친구와 함께 대회에 출전하다

지관에 나오시지 못하신 것 같다."

"엄마, 아저씨 빨리 나으시라 해. 응?"

딸은 '지신자 어르신이 보고 싶다'라며 서운해서 울 때도 많았다. 나더러 전화해 보라고 부탁도 하였다.

지신자 어르신은 딸의 전화만큼은 꼭 받아 주신 고마우신 분이시다. 딸의 어려움을 알고 계시기에 친구처럼, 딸처럼 소통의 기회를 주고 계신다. 전화할 때면 뭐가 그렇게 재미가 있을까? 딸은 복지관 소식을 다 알려드리고, 어르신은 하루 중 재미있었던 이야기를 들려주신 것 같다. 그뿐 아니라, 정겨운 마음도 나누는 다정한 친구가 되어주셨다. 건강 체조반을 운영하시면서 반장의 책무가 있는데, 아저씨 병환 때문에 빠지는 경우가 종종 있다. 딸에게 반장까지 위임하신 경우가 허다하다. 딸은 복지관에서 일어난 일들을 어르신께 하나하나 미주알고주알 보고하는 것 같다. 딸은 날마다 전화 문안을 드리며 아저씨 안부도 여쭙고 있었다.

지신자 어르신은 딸의 언어전달력이 떨어져 실수할 때도, 묻는 말에 엉뚱한 대답을 할 때도, 그리고 한 박자가 늦어도 붙잡아 주신 따뜻한 어르신이다. 아낌없이 사랑을 퍼주신 분으로, 맛있는 것이 하나라도 있으면 살그머니 호주머니 속에 넣어주시기도 하신다.

딸은 어르신들을 친구처럼 참 좋아한다. 그럴 때 나는 묻는다. "왜 그렇게 어르신들을 좋아하니?"하고 물으면 "엄마가 좋아하니까 나도 좋아하지."라며 빙그레 웃는다.

담양군 향촌노인종합복지관을 이용하신 어르신들은 즐거워하고 건강하며, 활기가 넘치신다. 이곳에 나오셔서 활동하신 어르신들은 담양군이 장수군으로 이름을 떨치는데, 그 역할을 잘 감당하고 있다고 말할 수 있다.

🐦 딸아, 너 몇 살이지?

 어느 날 저녁노을을 바라보며, 강가 둔덕을 따라 거닐다 큰 들녘으로 들어섰다. 딸과 함께 논두렁을 거닐며, 가을 벼 익어가는 모습들을 보여주고 싶어서다. 풀 내음이 코끝으로 스멀스멀 기어들어 온다. 저만큼 코스모스와 들국화가 잔바람에 하늘거리며 우리를 반기고 있다. 들녘에 들어서자, 벼들이 서로의 몸을 부딪치며 씨름한다. 마지막 시월의 저녁을 장식하려는 것처럼 바람과 함께 풍악을 울린다. 서로서로 몸짓하며 촘촘한 공간에서 쓰러질 듯 부딪치는 소리가 점점 크게 들려왔다. '싸, 아삭아삭 싸'하는 악기 소리를 만들고, 산들산들 춤추며 서로 어울려 하모니를 이루고 있다.
 논의 벼들은 우리를 반기며 반쯤 고개를 숙이고, 반갑게 인사를 한다. 사잇길을 딸과 함께 손가락을 꼭 끼고 걸어가는 것이다. 얼마쯤 둔덕을 따라 걷자, 농부님들 쉬며 구경하는 관람석처럼 편편한 접시 모양의 커다란 바위 하나가 놓여있었다. 그곳에서 쉼을 찾으며, 관람객처럼 저녁노을을 바라보고 있을 때다. 딸은 내 옆구리를 살짝 건드리며, 저녁 하늘을 바라보라며 손가락으로 가리킨다. 저녁 해는 찬란한 빛으로 우리를 지긋이 바라보고 있었다. 서산마루 저녁노을 상상의 나래를 펼치게 하는 하늘 그림판이었다.
 수많은 상상으로 나래를 펼치고도 남을 만큼 화려한 시간이었다.

딸은 말문이 막힌 듯 하늘에서 눈을 떼지 못하고 있었다. 악어 모양의 구름 때문인 것 같다. 바람과 함께 수십 마리의 악어 떼가, 강렬하게 혀에 불을 뿜어내며, 달려가는 형상을 본 것이다. 노을 벗 삼아 달리는 그 멋진 광경을 바라보며, 손짓하였다.

"악어다, 악어가 달려간다. 악어가 불을 뿜어낸다. 악어가 많이 화가 났나 봐."

"그래? 화가 많이 난 것 같구나. 그런데 어디로 달려가고 있지?"

"나도 몰라."

그때다. 딸은 내 팔을 잡아끌면서 쥔 손가락을 펼쳐 가리킨다. 가리킨 쪽을 따라가 보니 바람이 점점 세차게 불어와 악어가 달려가는 것 같은 모습이 강렬하게 눈에 들어왔다. 입에서 뿜어내는 저 성난 불꽃은 누구를 향하여 달려가고 있는 것일까? 해님도 무서워 놀랐는지, 제 집으로 빠르게 찾아 들어갔다. 늦은 시월의 멋진 석양 하늘에서 그리움의 추억을 남겨준 악어의 성난 모습이다. 집으로 오는 길에 딸에게 물었다.

"딸아, 너 몇 살이지?"

"나, 마흔아홉 살."

딸의 대답하는 소리가 내 귀를 먹먹하게 만들었다.

서산에 지는 해는 내일을 기약하는데, 딸은 언제 어린아이의 모습을 벗어버릴 수 있을까?

장래를 설계하다

🚶 의학이 발전한다면

딸은 다운증후군(Down syndrome)으로 염색체 이상이란다. 딸에 대해 앞으로 어떻게 해야 할지 망막하고 너무 힘들어 다시 의사 선생님을 찾아뵈었다.

의사 선생님은 딸에 대해 의뢰한 미국 연구소에서 보내온 자료를 보여주면서, 다음과 같이 설명해주셨다.

"어머님, 이 아이는 다운증후군(Down syndrome)입니다. 정신연령 3세 미만, 지능지수는 57로 낮지만 '교육 가능아'입니다. 우리 몸에는 46개의 염색체가 23쌍으로 이루어져 있습니다. 그런데 따님은 그중 한 쌍이 좁쌀 한 알 만큼 들어갈 수 있게 움푹 파지고, 그 파진 곳에서 나온 좁쌀 한 알이 옆의 짝 위에 올라가 붙어 있습니다."

라며 예를 들어 쉬운 말로 설명해주셨다.

"그러면 그 삐쳐나온 염색체를 정상으로 돌려놓을 수 없습니까?"

"예, 지금의 의학으로는 어떻게 할 수가 없습니다."

그때부터 나는 그 비정상적인 염색체를 핀셋으로 콕 집어서 제자리로 돌려놓을 수 있는 기술과 의학이 발전하기를 기다리고 있다. 두 손을 꼭 모으고 오물거리며, 그런 날이 돌아오기를 기다리고 있다.

상황은 다르겠지만 의학 발전을 위해 대학병원에 발전 기금도 쾌척하였다. 검은 머리 파뿌리 되도록 기다리고 또 기다리고 있다. 그런데 아직 염색체를 정상적인 위치로 옮겨 놓을 수 있다는 소식이 들려오지 않는다. 의학이 발전하여 혹여 염색체를 옮길 수 있다는 좋은 소식이 들린다 해도, '수술비용이 없어 수술 한번, 약 한번 쓸 수 없는 처지가 되면 어떻게 하나.'하는 생각이 나를 떠나지 않는다. 그래서 수술비가 얼마나 들어갈지 모르지만, 적은 돈이건 큰돈이건 손에 잡히는 대로 은행으로 달려가곤 하였다.

딸은 수술할 준비가 되어있는데, 의약이 개발되고 의술이 발전하여, '다운증후군을 고쳐주겠다'라는 소식은 아직 들리지 않는다. 안타까운 것은 나 자신이 어느덧 머리에 흰 눈이 내리고, 지팡이에 의지하는 나이가 되어버린 것이다.

의학이 발전하면, 염색체 이상으로 발달장애를 입고 있는 내 딸을 고칠 수 있을까? 아니면 사람답게 한번 살지도 못하고, 평생 이대로 살아가야 할 것인지?

내가 살아 있는 동안 딸이 사람답게 살아갈 수만 있다면 얼마나 좋을까? 그렇게만 할 수 있다면, 딸을 고쳐주겠노라고 다짐하고 또, 다짐하였다. 내 생각을 남편한테 말했더니 "그렇게 해주어야지요."라고 대답하기에 "다른 말 없기다."라며 아이들처럼 세끼 손가락 걸며 '좋아라' 하였다.

우리나라 의학의 발전과 수준은 세계에서뿐만 아니라, 의학 선진국에서도 인정해주는 의술이라고 한다. 그렇지만 이 모든 것들이 발달장애를 앓고 있는 딸에게 합당한 소식이 없다. 얼마를 더 기다리면, 딸과 나에게 행운의 기쁜 소식이 날아들 수 있을까? 얼마를 더 기다리면 축복의 날을 맞이할 수 있을까?

우리 가족은 날마다 딸을 위한 기쁜 소식이 들려오기를 두 손 모으며 기다리고 있다. 귀와 눈을 열어놓고 TV와 신문, 그리고 마을 골목에 이르기까지, 다운증후군을 정상화로 돌려놓을 좋은 소식이나 광고가 있을까 하여, 귀를 나팔 통처럼 열어놓고 있다. 다행히 의학이 발전하여 딸이 수술을 마치고 보통 사람이라는 판정받을 수 있다면, 못 추는 춤이라도 덩실덩실 출 것이다. 내가 지금도 바라는 것은 좁쌀만 한 모양의 21번 염색체를 드러내어, 파진 옆자리에 넣고 봉합할 수술 방법이 연구, 개발되었으면 하는 것이다. 그렇게 하지 못한다면 옆자리에 붙어 있는 염색체를 약물로 녹여 제자리로 돌려놓을 수 있었으면 한다. 기술개발을 위해 연구하고 있는 연구실이라도 있다면 정말로 좋겠다.

나는 중년에 의학 발전을 위하여 시신을 기증하였다. 사랑하는 딸이 약시라 하여, 내 안구까지도 기증하며 내어놓기로 하였다. 나의 뇌라도, 나의 염색체라도 딸에게 넘겨줄 수만 있다면 넘겨주고 싶다. 딸의 염색체 연구에 기초가 된다면, 하루라도 딸이 정상인으로 살 수만 있다면, 뭐라도 하고 싶은 심정이다. 그런데 마흔아홉 해가 지나가고 있지만, 아직 아무런 소식이 없다.

의학 기술이 발전되지 못하여 딸이 평생 사람 구실 한번 못하며 살아가야 한다는 것을 생각할 때, 엄마로서 너무나 가슴 아프다. 출산 중 합병증으로 인한 장애를 입은 것 같아 마음이 더욱 아프다. 출산 1주일 전에 태아가 놀고 있을 양수가 터져버렸으니, 뇌에 산소 공급이 되지 않은 것 같아 마음이 터지도록 아프다. 그로 인해 후천성 다운증후군으로 발달장애를 입고 있는 딸이, 정상인으로 살아갈 수 있도록 의술이나 의약이 개발되기를 간절히 바란다.

내 딸은 유전적으로 인간과 가장 가까운 동물인 침팬지만도, 세상을 활개치는 로봇만도 못하게 살아가고 있다. 감정도 없는 로봇보다는 딸은 사회성도 좋고, 인성도 좋고, 감정도 살아 있다. 사람이 세상에 태어났으면 사람답게 살아갈 수 있어야 하는데, 그렇지를 못하고 있다.

'딸은 언제까지 지능지수 57이며, 3세 미만 정신연령으로 살아가야 할까요?'

인공 로봇은 프로그램에 따라 심부름도, 대답도 '척척한다'라며 세상이 떠들썩한 소리로 가득 차 있는데, 내 가슴은 아픔으로 가득 차 있다. 주변 식당에서 분주하게 오가는 심부름 로봇을 보면서 딸은 신기하게 생각한다. 그 지능들을 조금 더 발전시켜 딸에게도 핀 하나 꽂아주면 좋겠다. 딸이 보통 사람으로 살아갈 수 있도록 도움을 주는 지능을 뇌 속에서 안내하는 스위치 하나 달아주었으면 좋겠다. 그래서 사람답게 한번 살아가는 모습을 보았으면 한다.

　방법만 있다면 내 가진 모든 것 내놓고, 딸로 하여금 가치 있는 삶을 살아가도록 하고 싶다. 그래서 딸이 스스로 하고 싶은 공부도 하고, 외국 여행도 가고, 예쁜 옷도 사 입고, 친구랑 데이트도 하며, 좋은 청년 만나 결혼도 하고 평범한 가정을 이루며 살아가는 모습을 보고 싶다. 언제까지 홀로 서지 못하고, 익어가는 엄마 손 빌려 잡고 가야만 하는지 마음이 조여든다. 엄마 손 대신 정교하게 다듬어진 '범용 인공 지능'의 안내를 받아 생활할 수 있었으면 좋겠다.

　딸은 마흔아홉 해 동안 반복에 반복, 또 반복 훈련과 교육을 하지만, 홀로 서가는 생활인으로 큰 발전이 없다. 무엇보다 정상인도 살기 어려운 이 험한 세상에, 홀로 걷다가 '묻지 마, 폭행'이라도 당할까 봐 딸을 홀로 두기가 무섭고 두렵다.

　국가와 사회에서는 다운증후군에 관한 관심이 그리 크지 않은 것 같아서 가슴이 아프다. 이들을 힘없는 부모에게만 맡기지 말고, 국가와 사회가 적극적인 관심을 보여 주는 복지 국가가 되기를 간절히 바라고 있다.

네 짝은 어디에 있니?

어떤 배우는 부부를 '희극과 비극의 시나리오다.'라고 한다. 사업가는 '위험한 투기다.'라고 말하고, 군인은 '30년 전투다.'라고 말한다. 기상 통보관에게 물었더니 '맑고 구름이 끼다가 천둥 치고 소나기가 오는 것이다.'라고 대답하였다. 모두 그럴듯한 대답들이다. 그런데 하나님은 부부를 가리켜 '서로 돕는 배필이다.'라고 하셨다. 그렇다. 나 자신도 부부를 '서로 돕는 배필이다.'라 정의하고 싶기에 솔직히 딸을 시집보내고 싶다.

딸은 TV 연속극, 첫사랑의 주인공도 좋아하고, 파파의 주인공도, 가을 동화에 나오는 주인공도 좋아한다. 그런데 그 주인공이 결혼한다는 발표를 하자, 눈물을 보이기도 하였다. 연속극 주인공을 좋아하며, 이성에 눈을 뜨기 시작한 것이다. 안타까운 일은 '보고 또 보고'의 주인공이 우리 곁을 떠난 지 수년이 되었는데도, 지금도 컴퓨터를 통해 '보고 또 보고'를 보고 있다. 딸이 어떤 생각으로 살아가고 있기에 지나간 시간에 멈추어 연속극을 계속 시청하고 있는 것일까?

장애우 직장동료는 시집가면서 "우림아, 부케 받아라."라며 멀리 던졌다. "친구야, 너도 시집가거라."하는 신부의 외침 소리에 예식장을 웃음소리로 가득하게 채웠다.

딸이 결혼 적령기가 되자 여기저기서 중매가 들어왔다. 모두가 과분하고 훌륭한 자리들이었다. 중매를 한 사람은 딸을 데리고 한 번 맞선자리에 나와 달라고 하였다. 그러나 조심스러워 나갈 수 없다고 대답하였다.

딸은 길눈이 어두워 길을 잃어버리면 집에 찾아오지 못한다. 머리 좋은 사람들도 싸우고, 이혼하고 시끄러운 세상인데, 만약 딸이 다툼이라도 있어 화가 나면 집을 나가 엄마를 찾아 나설 것이다. 어디가 어디인지, 집에 오는 방향을 잘 몰라 엄마를 부르며 울고 또 울 것이다. 엄마를 찾지 못하고 "엄마, 어디야? 얼른 와."라면서 헤맬 것이다. 만일 영영 찾지 못하면 내 곁에 오지 못할 것인데, 좋은 선 자리라 해서 선뜻 나갈 수 있겠는가?

친구 아들이 '결혼한다'라고 청첩장을 보내왔다. 그 아이는 우리 딸과는 아무런 상관이 없는 청년이지만 청첩장을 받아 드는데, 마음이 조금은 서운하고 아팠다. 왜냐하면, 모임이 있어 친구를 만날 때면 "현수는 내 사위야."라는 농담을 자주 하였기 때문이다. 아마 내 딸이 '다운증후군, 너 누구니?'라는 소리를 듣지 않고 정상인으로 잘 자랐다면, 그는 벌써 내 사위가 되었을지도 모른다. 현수가 초등학교 때, 그의 부모는 외국 교환교수로 나갔다. 귀국할 때까지 가끔 돌보아 주었던 일은 있지만, 너무 똑똑한 아이라서 가히 엿볼 수 없었다. 그래도 가끔 착각하며 중얼거릴 때도 있었다.

"현수야, 너는 내 사위야. 모든 것 다 해 줄 수 있어."라고 말하기도 하고, '현수를 내 사위로 만들어야 한다'라는 생각과 기대감도 있어 중얼거리다 깨어나면 꿈일 때가 더러 있었다.

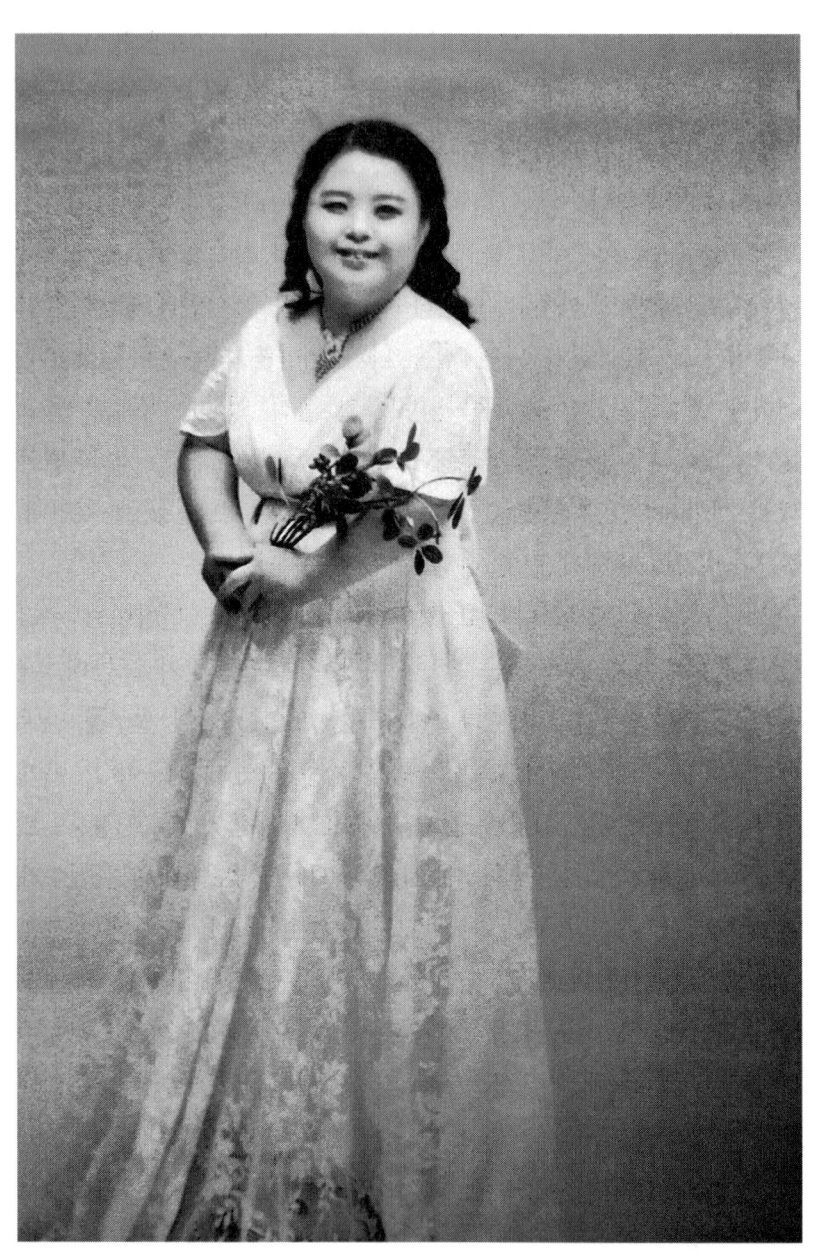

그렇지만 다 부질없는 생각들이었다.

딸이 회사에서 늦게 돌아왔다. 쪼르르 딸의 방으로 쫓아가 말을 걸었다.

"현수 오빠 결혼한단다. 여기 청첩장이다. 한번 보렴."하며 딸의 반응을 보려고 청첩장을 보여주었다.

"응, 현수 오빠 결혼하네. 축하해 줘야지."하면서 전혀 다른 기색이 보이지 않았다.

그래도 결혼한다는 소식이 없을 때는, 나 혼자서 품고 사위처럼 편하기도 하였는데, 한편으로 심통이 나고 서운하기도 하였다.

"현수 오빠가 결혼하면, 너는 오빠가 없잖아?"

"엄마, 걱정 마요. 남일이 오빠 있어."

남일이는 오빠의 동창생이며, 평상시에도 친동생처럼 딸을 잘 챙겨주는 오빠다. 딸은 무엇을 아는지 모르는지 통 반응이 없다.

"딸아, 너도 현수 오빠처럼 결혼하면 참 좋겠다."

"아니야. 난, 엄마 아빠 있잖아."

딸은 나와의 대화를 엉뚱한 곳으로 돌려 버렸다. 어느 날이다. 행사장에 많은 사람이 모였다. 그중에 유독 낯익은 얼굴이 보여 살펴보니 바로 현수였다. 현수와 헤어진 지 20여 년이 지나 만난 것이다. 현수는 오십을 훌쩍 넘긴 나이로 의사가 되어있었다. 그가 성큼성큼 나에게 다가오더니 인사하고 나를 엄마처럼 꼭 안아주었다. 찬찬히 살펴보니 힐긋힐긋한 머리지만 어릴 적 모습 그대로 낯설지 않았다. 잘 커 주어서 감사하고, 잊지 않고 찾아 주어서 고마웠다.

🐦 사회복지사, 보육교사 자격증 받다

딸은 동아인재대학에서 선교복지과를 졸업하면서, 사회복지사와 보육교사 자격증을 받았다. 대학에서는 상담을 통해 장애를 입은 딸을 특별전형 형식으로 받아 주었고, 딸을 돌보는 엄마인 나까지 수업에 참여하여 딸의 학습을 돕도록 배려하여 준 것이다.

우리 가족은 수업이 있는 날이면, 소풍하러 가는 것처럼, 가벼운 마음으로 집을 나섰다. 그러나 수업 시간이 가까워지면 학생의 자세로 전환하여 진지하게 메모하며, 딸과 함께 강의를 들었다. 3시간의 연속 강의가 진행될 때면 딸은 피곤한지 눈을 지그시 감기도 하였다. 엄마는 중간고사 준비하려고 열심히 필기하며 강의를 듣고 있는데, 딸은 걱정도 되지 않은지 늘 긍정적이다.

딸은 쉬는 시간일지라도 누군가 흥얼거리는 노래가 들리면 언제나 피아노를 쳐준다. 스승의 날에는 스승의 노래를 악보도 없이 피아노를 쳐주며, 교수님들을 축하해 드렸다. 총장님의 강의 시간이었다. 악보도 없이 스승의 노래를 피아노로 치는 모습을 보시더니, 딸을 격려하여 주시면서 "인재대학에 인재가 있었군요."하고 말씀하셨다. 이런 가운데 어언 2년이라는 시간이 흘러 대학을 졸업하게 되었다. 건강을 잘 유지한 딸은 2년 동안 64주를 한 번도 결석하지 않았다. 나도 2년 동안은 학생처럼 열심히 수강하며, 새로운 학문을 하나 더 접하게 되었다. 그중에 노년 복지를 설계할 수 있는 학문을 접하게 되었고, 좋은 정보를 얻을 수 있어서 나만의 노년 계획을 세울 수 있었다.

딸은 친화력이 좋아서 동료들과 잘 어울리고 동아리에도 참가하였다. 여덟 명의 동아리 속에서 함께 즐기던 추억과 함께, 보육교사 2급 자격증과 사회복지사 2급 자격증을 받은 것이다. 딸과 함께 비를 맞으며, 양지를 향하여 걷고 있다.

커피 바리스타

한 발 걸으면 한 집 건너 늘비하게 커피를 파는 집이 있다. 그 골목을 지나면 향긋한 커피 내음이 코를 자극한다. 딸의 미래를 생각하며 '커피 만드는 방법을 배우도록 하면 어떨까?'하는 생각이 들었다. 컴퓨터를 통해 커피 바리스타 학원은 어디에 있는가? 있다면 장애인도 다닐 수 있는가 검색해 보았다.

도움을 받을 수 있는 제도까지 찾았기에 장애인 고용 센터를 찾았다. 딸이 자격증을 받아 놓으면 미래에 유효하게 쓸 것 같아서다. 일단 신청하여 배움 카드를 준비해 놓고 학원을 찾았다. 학원에서는 머뭇거리며 쉽사리 대답을 주지 않았다. 등록하더라도 장애인 혼자서는 어렵고, 보호자가 대동해야만 가능하다고 하였다. 딸을 도울 수 있는 사람은 나밖에 없다. 나 또한 나이가 익어가는 겨울이다. 하지만 딸을 포기할 수 없어 '그래, 한번 해 보자'하며, 딸과 함께 등록하였다. 담당 선생님은 나의 생년 월 일을 한참 들여다보시더니, 나를 다시 한번 바라보셨다.

"그래, 한번 해 봅시다. 도울 수 있으면 도와드릴 테니, 결석만 하지 마세요."

선생님이 말하는 뜻을 그때는 이해하지 못하였지만, 수업을 받는 중에 그 말의 뜻을 이해할 수가 있었다. 매시간 시간마다 실습 위

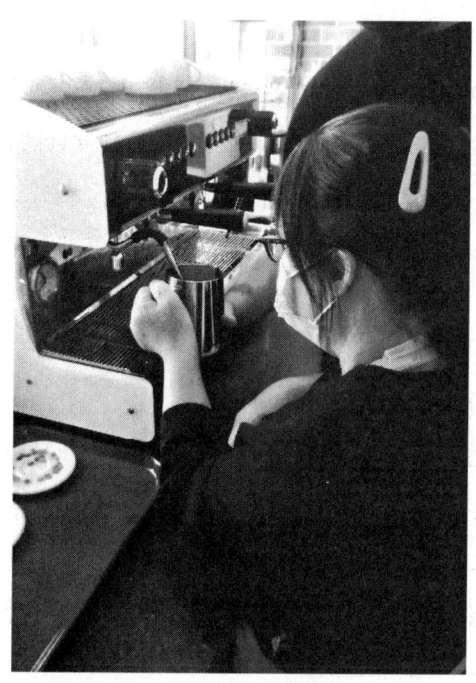
▲ 커피 바리스타 교육을 받으며

주다. 나는 딸과 같은 조원이기에 딸에게 먼저 시간을 배려하고, 조각 시간을 찾아 실습에 임하였다. 실습은 천천히, 아주 천천히 진행되었다. 문제해결을 딸 혼자서 할 수 있도록 배려하며 지켜봐 주었다. 문제를 해결하지 못하거나 어려움에 부딪힐 때는 도와달라고 요청하도록 하였다. 뜨거운 물과 기계들이 기다리고 있기 때문이다. 화상의 염려 때문에 마음은 같이 움직이고 있었다. 뜨거운 물이나 도구를 만질 때는 내가 먼저 긴장하였다. 한 번 더 설명하고 사용하도록 기회를 주기도 하였다. 학원에서는 내가 딸에게 개별 지도를 할 수 있도록 배려해주어서 좋았다. 실제 실습의 경험은 딸이 거의 다 하였다. 보는 것으로 모든 것이 끝나지 않아, 딸이 실습을 열 번 하면 나는 두서너 번 하며, 딸에게 충분한 시간을 줄 수 있었다. 그뿐만 아니라, 가정에서도 재료를 준비하여, '바리스타님!'이라는 호칭을 딸에게 붙여가면서 실습에 임하였다. 언어 전달에 어려움이 있는 딸을 위해 실기시험을 준비하며, 다음과 같이 실기 연습을 하였다.

"안녕하셔요. 2번 최우림입니다.

먼저 물 한 잔 드리겠습니다. 서비스할 음료는 에스프레소와 아메리카노입니다. 에스프레소 2-30ml(미리리터)를 추출하고 아메리카노는 에스프레소에 물을 부어 만들겠습니다.

다음으로는 카푸치노, 카페라테입니다. 카푸치노는 에스프레소에 우유 거품을 넣어 만들고, 카페라테는 우유 거품을 넣지 않고 만들겠습니다.

감사합니다. 마치겠습니다."

딸이 뒷자리에 서지 않고 열심히 즐겁게 참여하며, 자기 몫을 다해주어서 고마웠다. 그러는 사이 무결석으로 주 2회 2개월을 수료하였다. 나는 광주시 최고령 커피 바리스타 응시자이지만 이론시험에서 만점을 받았고, 실기시험도 단번에 합격하였다. 딸은 장애를 입고 있어서 무시험으로 합격하였다.

2023년 여름은 그렇게도 더웠다. 그런데도 딸과 함께 커피 바리스타 학원에 등록하여, 8주 동안 땀 흘리며 열심히 공부하여 바리스타 2급 자격증을 받았다. 커피 바리스타 교육이 끝나자, 5감각 교육을 딸에게 제공하며, 기회를 줄 수 있는 디저트 제빵 교육도 딸과 함께 수료하였다.

🚶 노후생활 준비

요즘 유행하는 단어 중에 '참살이'라는 단어가 있다. 이는 몸과 마음의 건강뿐만 아니라, 건강한 사회생활과 노후생활에 대한 대비가 포함된 의미라고 할 수 있다.

이제 딸의 나이 마흔아홉, 나 또한 인생의 겨울을 맞이하였다. 따라서 딸의 노후생활을 생각하지 않을 수가 없다. 자료에 의하면, 다운증후군 환자의 평균 수명이 좋은 환경의 영향을 받아 평균 60세까지이며, 더 나아가서는 80세까지 연장되는 삶을 살아간다고 한다. 조기진단과 치료로 80세까지 수명이 늘어나고 있다는 것이다. 누구나 행복한 노후생활을 하기 위해서는 든든한 노후 자금과 건강한 신체, 여가 활동, 그리고 원만한 대인 관계를 생각해 볼 수 있다.

딸은 돈을 잘 알지 못한다. 돈을 버는 일은 물론 쓰는 일도 잘하지 못한다. 그렇지만 나이가 마흔아홉이 되었으니 노후 생활 자금을 걱정하지 않을 수 없었다. 우리와 함께 생활하며 노후를 보낸다면 걱정이 없겠지만, 우리가 하늘나라로 먼저 가고 딸이 홀로 남았을 때 문제가 생길 것이다. 따라서 노후생활을 영위할 수 있도록 노후 소득이 있어야 할 것이다.

딸은 우리 가족이 받는 연금의 60%를 법적으로 보장받을 수 있다. 60%의 연금과 장애인 연금을 합하면 생활할 수 있는 적정비용 수령을 할 수 있어 마음이 조금 놓인다.

다음은 노후 생활비에 대한 관리이다. 노후 생활비는 준비되었다지만, 누가 어떻게 관리하여 딸을 행복하게 도움을 주느냐 하는 고민이 컸다. 행복을 주는 관리자가 곁에 있어 주어야 딸도 행복한 삶을 영위하지 않겠나 싶다. 단지 이 돈을 누가 운영해주느냐가 문제이다. 후견인 제도를 활용할 수도 있다.

후견인 제도를 받아들여 딸이 살아생전 이 제도의 혜택을 받았으면 하는 생각도 하고 있지만, 딸에게는 오빠와 마음 넓은 언니가 있다. 3남매를 가르치고 결혼시키면 친구처럼 아가씨와 살겠다고 말하지만, 더 이상 며늘아기 고생 시킬 마음은 없다. 겨우 아이들로부터 노임 받았다는 해방감에 젖을 것인데, 3살짜리 아가씨를 '돌 봐 달라'고 하기에는 염치가 없다. 또다시 기저귀 가방 들고 다니라고 할 수는 없다. 따라서 누구에게 위임할 것 인가의 문제는 조금 더 생각해 보아야 할 문제인 것 같다.

또한, 건강관리도 소홀히 할 수 없는 문제다. 건강한 노후생활을 위해선 꾸준히 건강관리와 질병 예방도 중요하고, 운동, 식단 관리, 그리고 스트레스 관리도 중요하다. 재무적으로 탄탄히 준비한다 해도 건강을 잃는다면, 노후 자금 대부분을 의료비에 사용하게 된다. 질병과 싸우며, 노후를 보내게 될 때 행복한 노후가 될 수 없다.

딸은 복지관을 이용하면서 일주일에 요가 2회, 건강 체조 2회, 난타 2회를 하고, 매일 6,000보 걷기, 그리고 주변에 있는 사물을 카메라에 담아 엄마에게 보내기 등을 생활화하고 있다. 그뿐만 아니라, 공단으로부터 부여한 주기적인 건강관리를 하여 당료와 혈당을 점검하고 있다. 지금까지는 건강한 편이다. 다만 마흔 살에 안과에서 약시라 하였고, 마흔일곱 때부터 콜레스테롤이 있다고 하여, 3개월마다 지정 병원을 방문하여 콜레스테롤을 점검하고 있다. 5살 때 폐렴으로 보름간 입원하였으나, 그 후 한 번도 입원한 일이 없다. 코로나 19 때도 청결하게 몸을 관리한 덕분에 이겨내며 건강하게 성장하고 있다. 이제 딸도 노후에 들어서나 보다. 엄마보다도 먼저 콜레스테롤약 한 알씩을 매일 먹는다. 딸에게 하얀 새치가 하나, 둘 보이기 시작한다.

🚶 장애인 활동 서비스를 받다

장애인 활동 지원 서비스는 활동 지원사가 수급자인 장애인의 가정 등을 방문하여 신체활동, 가사 활동 및 이동 보조 등을 지원하는 활동이다.

장애인의 신체활동, 가사, 사회활동들을 포함한 일상생활 및 직장 생활의 필요한 활동을 지원하고 있다. 장애인으로서 자립생활을 지원하고, 그 가족의 불편함을 덜어준다며, 보건복지부가 시행해 온 장애인 활동 지원 제도가 시행된 것이다. 이 제도의 핵심 역할은 장애인 이동, 목욕은 물론 보조 가사까지 일상 전반에 걸쳐 도움을 주고 있다. 장애인이 필요한 일이면 뭐든 마다하지 않고 도와주는 셈이다. 그러나 나는 가사, 운동, 출퇴근, 그리고 문화생활의 도움을 받고 있다. 그곳에서 안내하는 대로 나 혼자 감당하였던 일들을 이 제도를 통해 쉼을 찾는 도움을 받을 수 있었다.

딸이 일자리에 가는 날, 일자리 시간이 끝나면 운동도 하고 산책도 하고 장을 보거나 물건 사보기도 한다. 딸은 친구가 없다. 친구의 역할이 필요한데, 활동 지원사는 친구처럼 이야기해주는 것이 참 고맙다. 지원사는 딸 때문에 인연이 되었고, 나는 딸 때문에 그래도 조금 쉼을 얻는다.

딸의 오른손을 잡고, 나의 왼손을 내어주었는데, 이제껏 걸어온 길을 조금은 손을 옮겨가며 활동 지원사에게 맡기기도 하며, 딸의 한 걸음 뒤에서 지낼 수 있었다. 딸은 혼자서 일상생활을 하기 어렵다. 그러나 잠시라도 활동 지원사가 장애인 딸을 돕고 있다는 순간 쉼을 얻는다.

장애인은 65살이 되면 지원사업의 혜택이 없단다. 함께 살아야 할 딸이 요양원으로 가야 한다면, 나는 딸을 어떻게 해야 하나? 또 하나의 문제가 고민으로 다가오고 있다.

은혜의 열매

🚶 오페라하우스

　우리 일행이 도착한 곳은 천의 얼굴을 가졌다는 시드니의 오페라하우스다. 이는 3개의 키조개 모양의 건물로 만들어 바다 위에 눕혀 있는 것처럼 보인다. 그중 하나만 해안을 기반으로 건축하였고 나머지 두 동은 바다 위에 수백 개의 기둥을 내려서 건물을 세웠다고 한다. 따라서 웅장한 모습이 주변의 자연과 하모니를 이루고 있었다. 계단 부분은 소리의 충격을 줄이기 위해서 쿠션을 두어 조립하였고, 광장 또한 특별히 청소하지 않아도 바람과 빗물에 의해서 씻기어 내려가도록 설계되었다고 한다. 얼마나 예술적이며 실용적인지 감히 짐작하기 어렵다. 이 건물은 덴마크의 건축가가 귤을 먹고 있는 아내의 모습에서 착안하여 오렌지 모양으로 설계되었다고 한다. 얼마나 아름답고 웅장한지, 너와 함께하였으면 좋앉을 걸 하고 아쉬움만 남는다.

　오페라하우스에서는 365일 내내 공연이 있으며, 소리의 공명이 너무나 입체적으로 설계되어, 듣는 이로 하여금 감탄을 자아내게 한단다. 한번 공연을 보고 감상도 하고 싶었으나 예약이 되지 않아 들어갈 수가 없었다. 가이드의 설명으로는 "시각장애인이 공연장 내에 있을 때 소리의 방향을 짐작할 수가 없어서, 입장한 문을 소리만으로는 찾을 수가 없어 그 문으로 되돌아 나올 수가 없다."라고 하더구나.

　많은 설명이 있었지만, 나의 귀와 눈을 번쩍 뜨게 하는 설명이 있었다. 우리나라의 음악인으로는 조수미, 정경화 형제 등 몇 사람만이 이 무대에 섰을 뿐이란다. 내 딸 우림이도 훌륭한 피아니스트가 되어 무대 세워달라고 두 손을 모아 본다.

　구강 구조상 혀가 짧아 언어 전달은 자유스럽지 못하지만, 너는 남이 하지 못한 재능이 있다. 그것을 활용하면 된단다. 은혜라는 두 글자가 그 무대에 오르도록 기회를 줄지도 모른다. 그날을 기대하고 노력하며 꿈이 있는 사람으로 꿈을 키워가면 좋겠다. 우림아, 성공은 그냥 이루어진 것이 아니라 피나는 눈물의 노력이 있어야 한단다. 조수미처럼 세상의 언어로 부를 수 없다면, 너는 천국어로 부르면 되지 않겠느냐? 천국어 열심히 연습하고 또 연습해서 세상을 빛내는 성악가 되는 딸이 되었으면 참 좋겠다. 천국어로 노래를 잘 부른 가수는 없단다. 내 딸도 이 무대에서 노래 부르는 가수로 한번 서 보았으면 얼마나 좋을까?하고 생각하며, 또 손 모아 두 무릎을 드린다. 꿈이 있는 사람은 '꿈을 갈고 닦으면 이루어진다'라고 나는 믿는다. 너의 달란트를 사용할 수 있을 그날을 기다리며 한 걸음 걸어 본다.

우리 일행은 다시 천의 얼굴을 가졌다는 오페라하우스를 멀리하고 시드니 관광선을 탔다. 선상으로 올라가 S자형의 해안을 따라 그림 같이 펼쳐진 잘 정돈된 집들을 볼 수 있었다. 조그마한 공간이라도 어김없이 잔디와 꽃을 심었더구나. 깨끗한 도시를 볼 수 있어서 참으로 좋았다. 숲속에 어우러진 집들이 모두 한 폭의 그림 같기도 하고, 다정한 비둘기 부부가 기거하는 작은 나무 밑 집들처럼 보였다. 나도 돌아가면 이렇게 아름다운 집처럼 담양의 집을 꾸며 보고 싶다.

멀리 있는 바다로 눈을 돌려 본다. 둥둥 떠 있는 배들의 경관은 마치 하얀 인어 아가씨들이 환한 웃음을 지어 보이며, 춤을 추는 모습과도 같았다. 또한, 내 눈에 들어온 또 하나의 걸작품은 하버브리지란다. 준공한 지 100년이 다 되었지만, 지금까지 하나의 상함도 없고 늠름한 자태는 시드니 항구를 압도하고도 남았다. 길은 8차선이고 전차는 복선이다. 물론 버스, 그리고 사람이 다닐 수 있는 양쪽 인도까지 있어서 통행하는 사람들이 아주 많았다. 가장 높은 곳에는 두 개의 국기가 펄럭이고 있는데, 하나는 주 정부의 국기요, 다른 하나는 오스트레일리아의 국기란다. 이들의 펄럭임이 어찌나 당당하던지 '보아라, 나를 따르라, 내가 여기 있노라'라고 외치고 있는 것 같았다.

오늘도 엄마는 강아지의 나들이처럼 이리저리 뛰어다니며 즐거웠다. 너를 모처럼 언니 곁에 둔 채 말이다. 내가 만약 나비라면

훨훨 날아 너의 치맛자락에 앉아보고 싶다. 사랑하는 딸아, 아빠와 나는 한 발 두 발 발길을 옮기며 시드니에 있는 아름다운 환경과 바람 소리, 새 소리까지 다 모아 너에게 선물하고 싶다.

🌷 거기, 왜 있지요?

김성원 목사님은 내가 광주 중흥교회에서 세 번째로 모시는 담임목사님이시다. '조국의 미래를 책임지는 교회'라는 캐치프레이즈를 내걸고 1998년 9월, 중흥교회에 부임하셨다. 목사님은 주안에서 조국의 미래를 짊어지고 나아갈 다음 세대를 세워 잘 양육하고 보살펴주며, 이들을 기도로 품어 안고 나아가자는 것이다. 교회는 조국의 미래를 함께 생각하며, 젊은이들을 믿음의 토대 위에 세워 잘 이끌어 주는 지주대요, 사다리가 되어 든든한 버팀목이 되어주자는 것이다. 젊은이들과 함께 신앙심을 길러주고 내일을 이야기하며, 즐거움도 나누는 기도의 물결이 대학 청년부를 비롯한 각 기관에서 환호하는 물결이 일렁이기 시작하였다.

2000년 2월, 아직 찬바람이 채 가시지 않은 주일 낮, 성가 연습이 막 끝나고 주섬주섬 주변을 정리하며 집으로 돌아가려 하는데, 청년부를 담당하신 이경진 목사님께서 나를 찾아오셨다.

"집사님, 최우림 자매는 거기, 왜 있지요? 왜 곁에만 두고계셔요? 청년부로 보내 주셔야지요."라며 딸 우림이를 불러내 손을 잡고 나가신 것이다.

나는 그저 웃을 뿐 아무런 말도 하지 못하였다. '우림이를 잘 알지도 못하시면서 왜 저러시나?'하면서도 죄인처럼 고개만 숙이고 있었다. 목사님이 딸의 손을 잡고 청년부로 가신 후, '목사님, 우림이를 잘 부탁드립니다'라는 감사의 눈물을 주님께 드렸다.

딸은 청년 담당 목사님의 열정으로, 교회 안에서 자유스러운 생활을 시작하였다. 친구들과 함께 점심도 먹고 담소도 나누며, 어려움 없이 잘 지내고 있다. 주일날 1시가 되면 청년부 예배실을 찾아가 친구들과 함께 어울리며, 은혜의 시간을 보내고 있다.

3월이 되어 새 학기가 되자, 교회 청년부에서는 대학가 전도대회를 나간다는 소식이 있었다.

"어느 대학으로 전도대회를 가는가?"라고 팀원에게 물었더니 '조선대학교'란다.

그곳은 딸이 한 번도 가 보지 않은 길이다. 딸은 길눈이 어둡다. 혼자서는 인지력이 부족하여 아예 집을 찾아오지 못할 것이다. 그뿐 아니라, 한 번도 경험하지 않은, 그곳에서 우림이가 '해야 할 역할이 있겠느냐?'라는 생각이 들었다. 나의 염려를 들으신 목사님은 말씀하셨다.

"집사님, 걱정하지 마셔요. 하나님께서 다 하실 겁니다."

"우림이는 어떻게 하시려고요?"

"예, 염려 마시고 집에 가 계셔요."

나는 얼마간의 도움을 뒤로하고 염치없는 엄마처럼 고개를 푹 숙이고, 딸을 교회 청년부에 부탁하며 집으로 돌아왔다. 청년회에서는 전도대회를 마치고 딸에게 저녁을 먹여 귀가까지 도와주었다. 이렇게 한 번 두 번 청년회와 전도대회에 참석한 딸은 어디인지 모르게 훌쩍 커버렸다. 그러던 어느 날, 딸을 청년부로 불러낸 목사님께서 대구 지역 목회자로 가신단다. 그 소식을 듣고 딸은 며칠 동안 눈물을 보이며, 나더러 어떻게 좀 하라고 하지만, 나는 목사님의 길을 막을 수는 없었다. "거기, 우림이가 왜 있지요?"하시며, 딸을 음지에서 양지로 이끌어 주신 그 목사님은 우림이를 한 계단 위로 올려주셨다.

새로 부임하신 이정택 목사님은 더 큰 열정으로 청년들과 친화력을 가지셨다. 소통을 잘하시고 청년들과 나란히 걸어가신다. 청년들의 애로 사항이나 장래 진로까지 상담하시며, 함께 걸어가시려고 노력하셨다. 교육대학교와 조선대, 동강대, 그리고 전남대학교를 위주로 전도대회가 학원가 중심으로 번져나갔다.

이번에는 전남대로 전도대회를 간다고 한다. 딸은 "엄마, 나 전남대로 전도대회 나간다."라면서 너무나 좋아하였다. 전남대 캠퍼스는 교회 주변이고 북구청과도 가까운 곳이다. 교회와 집으로 오가는 길목이라 익숙한 지역이다. 더구나 함께할 오빠가 있으니 든든할 것이다. 이곳으로 나갈 때는 나도 안심이 되고, 설령 길을 잃어버린다 해도 잘 아는 길이기에 버스를 타고 집으로 돌아올 수 있는 길목이다.

딸은 전도대회를 다 마치고 조원들과 함께 집으로 왔다. 오늘 일어난 이야기들을 들려주고 싶은 것 같았다. 특히 팀원 중에 우진이 동생은 언니 자랑을 늘어놓았다.

"우림이 언니, 참 대단해요."

그러자 옆에 있는 조원 친구는 말을 이어갔다.

"우림이는 전도를 참 잘해요. 우리는 입이 잘 열리지 않아요. 그런데 우림이는 먼저 학생들을 만나면 손을 잡고 와요. 차 대접도 하고, 전도지를 주면서, 여기 가까운 곳에 중흥교회가 있어요. 나는 거기 다녀요. 나오세요. 예수님 좋아요."라고 말하면서 '강권으로 대답하라'고 해요. 그리고 주일날 만나요. '안녕'하는 거예요.

"그럼, 그 학생은 뭐라고 말하던가?"

"그 학생이요? '예'라고 대답하고 차 한 잔 마시고는 몇 마디 묻고는 가더라고요."

함께하는 오빠는 곁에서 웃고만 있었다. 동료들과 전도대회를 나가면 앞장서서 '예수님 좋아요.'를 알리는 은사가 있는 것 같다. 그렇게라도 입을 열어 예수님 사랑을 알릴 수 있어서 감사하다. 어디를 가나 즐거운 마음으로 언제나 전도지를 들고 먼저 나선단다. 목사님의 관심과 배려 속에 우림이는 교회에서 생활하는 방법을 하나하나 익혀나가고 있었다.

이영재 목사님이 청년부를 이어가면서 우림이를 대학가 전도대회는 물론 오지 선교까지 참여시키고 훈련시키셨다. 물론 그 곁에는 의료선교 한의사 오빠가 있어서 더 든든하였다. 오빠 곁에서 간호사처럼 봉사하고 어르신을 부축하며 도왔다.

딸은 결실의 열매가 주렁주렁 열렸다. 유치부 교사로, 수요 기도예배 반주자로, 할렐루야 성가 대원으로 쓰셨다. 교회 마하나임중 탕단 싱어로 활동도 하고 있다. 하나님은 일하신다. 누구의 손을 빌려서라도 훈련하고, 또 교육하셔서 지켜보시며, 필요한 자리에 앉게 하시고 서게도 하신다.

🌱 유치부 교사

2006년, 딸은 교회학교 유치부 교사로 임명을 받았다. 김성원 담임목사님께서 딸의 재능을 유치부 반주자로 사용하신 것이다.

딸은 유치원 보조교사로 근무한 이력이 있다. 유치원에서 피아노를 담당하여 반주에는 어려움이 없으리라는 생각이 들었다. 딸도 좋아하며 기뻐하였다. 아이들도 잘 도와주고 열심히 봉사하겠노라고 자랑삼아 내게 말하기도 하였다.

딸은 동요 곡 정도는 악보 없이도 잘 친다. 선생님의 선창만 있으면 악보를 보지 않고도 반주를 한다. 감사해야 할 일은, 딸에게는 장애로 인해 또래 친구가 별로 없는데, 교사들과 교제도 하고 정도 나눌 수 있어서 좋았다. 그뿐 아니라, 아이들과의 상호작용을 통해 언어 전달도 더 익숙해지고, 아이들과 함께 놀아 줄 수 있어서 행복할 것 같았다.

주일 날이면 딸은 조금 일찍 일어나 교회에 갈 준비를 한다. 유치부 부장님께서 찬양 악보를 주시면 연습하고 또 연습한다. 어떨 때는 나에게 찬양해 보라며 반주를 해주기도 하였다.

나는 딸의 뒷바라지를 하기 위해 딸의 활동하는 모습을 유심히 살펴보았다. 딸은 피아노뿐만 아니라, 아이들이 화장실에 가는 일을 돕기도 하고 신발 정리하는 것, 그리고 부적응한 아이들까지 안아주면서 돌보아 주었다. 돌보아 주는 모습은 흡사 천사의 모습과도 같았다. 또한, 간식을 나누어 주는 것을 보조하며, 뒤처리까지 마다하지 않고 하나하나 살피는 모습은 유치원에서 배웠던 교사의 역할을 그대로 표출하고 있었다.

유치부 교사 역할을 3년 동안 수행할 수 있도록 도와준 교회학교 유치부 심경희 부장님과 교사들 덕분에 큰 어려움 없이 은혜롭게 봉사할 수 있음에 감사를 드린다.

부장이 바뀌었다. 1년 동안 나름대로 열심히 봉사하며 즐거워하였다. 다음 해에도 유치부 교사로 지원서를 제출하였으나 유치부 교사 명단에서 딸의 이름이 보이지 않았다. 수요반주는 계속되었다. 유치부 교사로 봉사한 지 어언 4년이라는 시간이 흘러갔다.

- **할렐루야 찬양대원**

딸은 태아 때부터 성가 대원들과 함께하였다. 그때 딸은 은연중에 리듬감을 몸에 받아들이고 익혔을 것이다. 딸은 보행기 생활을 지나 3살 때부터 성가대석 가장자리 의자에 앉았다. 우리가 성가 연습을 할 때면 찬양을 들으며, 감정이 오르면 손뼉도 치고 옹알이 소리를 내며 찬양도 하였다. 처음에는 집중해서 듣고 손뼉 치는 것이 전부였는데, 점점 입을 벌리고 작은 소리로 찬양하는 모습이 엿보였다.

그렇게 어린 딸과 함께 여러 해를 찬양대원으로 봉사하였다. 나는 소프라노로 아빠는 베이스로 참여를 한 것이다. 딸은 항상 내 옆자리에 함께 앉아 소프라노로 연습하였다. 가장 어린 나이로 이름 없는 가장자리 찬양대원이 된 것이다. 2011년 11월, 어느 주일 날이다.

"엄마, 나도 성가대 옷 입고 찬양하고 싶어."

"그래? 그런데 옷들이 다 소매가 길어 입을 수가 없단다. 그런데 어떻게 입지?"라고 반문하였더니 딸은 손목을 가리키면서 말했다.

"이만큼 자르면 되잖아"

"내년부터 한번 해 보자. 엄마가 준비해 볼게."하고 덜컥 약속해 버렸다.

연말이 되어, 새해 성가 대원 봉사 지원서에 딸의 이름을 써넣었다. 그리고는 두 손 모아 딸의 속내를 주님께 말씀드렸다. 나는 딸과의 약속을 지키기 위해 미리미리 성가 복 한 벌을 딸의 몸에 맞게 수선하고 깨끗하게 세탁하여 보관해 두었다. 작은 봉사지만 주님께서 허락하실 것을 믿었기 때문이다.

새해 1월 첫 주부터 이름있는 당당한 성가 대원으로 찬양에 임했으면 하는 바램이 컸다. 그러던 중 딸은 송구영신 예배를 드리고 나오면서, 딸은 새해 교회 요람을 들고 나에게 달려와 자기 이름이 있다며 좋아하였다. 자기 이름을 손가락으로 가리키며 입가에 활짝 핀 꽃이 열렸다.

2012년, 딸은 새해부터 정식으로 이름 있는 할렐루야 찬양대원이 되었다. 어느 누가 성가대원이 되었다고 이렇게 기뻐 뛰는 대원이 또 있을까? 딸이 쉼 없이 찬양을 준비하는 가운데, 한 주 내내 찬양 소리가 집안에 울려 퍼진다. 행복은 덤으로 찾아 들어왔.

2019년, 어느 날 딸에게 위기가 왔다. 코로나 때문에 사람들이

모일 수가 없게 되었다. 교회에 출석도 하지 못하고 비대면으로 예배가 시작된 것이다. 더구나 아빠가 큰 수술을 하는 바람에 우리 가족은 꼼짝할 수가 없었다. 그때부터 딸은 우리와 함께 영상 예배를 드렸다. 얼마 후부터 작은 모임은 허락이 되었기에 교회에서는 비대면으로 찬양이 시작되었다.

그렇게 하여 몇 년의 시간이 지나갔다. 엄마 아빠가 성가대원으로 다시 복귀할 기미가 없다는 것을 알았는지, 성가 복을 고이 농 속에 걸어둔 딸은, 어느 날 깨끗하게 빨아 손질하여 책과 함께 스스로 교회에 반납하면서 눈물을 보였다.

그때, 딸은 어떤 생각을 하였을까? 물어보았으면 뭐라고 대답하였을까? 그렇지만 물어보지 않았다. 딸이 말하지 않아도 그의 마음을 나는 읽을 수가 있었기 때문이다.

어둠이 있으면 밝음이 있듯이, 딸이 하고자 하는 입술을 아시는 아버지께서 더 좋은 길로 예비해주실 것을 나는 믿는다.

마하나임중창단 싱어

 교회 2부 예배는 젊은이들을 중심으로 한 예배로, 예배자들이 직접 찬양에 참여하는 찬양 예배이다. 우리 가족은 딸이 찬양하기를 좋아하고 우리 부부 또한, 찬양 예배에 참여하는 것을 좋아하기에 주일 2부 예배를 드리고 있다.
 딸은 처음 몇 주 동안은 찬양의 리듬에 맞추어 즐거운 듯 참여하였다. 가끔은 좋아하는 찬양곡이 나오면 예배의 자리에서 일어나 몸 찬양과 리듬을 곁들여 찬양에 임하기도 하였다. 리듬감과 몸놀림이 유달리 뛰어나 어떨 때는 엄마인 나도 찬양이 끝날 때까지 눈을 떼지 못하고 바라볼 때도 종종 있었다. 주일 예배마다 일어나는 현상이라서 말리지 않았다. 자기도취에 취하다가 그만두겠지 싶어서였다. 어느 날이다.
 "엄마, 나 찬양하고 싶어."
 딸은 정색하며 분명하게, 자기 의사를 나에게 전달하였다. 그렇지만 '누구나 하고 싶다고 중창단 싱어가 되는 것은 아니다.'라는 말을 차마 할 수가 없었다. 딸이 분명하고도 단호하게 자기 의사를 표현하였기 때문이다.
 "알았어. 그래, 한번 생각해 보자."
 "엄마, 나 할 수 있는데…."라고 하더니 옆 비어 있는 공간으로 나가, 그 시간을 함께하며 보라는 듯 찬양을 하고 있었다.

부끄럼도 없이 흥에 겨워 리더들이 하는 대로 따라 하는 것이다. '그래, 너는 할 수 있을 거야. 너는 혼자가 아니다. 주님이 네 편이시지 않으냐? 나도 너의 입과 손이 되어주겠다.'라며 다짐 해 왔지만, 걱정이 앞을 섰다. 어떻게 여느 싱어들처럼 잘할 수 있을 것인지? 발음도 정확하지 못하고 가사를 암기한다는 것도 어려울 것인데…. 약시여서 눈도 밝지 못해 건너편에 있는 영상 화면의 글씨를 읽는다는 것도 어렵게 생각되었기 때문이다.

딸은 잘한다는 것보다 부족한 점이 더 많다. 잘할 수 있는 것이라곤 리듬감과 몸동작뿐인데, 어떻게 지금의 싱어들과 나란히 찬양할 수 있을지 엄두가 나지 않았다. 저음 중으로 인해 언어 표현이 어눌한 것을 온 교인이 다 알고 있는데, 그냥 은혜로 받아 줄 수 있을까?

딸이 저렇게 갈망하고 있는데, 한번 믿고 또 믿고 나가보자. 지금까지도 딸의 편이 되어주신 주님이 계시지 않는가? 나는 그분을 의지하며, 나아가 보기로 마음먹었다. 항상 그랬듯이 '하고 싶어 하는 뜻이 너만의 뜻은 아닐 거야'라며 믿음으로 나갔다. 며칠 후, 마음에 결심이 서자 용기를 내어 담당 목사님께 전화를 걸었다.

"목사님, 우림이가 중창단에 들어가 찬양하고 싶어 합니다. 어떻게 참여할 수 없을까요?"

나는 딸의 의사를 전하면서도 목사님께 미안하고 송구스러웠다. 왜냐하면, 담당 목사님 혼자서 결정해야 하는 문제가 아니기 때문이다. 나의 체면을 보아서 '안 된다.'라고 하지 않겠지만, 느낌이

망설인 음성이었다.

    전화상으로는 논의해 보겠다고 말씀하시지만, 속으로는 이미 '아니다.'라고 결정하였는지도 모른다. 아마 '너 자신을 알라'고 하셨을 것이다. 그런데 직답하지 않고 의논해 보시겠다고 유보하신 말씀을 듣고, 나는 희망을 보았다. 어려운 고비마다 주님의 도우심을 입었기에, 이번에도 큰 선물 주실 것을 확신하였다. 딸의 의상과 신발을 준비하고, 머리를 단정하게 잘라주었다. 그리고 철 따라 딸이 입을 옷까지 정리해 두었다.

    나의 욕심은 딸보다 더 앞서가고 있었다. 며칠 후 담당 목사님으로부터 전화가 왔다. 담임목사님께서 허락하셨다는 것이다. 담임목사님께서도 결정을 내리시기까지 몹시 힘들었을 것이다. 누구보다도 딸의 성장 과정을 보아왔고, 저음으로 언어 소통에 문제가 있어 가사 전달이 어렵다는 것을 알고 계시기 때문이다. 담임목사님은 딸의 문제를 두고 며칠을, 아니 며칠 동안 두 무릎을 드려 하나님께 물으셨을 것이다. 이 일은 하나님의 은혜가 아니면 허락하시기 어렵다는 것을 나는 잘 알고 있다. 그런데도 목사님께서는 '지켜보자'라며 허락하셨다는 것이다. 한 영혼을 은혜의 방주요, 실로암의 방주로 끌어내 주셨다.

    2023년 6월 셋째 주일, 딸이 첫 단상 싱어의 자리에 서는 날이다. 처음으로 단상에 서는 날이라 소홀함이 있어서는 안 된다는 생각으로 며칠 전부터 기도로 준비하고, 찬양 연습을 열심히 하도록 일러주었다.

    주일 2부 찬양 예배 시간이다. 첫날이었지만 당당히 싱어의 자리에 서서 동료들과 함께 자신이 맡은 본분을 잘 소화해 내었다. 그런데 돌발상황이 일어났다. 굳어 있는 분위기 조성자처럼 흥겹게 테크노댄스를 하며 분위기를 살리더니, "모두 다 함께 박수 치세요."라는 멘토까지 날리고 있었다. 나는 마음이 움찔하였지만, '찬양의 향기를 살리려는 성령의 역사가 딸을 통해 일어나고 있는 게 아닐까?'하는 생각이 들었다. 목소리만 내며 움직임이 없는 자리를 리듬으로 흥을 돋우며, 더 아름다운 모습으로 만들어 가려는 뜻을 알고 있었다. 그러나 '누군가는 그 모습에 대해 평가할 수도 있지 않겠는가?'하는 두려움도 있었다. 이 또한 주님께 맡기고 조용히 두 손을 모았다.

딸은 자연스러운 몸 찬양 가운데 여느 싱어들과 나란히 어깨를 겨루며, 모든 호흡을 다해 주를 찬양하고 있다. 나를 알고 있는 많은 분은 딸의 찬양하는 모습 하나하나를 지켜보며, "찬양을 통해 큰 감명과 은혜를 받고 있다."라고 말하기도 하였다.

어떤 권사님은 딸의 찬양하는 모습을 바라볼 때 너무 감격스럽고, 감사해서 눈물을 흘린다고도 하셨다. 집을 나설 때는 무거운 마음으로 교회에 들어서나 '딸을 통해 새롭게 받은 은혜가 크다.'라고 말씀하신 분도 계셨다.

그뿐 아니라, 나이 드신 최태운 장로님은 일주일 내내 딸을 위해 두 손을 모으신다는 말을, 부인되신 권사님으로부터 전해 들었다. 주일 아침이면 일찍 오셔서 딸의 어깨에 손을 얹으시고 기도를 해주신다. 나와 50여 년을 함께 신앙의 삶을 살아온 한 권사님은 나더러 고생했다며, 두 손을 꼭 잡아 주시기도 하였다. 그때마다 "내가 키운 게 아닙니다. 성도님들의 따뜻한 사랑과 딸을 향한 뜨거운 눈물의 기도를 보신 주님께서 길러주셨습니다."라고 말하곤 하였다. 시드니에서 오페라하우스를 보면서 그 무대에 딸을 세워 달라고 하였더니, 주님은 우리 교회의 중창단 무대 위에 세워 주셨다.

추억의 글을 담다

🚶 담양 관방천 걷기대회

밖에는 비가 보슬보슬 내리고 있다. 그런데도 오늘은 나 자신을 시험하기 위해 딸과 함께 건강 걷기대회에 참가한 것이다. 출발점인 관방천에 이르자 많은 사람이 모여들어 제각기 수다를 떨고 있었다. 주위를 돌아보니 아이부터 젊은이들, 그리고 머리에 흰머리 힐끗힐끗 피어난 할머니 할아버지들도 계셨다. 몇 개월 전까지만 해도, 나도 저기 모여있는 사람들처럼 건강했었는데, 지금은 근육이 다 빠져버린 할머니가 되었다.

나는 10개월 전에 큰 수술을 하면서 병원 신세를 진 적이 있다. 그때의 후유증으로 누워만 있었더니, 근육이 쇠약해지면서 걷는다는 것이 매우 힘이 들었다. 오늘 걷기대회에 출전한 것은 나 자신을 시험해 보기 위해서다. 그런데 흐느적거린 다리는 '서 있기도 어렵다.'라며 떨고 있다.

　출발 신호가 울리자 제각기 건강을 뽐내며 반환점을 향하여 걸어갔다. 나는 딸의 부축을 받으며 천천히 아주 천천히 걸었다. 군데군데에 주최 측 도우미들이 나처럼 뒤처져있는 사람들을 도와주고 있었다. 딸이 부축해주는 평평한 길인데도 조금은 힘이 들었다. 오랜 시간 동안 병원 신세를 지다 보니 자신감을 잃어버린 것 같아, 오늘은 자신감 회복에 목표를 두었다. 자기 몸 가누기도 힘들어하는 딸은 엄마의 손을 놓지 않고 긴장된 마음으로 도와주는 게 정말 신통하고 고마웠다.

　엄마의 주변에서만 의지하며 살았던 딸인데, 오늘은 새로운 모습을 나에게 선물하고 있다. 어느 사이 목까지 숨이 차올라 숨소리가 거칠어졌다. 내 얼굴을 몇 번이고 쳐다보고 있던 딸은 저만큼 보이는 긴 의자를 발견하자, 그곳에서 쉬어가자며 권하기도 하였다.

　"엄마, 저기 의자 있네. 조금만 힘내요. 내가 도와드릴게요."

　의자가 있는 곳에 이르자 "엄마, 여기에 잠깐 앉았다 가요."하며 내 손을 잡아당긴다. 그러나 나는 쉴 수가 없다. 걷기대회이고 나 자신의 건강을 점검하는 시간인데 쉴 수가 없었다. 그래서 딸의 따뜻한 마음을 거절하며, 그냥 지나가기로 했다.

　"왜, 엄마 피곤하잖아요? 쉬어 가요. 그리고 물도 마시고요."

　"괜찮아, 엄마의 손만 잡아 주면 돼."

　"그러면 물이라도 드셔요."하면서 물병을 건네준다.

　물 한 모금 마시고 쉬엄쉬엄 걸어가는 동안 내 뒤에서 걷고 있는 사람은 장애우 그룹뿐이었다. 걸어가야 한다며 걷고, 또 걷지만 벌써 반환점을 돌아오는 사람들이 보인다. 가야 하는 길은 아직도 먼데, 힘이 쭉 빠졌다. 이때 딸은 '엄마, 우리 그냥 돌아갈까?'하는 수신호를 보낸다. 그렇지만 걷기대회인데 중간에서 돌아가면 나를 포기하는 것과 다름없다. '아니야, 힘들어도 해 보아야지.'하며 다짐하고, 또 다짐하였다.

딸의 눈치를 보니 딸도 지쳐 있는 것처럼 보인다. 지쳐 있는 딸의 옆에 도우미 한 사람이 붙는다. 그 도우미는 나보다도 딸을 더 배려하고 있었다. 얼마 동안 그렇게 걸어갔다. 그때 도우미 선생님의 손을 잡고 가던 딸이 내게로 되돌아왔다. 내가 딸의 이름을 부르자 딸은 "우리 엄마예요."하며 나를 소개하였다.

"어머님, 죄송해요. 우림 씨 혼자 참석한 줄 알았어요."

"아닙니다. 고맙습니다."

딸은 내 손을 꼭 잡으며 '엄마, 미안해요'라고 말하였다.

"선생님, 어떻게 내 딸을 알아요?"

"예, 광주시 장애우 학교 예능 발표 때, 우리 복지관에서도 출전했어요. 그때 따님이 피아노를 너무 잘 치던 데요. 그래서 기억났어요."

"아, 그러셨군요. 고맙습니다."

우리 주변에는 아무도 없었다. 비는 더욱 추적거리며 내리고 있었다. 그때 낙오자 수송 버스가 내 곁에 다가왔다. 시간이 많이 갔으니 타고 가자는 신호를 한다. 그러나 나는 끝까지 혼자라도 걸어서 성공하고 싶다는 말을 전했다. 그러면서 묵묵히 걸었다. 모두 나와 딸의 곁을 떠났다. 그런데 도우미 한 사람이 관방천 나무 옆에 서서 우리를 도우려고 기다리고 있어서 그냥 가라며 손짓하였다.

마음을 다시 가다듬고 딸과 함께 관방천 둑 위를 쉬지 않고 또 걸었다. 딸에게 왼손을 내어주며, 오른손으로 꼭 붙잡도록 하였다. 나의 다섯 손가락에 깍지를 꼭 끼고 한 발 앞서 걸어갔다. 딸은 나의 도움 없이는 생활해 나가기가 어렵다. 그런데 오늘은 딸이 엄마를 보호하려는 본능으로 내 손을 잡는 강도가 예전과는 다르게 느껴졌다. 삶의 무게가 내 맘을 누르고 버틸 힘이 없는 시간을 지날 때, 딸은 나의 버팀목이 되어주었다.

딸과 함께 걷다 보니, 결승점이 관방천 입구에 줄도 없이 서서 기다리고 있었다. 통과 후 두 손을 번쩍 들고 딸을 껴안고 등을 토닥토닥 두들겨 주었다. 목적지를 완주하며 도착했다는 승리감에, 나도 할 수 있다는 자신감이 교차했다. 결승점에는 테이프도 환영하는 사람도 없었다. 약속 시간이 훌쩍 지났고, 날씨 또한 추적추적 비가 내리고 있어서일 것이다. 나는 딸의 도움을 받아 3km를 완주했다. 딸이 끝까지 함께해준 것에 고마움을 표한다.

영산강의 지류인 관방천의 물은 서서히 흐르고 있다. 나와 딸은 바람결 따라 관방천 둑 위를 걷고 있다. 오늘은 내가 딸의 손을 꼭 잡는 것이 아니라, 딸이 내 손을 꼭 붙잡고 있다. 나도 딸도, 건강의 회복이 관방천에 흐르는 물처럼 빠르게, 때로는 천천히 막힘없이 흐르기를 기원해본다.

🌸 꽃잎을 따다가

올해는 비가 유난히 많이 내린다. 시원해서 좋기는 하지만 넓은 들녘의 벼나 밭의 곡식들은 햇볕과 이야기를 나눈 지도 꽤 오래되었다. 오늘도 구름집으로 들어간 해님은 아무 소식이 없다. 가끔 바람이 구름을 밀어내고 길을 만들기에 '행여 그 길로 해님이 나오시려나?'하고 기다려 보아도 살짝 얼굴조차 비쳐 보이지도 않는다. 해님도 서늘한 구름집에 들어가 잠시 낮잠을 자나 본다.

비가 오는 날이면 해야 할 일이 별로 없다. 기껏해야 책 한두 권 뒤적거리는 일과 그리운 사람이 생각나면 마음으로 그리워하며, 한두 장 글을 쓰는 일이 전부이다. 어떤 날은 입이 궁금도 하여, 잘게 썬 재료를 넣은 걸쭉한 반죽으로 부침개를 만들어 이웃과 나누어 먹기도 한다.

회색빛 하늘을 바라보며 마루에 앉아 있으니, 어릴 적 어머니의 다정한 모습이 아련히 떠오른다. 어머니는 그랬다. 마루 기둥에 기대어 앉아 막내딸 손등을 보시며 "손톱이 참 예쁘구나. 손톱에 봉숭아 꽃물을 들여주고 싶은데, 아직 봉숭아 꽃이 피지 않았네. 이제 봉숭아 꽃이 피어오르면 손톱에 예쁘게 꽃물 들여 주마."하고 말씀하셨다. 매니큐어도 없던 시절, 막내딸 손톱에 예쁜 꽃물이라도 들여 주고 싶은 생각이 있었으리라.

내가 아주 어린 시절에는 가지런히 서 있는 장독대의 크고 작은 항아리를 셀 수가 없었다. 세어 가다가 잊어버리고, 또다시 세어 가다 잊어버렸다. 이 항아리와 저 항아리가 같고 저 항아리가 이 항아리 같아서 끝내 세지를 못하였다. 그곳에는 내가 좋아하는 빨간 봉숭아꽃이 늘비하게 피었다. 그 꽃잎 따는 것에 정신이 더 팔렸다. 그 꽃잎을 따다가 어머니 손톱에 얹어드리곤 하였다.

어느 날, 어머니는 장독대 옆 가장자리에 피어있는 빨간 봉숭아 꽃잎을 잎과 함께 조금 따셨다, 하얀 수건에 도닥거려 물기를 닦아내고, 소금과 백반 약간, 그리고 숯을 양은그릇에 넣고 나무 방망이로 토닥거리셨다. 행여나 꽃잎이 튀어 나갈까 봐 조심조심 찧어서, 손가락 하나 하나씩 정성껏 피마자 잎으로 싸, 실로 꽁꽁 묶어둔 채 하룻밤을 지내도록 하셨다. 다음 날 아침, 빨갛게 물들여진 예쁜 손가락 드러내면, 나보다 더 기뻐하시던 어머니의 모습이 아련히 떠올랐다.

"막내야, 꽃물이 참 잘 들여졌구나. 손톱이 참 예쁘다. 마음을 곱게 먹으니 봉숭아 꽃물도 곱게 들었네."

추적거리는 비를 바라보고 있노라니, 내 유년 시절이 떠올라 '나도 딸이 회사에서 퇴근하여 돌아오면 어머니의 모습 그대로 재연해 보리라'라고 마음먹었다. 그리하여 장독대 옆에 피어있는 봉숭아 꽃잎을 골라 한 손에 들어올 만큼 땄다. 어머니가 하신 것처럼 스테인리스 그릇 하나 골라내 소금과 백반, 그리고 숯을 넣고 나무 방망이로 찧었다. 거기에 빨간 봉숭아 꽃잎을 넣고 자근자근 찧어 내어 냉장고에 넣어두었다. 딸이 퇴근하면 어머니가 나를 사랑하듯, 나도 내 딸에게 어머니처럼 사랑을 나누리라. 열 손가락 손톱 위에, 빻은 봉숭아 꽃잎 비닐로 싸서, 실로 꽁꽁 묶은 채 하룻밤 재워 주련다. 내 어머니의 사랑 이야기도, 내 딸 손톱에 예쁜 봉숭아꽃 물들여 주며, 어머니가 하시듯 딸에게도 사랑의 추억 반 들어주련다.

어머니가 내게 들려주신 옛날이야기도 들려주고, 지나온 이야기도 밤을 지새워가며 들려주련다. 먼 훗날에 너의 딸에게도 지금처럼 하라고 일러주련다. 그리하면 그의 딸도, 또 그의 딸도, 그의 딸에게 봉숭아 꽃잎 따다가 물들여 주면서 한없이 사랑의 끈으로 이어가면 좋겠다.

비 오는 날 마루에 홀로 앉아 꽃가마 타고 가신 어머니를 그리워하며, 봉숭아 꽃잎 따다가 물들여 주시던 어머니를 가만히 불러본다.

"어머니, 사랑합니다. 어머니의 딸 됨을 자랑스럽게 생각합니다."

내 딸도 내 나이가 될 때면, 나를 부를 것이다.

"엄마, 사랑해요."

하고서 따뜻한 손 내밀며 마음 열어줄 것이다.

"어머니…."

다시 한번 어머니를 불러본다. 흠뻑 젖은 얼굴에 들리는 것은 허공의 메아리뿐이었다.

〈추천의 글〉

편견을 깨고 마음을 열다

🐦 이해와 포용

박 진 섭 담양군 향촌노인종합복지관 부장

아직 봄이 채 가시기 전 막 회의를 마치고 자리로 돌아오니, 상담하고 싶다며 나를 찾는 분이 계셨다. 주위를 둘러보니 자리에는 60대 후반으로 보이는 두 분의 노부부와 장애인으로 보이는 앳된 여자 한 분이 계셨다. 사연을 들어보니 '장애인 복지관에서 부모가 장애인이 아니라는 이유로 부모와 장애를 입은 딸이 복지관을 함께 이용할 수 없어, 혹여 노인복지관을 딸과 함께 이용할 수 있을까?'하고 복지관을 찾아오셨다는 것이다.

부모는 장애를 입은 소중한 자녀를 위해 노인복지관에 구원의 손길을 내민 것이다. 그분들을 처음으로 만난 지 한 세월이 흘렀지만, 나는 지금도 그분들의 눈빛과 딸 우림 씨의 환한 미소와 표정을 잊을 수가 없다. 그분들을 통해 장애인에 대한 세상의 편견에 두려워하는 부모의 마음이 얼마나 크며, 자녀의 행복을 바라는 그 부모의 마음이 얼마나 절실한가를 알 수 있었다.

나는 부모의 사랑을 듬뿍 받고 잘 자란 그분들의 딸 최우림 씨의 해맑은 모습을 보며, 외면할 수 없어 많이 고민하다가 "우림 씨를 장애인 일자리로 등록하여 부모와 함께 노인복지관을 이용하는 것이 어떻겠느냐?"라고 제안했다. 그러나 우림 씨가 '노인복지관 어르신들과 상처받지 않고 잘 적응할 수 있을까?'하는 우려가 앞을 섰다.

예상과는 달리 우림 씨는 프로그램 보조로 복지관을 이용하는 첫날부터 탁월한 친화력을 발휘했다. 프로그램을 이용하고 계시는 어르신들과 긍정적인 관계를 잘 유지한 것이다. 따라서 복지관 어르신들도 우림 씨의 활달하고 적극적인 도움으로 한결 밝고 건강해졌다.

아주 작은 것에서도 행복을 찾을 수 있는 우림 씨의 특별한 능력은 우리 모두에게 큰 울림을 주고 있다. 장애의 차별화를 없애기 위한 사회적 노력은 계속되고 있지만, 여전히 보이지 않는 차별이 우리 사회를 뒤흔들고 있다. 장애우와 그 부모에게 가장 큰 어려움은 장애 그 자체가 아니라, 장애에 대한 사회의 부정적 태도요 무관심이다. 우리 사회가 장애우를 대하는 마음이 배려와 관심, 그리고 사랑으로 바뀐다면, 그들은 사회의 일원으로 당당하게 살아갈 수 있을 것이다. 그들을 포용하며 함께 살아가는 일이, 우리 모두에게 일상이 되기를 바라는 마음 간절하다.

〈추천의 글〉

위대한 어머니, 하나님의 사랑을 증명한 딸

김 순 진 문학평론가 · 고려대 미래교육원 교수

지난 몇 개월동안 출판사 대표로서 이 책을 편집하고 교정하는 과정속에서 나는 다시금 하나님의 은혜를 깨닫는다. 박순이 권사님께서 50여 년 전에 최우림 양을 낳고 얼마나 기뻤을까? 그리고 다운증후군이라는 판정을 받았을 때 얼마나 하늘이 무너지는 듯 힘들었을까? '여자는 여리고 어머니는 강하다.'는 말이 이 글을 지은 박순이 권사님을 두고 하는 말이리라.

박순이 권사님은 이미 문단의 여러 분야에 등단해 글의 실력을 인정받은 분이다. 작가 박순이 선생님은 문단에 동시부문과 시부문, 그리고 수필부문에 등단하셔서 활동을 해온 작가이기도 하다. 그렇지만 아무리 작가라 할 지라도 다운증후군 딸을 50여 년 동안 케어해오면서 몸으로 겪고 실천한 사랑이 아니었다면 이런 가슴 뜨거운 글을 쓸 수 없었다. 이 이야기는 최우림 양이 딸이거나 장애우이기에 앞서, 그 대상이 누구든 행복할 권리를 지켜주려는 한 인간의 위대한 봉사정신에 관한 이야기이며 그렇기에 나는 이 책은 단순한 한 권의 책이 아니라 '한 어머니의 위대한 사랑노래'라 평한다.

딸을 위해 맹모삼천지교의 사랑으로 더 좋은 교육환경을 위해 여러 번의 이사를 하며 딸을 위한 대안학교인 유치원을 설립 운영하였다.

박순이 작가는 그동안 다운증후군 딸 최우림 양을 캐어하면서 성적표 하나, 상장 하나, 가정통지문 하나, 그때그때의 사진 한 장을 버리지 않고 모두 모아두셨다. 그것은 내 눈물이 마르는 날 딸의 교육훈련을 해온 증거를 모아 책 한 권 펴내리라 마음먹었을 것이고, 그날이 오늘에 증거하고 있음은 광주중흥교회 성도들과 우리 문인들과 박순이 작가를 아는 모든 지인들이 확인해줄 것이다.

박순이 작가는 그동안 "바보를 바보라 하지 뭐라 하나요?"란 어느 교육자가 던진 다운증후군의 딸에 대한 차별과 멸시, 그리고 사회의 차가운 시선을 피하지 않고 내 살을 나누어가진 딸아이가 원만하게 성장하며 사회의 일원이 될 수 있도록 최선을 다해 딸을 캐어하며 살아왔고, 오늘 이 책이 완성될 수 있었다.

따라서 나는 이 세상에 장애를 가진 모든 어머니는 너무나 위대하며 나는 이 책을 한 장애인 어머니의 숭고한 승리이며, 그런 장애인들을 가진 가정의 필독서라 말하고 싶다.

그동안 눈물겨운 희생으로 딸을 이만큼 길러내신 위대한 어머니 박순이 권사님과 아버지 최국남 교수님, 그리고 하나님의 사랑을 증거해주신 최우림 따님께 우레와 같은 박수를 보내드린다.

〈추천의 글〉

더 나은 나를 보셨나요

🚶 하나님을 찬양하는 순수한 예배자

신 재 원 광주중흥교회 마하나임중창단 리더목사

독일의 의사이자 문학자인 한스 카로사(Carossa, Hans 1878-1956)는 "인생은 너와 나의 만남이다."라고 이야기하고 있다. 인생에서 만남은 그만큼 중요한 것이다. 이에는 부모와 자녀와의 만남, 교사와 학생과의 만남, 이성과 친구와의 만남, 그리고 성도와 주님과의 만남 등이 있다.

나에게도 좋은 만남이 있다. 사역지를 중흥교회로 옮기고 귀한 한 사람을 만난 것이다. 하나님을 사랑하고 성도를 사랑하며, 교역자들을 사랑하는 최우림 자매다. 처음 만났을 때는 자매의 조금 다른 모습에 좋은 관계를 맺고 함께 예배하며, 섬기면 좋겠다는 정도의 마음이었다. 하지만 조금씩 자매에 대해 알아가면서 하나님을 모시고 교회와 교역자들을 섬기며, 사랑하는 마음과 열정이 너무나 순수하고 귀하다는 사실을 알게 되었다.

자매는 교회 사역 일정을 항상 챙기고 교역자들의 안부를 묻는다. 혹여 주일이나 수요일 예배 시에 모습을 보지 못하면 '잘 지내고 있는지?', '다른 어떤 일은 없는지?' 걱정하는 마음으로 물었던 일들이 생각난다. '하나님을 사랑한다'라고, '목사님을 사랑한다'라며, 축복의 말을 건네는 순수한 자매의 모습이다. 하나님께서는 이러한 최우림 자매의 모습을 통해, 때로는 하나님을 향한 사랑과 사역에 대해 다시 한번 깨닫게 하시고 순수한 마음으로 하나님께 나아가게 하신다.

예배와 찬양에 대한 열정은 그 누구도 따라갈 수 없을 만큼 귀하고 아름답다. 마하나임 찬양단에서 함께 사역하면서 하나님을 찬양하는 열정과 사모함이 얼마나 크고 귀한지 새삼 느끼게 된다. 처음에는 강단에서 함께 찬양하는 사역을 잘 감당할 수 있을지 의문이 들기도 하였다. 하지만 그러한 의문은 한 주 함께 찬양하고 난 후에 모두 사라져 버렸다. 오히려 함께함이 기쁨이었고 감격이었다. 매주 찬양의 가사와 음을 외워서 기쁨과 눈물로 찬양하는 모습에 놀라지 않을 수 없었다.

주일 예배를 마치고 난 저녁이면, 항상 "다음 주일 찬양 보내 주세요."라는 문자를 받는다. 한 주간 찬양을 들으며 예배를 준비하고자 하는 마음을 느낄 수 있었다. 예배 찬양을 정하면 콘티를 작성하는 일이 나에게 때로는 부담이 되고 힘든 일로 다가올 때도 있는데, 자매의 찬양에 대한 열정과 사모함은 그런 나의 모습에 부끄러움을 느끼게 할 때가 있다. 최우림 자매의 오직 하나님을 향한 찬양과 순수한 마음의 예배를 하나님께서 가장 기뻐하실 것으로 생각한다.

그뿐만 아니라, 주일 2부 예배 때 드리는 찬양의 모습은 많은 성도에게도 선한 영향력을 끼치고 있다. 때로는 가사가 조금 틀릴 수 있고, 음이 조금 틀릴 수도 있지만, 하나님을 찬양하는 마음의 노래, 그리고 눈물, 이 모든 순수함이 성도들로 하여금 더 하나님께 나아가게 하는 마중물 역할을 한다. 이러한 최우림 자매의 예배와 찬양을 하나님께서 가장 기뻐 받으시며, 하늘의 상이 클 것이라 확신한다.

앞으로도 함께 사역하면서 하나님의 이름을 높이며, 하나님께 온전한 예배로 영광 돌리기를 소망해본다. 한 자리에 함께 서서 찬양함이 큰 기쁨이고 위로이며, 도전이고 감사이며 행복이다. 나에게 이러한 행복을 안겨준 최우림 자매에게 마음을 다한 감사의 말을 전하며, 하나님의 축복과 은혜와 평강이 가득한 하루하루의 삶이 되기를 기도한다. 계속해서 하나님께서 자매를 통해서 하실 일들을 기대하며, 모든 영광 하나님께 올려 드림으로 자매를 향한 마음의 글을 마치고자 한다.

〈추천의 글〉

🐦 맑은 영혼을 가지다

김 미 경 광주중흥교회 전도사

중흥교회에서 최국남 장로님과 박순이 권사님을 뵌 것은 27, 8년 전의 일이다. 그 무렵 장로님은 대학교수로 재직하고 계셨고, 권사님은 큰 유치원을 운영하고 계신 원장님이셨다.

교회에서는 장로와 권사로 교회를 잘 섬기고, 교회의 여러 기관을 보살피며, 아름다운 신앙의 삶을 살아가는 모범적인 가정이었던 걸로 기억한다. 거기에다 아브라함에게 주셨던 물질의 복까지 받고 계셔서, 교회의 성도들에게는 선망의 대상이요 신앙의 후배들에게는 멘토(mentor)가 되셨다.

두 분에게는 아들 한 분과 딸이 있었는데, 딸인 우림 자매는 귀여운 외모에 주위 사람들을 잘 따르는 아이로 지적장애가 있었다. 우림 자매는 지적장애를 입었음에도, 어머니의 도움에 힘입어 어려움을 극복하며 꾸준히 피아노를 배우고 있어, 어린 시절에도 동요 곡이나 웬만한 찬송가 곡은 다 소화하고 있었다.

하나님은 우림 자매를 그대로 두지 않으셨다. 세월과 더불어 예쁘게 성장해 가는 그 모습을 보면, 귀한 우림 자매를 후일에 귀히 쓰시려고 훈련해 가시는 모습을 느낄 수 있었다.

어떨 때는 우리 교회의 연락처 역할을 톡톡히 잘해주고 있었다.

"오늘 밤 기도의 파수꾼은 102 목장 김 장로님이 담당이시고, 수요예배 기도는 박 권사님이십니다. 주일 1부 예배 기도 담당은 송 집사이시며, 2부 예배 기도는 전 장로님이십니다."라고, 일일이 전화와 메일로 연락해주었다.

지적장애를 입은 장애우로서는 참으로 신기하였다.

한 번은 장로님께서 몸이 아프셔서 큰 수술로 인해 교회에 나오지 못하게 되신 적이 있었다. 우림 자매는 교회에 예배드리러 오고 싶은 마음이 얼마나 절실했는지, 카톡으로 전달된 지극한 그 마음이 지금도 잊히지 않는다. 자매의 마음속에는 하나님을 향한 순수하고도 뜨거운 마음이 아름다운 모습으로 자리 잡고 있다는 것을 느낄 수 있었다.

우리 중흥교회는 김성원 목사님이 부임한 이후, 저녁 8시가 되면 기도를 담당하는 기도의 파수꾼을 세워놓고 기도하고 있다. 우림 자매는 하루도 거르지 않고 교역자들에게 "전도사님, 오늘 기도의 파수꾼 담당자는 안 장로님입니다."하고 전화나 메시지로 알려주었다. 기도 파수꾼의 담당자를 교역자들에게 알려주는 것이다. 이는 우림 자매가 오랜 세월 동안 교회에서 지금까지 해 온 일 중의 하나이다.

우림 자매의 모습은 우리에게 때로는 은혜를 끼치고 때로는 위로를 전달한다. 회색빛 세상에 물든 우리의 모습과는 너무 상반되지 않는가? 자매는 2023년부터 주일 2부 예배 '마하나임 찬양단'에서 '싱어'로 활동하고 있다. 찬양에 함께하는 많은 성도는 자매의 찬양하는 모습에 많은 은혜를 받는다고 말하고 있다. 몸으로 찬양하고 마음으로 찬양하며, 입으로 찬양하는 그 모습이 흡사 작은 천사가 함께하는 찬양이라고나 할까?

나는 토요일마다 우림 자매의 카톡을 받는다. 그것은 모바일 주보 때문이다. 내가 보내 준 주보를 가지고 다른 성도들에게 많은 알림의 역할을 한다. 이렇듯 우림 자매는 나에게뿐만 아니라 성도들에게까지 세상을 바라보는 시각을 변화시키는 기술이 있다.

개인적으로 바라고 기도하는 것은 우림 자매가 더 건강하고 지금보다 더 교회와 성도들에게 영향을 끼치며, 부모 된 두 분에게는 기쁨과 즐거움을 주는 귀하고 아름다운 딸로 살아주기를 간절히 소망하고 있다

〈추천의 글〉

하나님의 걸작품, 우림 자매를 생각하며

하 경 민 장로, 광주중흥교회 마하나임중창단 단장

저는 여러 해 동안 교회에서 우림 자매를 지켜봐 왔습니다. 다운증후군이라는 장애가 있지만 여러 면에서 재능이 돋보이는 자매였습니다.

몇 년 전 오후 예배를 위해 찬송가 반주를 하던 모습은 깊은 인상으로 남아있습니다. 화려한 기교는 없었지만, 누구보다 열심히 건반을 누르며 정확하게 연주해 내는 모습이 놀라워서 잊히지 않았습니다.

작년부터는 매주 마하나임 찬양단에서 싱어로 활동하고, 연습에 한 번도 빠지지 않고 자신의 자리를 묵묵히 지키며, 자신의 몫을 잘해 내고 있어 찬양단 단장으로서, 그 성실함에 감동했습니다. 특히 눈물을 흘리며 찬양하는 모습, 때로는 어린아이처럼 신나게 율동하며 찬양하는 모습을 보며, 나도 우림 자매처럼 순수하게 하나님만 바라보며 찬양해야겠다는 도전을 받곤 했습니다.

또한, 몇 년 전에는 유치부 교사로 섬기며, 아이들에게 따뜻한 웃음과 성실한 신앙의 모습을 보여 주기도 했다. 우림 자매는 다운증후군을 앓고 있지만, 장애를 가졌다는 이유로 하나님이 주신

자기 능력을 제한하지 않았습니다. 오히려 이를 극복하며 열정적으로 교회 활동에 참여하여, 성도님들에게 작은 감동과 영감을 주고 있습니다.

우림 자매의 또 다른 장점은 사교성이 뛰어납니다. 밝은 얼굴로 누구에게나 늘 먼저 인사를 합니다. 비록 서툴지만, 자신만의 언어로 늘 소통하려는 모습이 참 귀하고 보기에 좋았습니다.

자매를 이렇게 멋진 하나님의 사람으로 자라게 하신 것은 하나님의 은혜이며, 무엇보다 부모님의 눈물 어린 기도와 사랑의 열매가 아닐까 하고 생각해 봅니다.

하나님의 자녀로서 온전히 찬양하는 그 모습을 기뻐하실 하나님께 영광과 찬양을 돌려드립니다.

〈추천의 글〉

찬양은 믿음의 꽃

전 현 섭 광주중흥교회 장로

"나의 생전에 여호와를 찬양하며 나의 평생에 내 하나님을 찬송하리로다(시146:1-2)."

찬양은 믿음의 꽃이요. 하나님께 드리는 예물로, 예수님을 증거하는 입술의 열매이며, 영혼의 깊은 곳에서 흘러나오는 하나님을 향한 신앙고백이다. 찬양을 통해 곤고한 영혼들이 위로받고, 범사에 감사하는 신앙의 삶이다.

찬양은 하나님이 우리와 함께하시는 통로로, 우리의 신앙을 표현하는 가장 좋은 음악이다. 찬양을 통해 하나님을 만나는 길이 열리게 되고, 우리는 그 가운데 하나님과 함께 거하며, 사랑의 교제를 나누는 개인적으로나 교회 공동체적으로 중요한 요소이다.

나는 우림 자매를 잘 알고 있다. 어려서부터 권사님의 손을 꼭 잡고 교회에 다니는 모습을 지금껏 보아온 것이다. 교회학교 학생으로서의 성실함, 그리고 청년부에서 어느 사람보다도 활발하게 활동하는 모습을 보았다.

영혼이 맑은 우림 자매는 수요예배와 주일 오후 예배에서 찬양을 위한 반주로 오랫동안 봉사를 해왔다. 피아노를 반주할 때는

자신이 먼저 은혜를 받고 온몸으로 반주를 한다. 찬송가 곡을 보지도 않고 반주하는 모습을 보면 장애를 입은 자매인가 의심할 때가 종종 있다.

우림 자매는 찬양의 은사를 입어 얼마 동안 할렐루야 찬양대원으로 열심히 봉사하였다. 지금은 교회 마하나임중창단에서 싱어로 봉사하면서, 찬양과 율동으로 교회 성도님들에게 즐거움과 감동을 선사하고 있다.

나는 교회의 장로로서 우림 자매를 위해 이렇게 기도한다.

"하나님, 우림 자매에게 소망과 기쁨을 주옵소서. '찬양은 믿음의 꽃'이라 하셨으니, 우림 자매가 아름다운 신앙의 삶 속에서 향기 나는 믿음의 찬양을 통하여, 하나님을 높이며 기쁘시게 하시옵소서. 장애를 입은 우림 자매의 앞날을 하나님의 손길에 맡기오니, 우림 자매를 괴롭히는 모든 악한 영들을 물리쳐 주시고 축복하여 주시옵소서. 손을 불끈 쥐고 당당히 사회로 나가 신앙의 아름다운 삶을 살아가게 하시옵소서. 우림 자매와 함께 생활하시는 장로님, 권사님께 건강을 주시옵소서. 우림 자매의 아름다운 찬양의 모습을 축복하시고 신앙의 삶을 이겨낼 수 있는, 힘과 용기를 주시옵소서. 그뿐만 아니라, 주께서 영육을 선히 인도 하시옵소서."라고 날마다 기도한다.

우림 자매는 맑은 영혼을 가지고 찬양의 입술을 열 때마다 흐르는 눈물 또한, 우리의 신앙을 표현하는 가장 좋은 음악이요, 감동을 주는 요소이다. 찬양을 통해 하나님을 만나는 길이 열리게 되고, 우리는 그 가운데 하나님과 함께하며, 찬양을 통해 사랑의 교제를 나누는 중요한 역할을 하고 있다.

〈추천의 글〉

🐦 나도, 엄지 척

하 영 옥 광주중흥교회 권사

'오월은 장미의 계절'이라고 말한다. 장미들이 활짝 피어 제각기 여왕이라 뽐내는 어느 날, 나는 천사와 같은 우림 자매를 만났다.

우림 자매가 내게 다가와 "권사님, 안녕하세요."하고 정답게 인사를 하였다. 인사하는 모습이 너무나 곱고 청순하여 "우림 자매는 어떤 꽃을 좋아해요?"라고 물어보며 손을 살며시 잡아 주었다.

"권사님, 나는 장미꽃을 좋아해요."

라며 웃음 띤 얼굴로 초롱초롱 대답하는 것이다.

그날은 교회학교에서 지키는 어린이 주일이었다. 나는 사랑하는 조카에게 선물하려고 장미 두 송이를 준비하여 조카를 기다리고 있었다. 그러던 중 우림 자매를 만나 그중에 한 송이를 자매의 손에 꼭 쥐여 주었다. 자매의 손은 더없이 따뜻했다. 항상 미소를 보이며 청순한 것을 보면, 속마음도 장미꽃처럼 더없이 아름답고 순결하리라.

우림 자매는 아름다운 장미꽃을 똑 닮았다. 나를 보면 엄지척하면서 '권사님, 사랑해요'라고 말할 때면, 나의 무거운 피로감이 한꺼번에 싹 날아간다. 정상적인 생활을 영위하는 내가 봐도 힘들

것 같은데, 우림 자매는 뛰어난 재능으로 모든 사람에게 감동을 주고 있다. 주안에서 만능 재능 자로 피아노 반주에서도, 찬양에서도 척척 해내는 모습을 보면, 신앙인으로 감사의 눈물이 흐르는 때가 한두 번이 아니었다. 찬양 시간이 늘 기다려진다. 무엇하나 흐트러짐 없이 완벽하게 소화해 내는 하나님의 걸작품 우림 자매, '사랑하고 사랑한다'라고 나도 엄지척을 해본다. 하나님은 선택된 가정에서 '잘 돌보아 주리라' 믿고 아름다운 자녀를 아름다운 가정에 기쁨의 선물로, 행복의 열매로 주셨으리라고 생각한다. 우림 자매가 손을 들어 춤을 추고 찬양하며 눈물 흘릴 때, 감동의 눈물을 받아 나도 모르게 눈물을 흘리곤 하였다. "이것이 주님께서 베푸신 사랑의 모습이구나."하는 생각을 해 보며, 어쩌면 주님께서는 우림 자매의 깊은 심연의 아름다운 마음을 바라보며 기뻐하시리라 생각한다. 하나님의 놀라운 계획이 우림 자매를 통해 설계되어 있을 것이다.

  우림 자매의 향기로운 미소가 가정 위에 아름다운 모습으로 가득 채워갈 것을 기대해본다.

〈프롤로그〉

딸아! 네가 내 곁에 있어 엄마는 행복하단다

박 순 이(최우림의 엄마, 광주중흥교회 권사)

    1976년 1월 6일, 그렇게도 추운 겨울이 또 있었을까? 난산으로 비록 고생은 하였지만, 얼굴이 백옥처럼 곱고, 울지도 않는 순하디 순한 사랑스러운 딸이 태어났다. 그런데 첫돌이 지나면서 정상적인 발달단계에서 벗어난 징후들을 발견하게 되었다. 생후 일정 기간이 지나면 닫혀야 할 대천 문이 닫히질 않고 그대로 있는가 하면, 걸음걸이도 뒤뚱거리며, 엄마를 부르는 데도 발음이 정확하지 않았다. 한두 마디 하는 것도 옹알이처럼 들려 엄마인 나로서도 무슨 말인지 알아들을 수가 없었다. 그래도 그때까지는 '발달이 조금 늦나 보다.'라 생각하였다.

    그날은 비가 참 많이 내렸다. 아빠가 '우산을 가지고 가지 않았다'라며, 딸은 우산을 들고 아빠의 퇴근길에 마중을 나갔다. 이를 어쩌나! 집을 나설 때는 그래도 조금씩 내리던 비가, 버스 정류소 근처에 갔을 때는 찬바람과 함께 내려 비를 맞고 폐렴에 걸리게 된 것이다. 몸에 열이 오르고 심상치 않아 다음날 광주 기독병원에 입원을 시켰다. 그러던 중 의사 선생님은 딸에 대한 몇 가지 검사를 하셨다.

회진을 나오신 의사 선생님은 잠시 머뭇거리시더니 말씀하셨다.

"어머님, 이 아이는 다운증후군(Down syndrome)입니다. 정신연령 3세 미만, 지능지수는 57로 낮지만 '교육 가능아'입니다."

"선생님, 내 딸이 다운증후군이라니요? 다시 한번 검사를 해 보시면 어떨까요?"

라고 말씀드렸으나, 의사 선생님은 아무 말씀도 없이 자리를 떠나셨다.

딸의 장애를 알고 난 후, 모든 일상의 중심이 바뀌었다. 먼저 하던 일을 그만두었고, 딸과 함께할 수 있는 일을 찾았다. 먼저 딸이 혼자서 학교에 다닐 수 있도록 초등학교 가까운 거리에 집을 마련하였다. 그리고 내 전공과 관련이 되는 유치원을 설립하여, 여기에서 딸에게 부족한 교육을 대안학교처럼 보충해주고자 한 것이다.

유치원을 운영하면서 딸을 위한 개별화 교육프로그램을 만들어 딸에게 먼저 시도해 봄으로써, 교육의 가능성을 조금씩 발견할 수가 있었다. 처음에는 이해력이 부족하여 잘 따라주지를 못하였다. 여기에서 나는 '기다림'의 교육을 터득한 것이다. 한숨 내려놓고 반복 또 반복 교육과 훈련을 하였다.

'그래, 딸을 내가 방임하면 어디에서 누구에게 인정과 귀염을 받을까? 열 번 해서도 아니 되면 스무 번이라도 해야지.'하면서 마음을 단단히 먹었다. 그러나 딸에게 안 되는 것은 몇 번의 반복 프로그램에 의해서도 역시 안 되었다. 시계를 보는 것은 1초도 틀림없이 정확히 보는데, 언어 전달과 표현력, 그리고 셈에 관한 내용은 받아들여지지 않았다. 단순한 한 자릿수 덧셈과 뺄셈은 겨우 손가락을 세면서 맞추지만, 곱셈이나 나눗셈은 능력 밖이었다.

현장 생활교육을 가르치기 위해서 온 가족이 동원되었다. 건널목을 건너는 법, 공중전화 거는 법, 동네 사람들에게 인사하기, 그리고 먹고 싶은 것은 가려서 사 먹도록 하는 것들이었다. 그러나 돈을 잘 알지 못하여 계산하는 법 등은 지속적인 교육이 더 요구되었다.

우리 가족은 여기에 그치지 않았다. 아빠도 틈만 나면 딸에게 동화책을 읽어 주시고 손을 잡고 산책하며, 자연환경에 적응하도록 도움을 주셨다. 오빠도 친구가 되어주고, 여러 가지 놀이를 병행하며 함께 놀아 주었다. 다른 집 아이들은 하나를 가르쳐주면 자연스럽게 열을 알게 되지만, 딸은 달랐다. 그러나 좋은 점도 더러는 있었다. 항상 해 맑은 미소를 잃지 않으면서 친구들과 잘 어울리며 친화력이 좋았다. 그리기와 노래 부르기, 그리고 만들기, 피아노 연주 등은 여느 집 아이들과 하나도 다를 바가 없었다. 다만 조금 늦을 뿐이었다.

이런 일도 있었다. 봄인데도 쌀쌀하여 새로 사 온 하얀 점퍼를 학교에 입혀 보냈다. 그런데 학교에서 돌아온 딸의 하얀 점퍼 뒤에는 '바보, 바보, 바보'라고 쓰여 있었다. 연필로 쓰여 있었으면 지우개로 지우기라도 할 수 있었을 텐데, 볼펜으로 쓴 진하고 커다란 글씨는 어떻게 할 수가 없었다. 마음을 다스리기에 너무나 힘들어 하늘만 쳐다보았다. 나를 더 힘들게 하고 당황스럽게 한 것은 담임선생님의 태도였다.

"선생님, 우림이 엄마인데요. 아이들이 우림이 등에 '바보'라고 장난을 쳐놨던데요. 어떻게 된 일인지 혹여 알고 계시나요?"

조심스럽게, 그리고 더 어렵게 몇 번을 망설이다 겨우 선생님께 전화를 걸어 물은 것이다. 서로 간에 몇 마디 오고 간 사이 선생님은 '아이들이 한 짓인데 이런 걸 가지고 전화까지 다 하느냐?'라는 태도로 "그럼, '바보를 바보'라고 하지 뭐라고 합니까?"라고 반문하였다. 이 일은 지금도 내 가슴에 묻어 둔 멍울이 되어 구르고 있다.

딸이 초등학교 저학년 때쯤이다. 음감이 유달리 뛰어난 것을 발견하고 피아노를 가르쳤다. 처음엔 학원에 등록하는 것조차 어려웠지만, 시간이 쌓일수록 동요와 찬송가를 듣고 연주할 정도로 피아노를 잘 쳤다. 딸은 엄마가 좋아한다며 연주하는 '마이웨이'를 듣고 있노라면 그냥 힘이 솟아났다. 초등부 6학년 때는 처음 출전하여, 제2회 전국 장애인 종합예술제 음악, 피아노 부문에서 우수한 성적으로 대회장상을 받았다. 또한, 제1회 전국 심신장애자 음악대회 초등부 기악 부문에서 사단법인 한국어린이육영회, 이정환 회장으로부터 최고상인 금상도 받았다. 이런 결과는 딸의 개인적인 기쁨이기도 하지만, 모든 장애우에게 희망을 주는 일이기도 하였다. 이 일을 우리 딸이 자랑스럽게 해낸 것이다.

많은 플래시를 받으며 인터뷰할 때는 스타 중 스타였다. 나도 딸아이 덕분에 스타가 된 기분으로 인터뷰할 수가 있었다. 어떤 기자분은 나에게 위로와 격려를 해주셨다.

"어머님, 참 고생 많이 하셨어요."

그때는 웬 눈물이 그리도 많이 나왔는지 모른다. 내가 눈물을 보이자, 딸도 '엄마, 울지마. 사랑해, 사랑해' 하면서 영문도 모른 채 울어주는 착한 딸이었다.

"먼 훗날 어떤 사람이 되고 싶어요?"

라는 기자의 질문에 딸은 '피아노 잘해요'라고 어이없는 대답을 하였다. 그러나 나는 결코 포기할 수가 없었다. 내 곁에 천사 같은 피아니스트가 있어, 나는 더 행복하다. 그러나 '내 부주의로 인해 장애아로 태어났다'라는 미안함은, 지금도 내 가슴을 떠나지 않는다. 의학이 발전하여 병을 고쳐줄 수만 있다면, 내 모든 것을 다 털어서라도 고쳐주고 싶다.

엄마는 오늘도 고요히 흐르는 새벽의 장막을 깨고 일어나 지난 날을 생각하며, 곤히 잠든 너의 얼굴을 내려다보면서 내 마음을 전해본다. 든든한 버팀목이 되어 죽는 날까지 부모 된 책임 저버리지 않을 것이며, 너와 함께 비를 맞으며 양지로 걸어갈 것이다.

- 기독타임즈 문학상 가작 선정작(2007)

문학공원 산문선 81

엄마의 눈물꽃

초판인쇄일   2025년 10월 10일

지은이 : 박순이
펴낸이 : 김순진
편집장 : 전하라
디자인 : 김초롱
펴낸곳 : 도서출판 문학공원
등 록 : 2004년 3월 9일 제6- 706호
주 소 : (우편번호 03382)서울특별시 은평구 통일로 633
         녹번오피스텔 501호 계간 스토리문학
전 화 : 02- 2234-1666
팩 스 : 02- 2236-1666
홈페이지 : https://blog.naver.com/ksj5562
이메일 : 4615562@hanmail.net

2025ⓒ박순이

파손된 책은 바꿔드립니다.